《战略与组织》丛书

国家自然科学基金资助项目

(70302018　70972038　70672017　71172062)

战略人力资源管理研究

张正堂　著

商務印書館
创于1897　The Commercial Press

2012年·北京

《战略与组织》丛书编委会

总　序

积极探索中国组织管理研究的发展思路

进入 21 世纪,学者们越来越关注中国的组织和管理学研究。对系统性分析和实证检验重要性的理解与认同,逐步取代了早期的研究方法。研究者们意识到中国持续而显著的社会、经济、组织的变革不仅提供了一个检验已有理论的丰富情境,还提供了发现中国组织和管理的新的、独特方法的潜力。

在发展的初期,由于缺乏研究方法的培训和技能,中国组织和管理系统的研究走了很长的弯路,造成中国的学术界缺乏建立在完善研究方法基础上的论文累积。尽管众多的机构出资赞助了很多研究项目,中国的学术期刊也发表了许多论文,但这些成果却很少被国际学术界认可。尽管根据已有的管理学研究标准,这些研究有高度的切题性,但是这些研究被认为缺乏必要的科学严谨性(参见 Von Glinow & Teagarden,2009,“关于当今中国管理学研究中严谨性和切题性的讨论”)。在中国,那个时期的大部分的研究倾向于依赖简单的纯理论方法,而不是像调查、实验和其他实证途径的科学方法。科学严谨性的缺乏使得这些研究的结果不能令人信服,无法得出可以比较的结论。

Barney 和 Zhang(2009)的文章详细阐述了关于中国学术成就演进的两种互补途径,即中国管理理论和管理的中国理论,其中管理的中国理论包括研究中国的现象、本质，以及得出可能只在中国适用的解释和理论。这种研究的目的在于理解中国管理者遇到的管理问题。另一方面，中国管理理论包括将已有理论在中国的环境下进行应用、测试和延伸，并开发出能应用于中国情境之外的新视角。这种研究的目的是发展出管理学现象的普遍理论。管理的中国理论和中国管理理论描述了管理学知识生产的不同过程，这个过程影响所产生的知识的数量、质量和种类。这篇论文给中国的学者提供了关于如何选择自己的研究道路，以及如何学习其他理论的实际指导。如果知识的创造通过开发（exploitation）和探索（exploration）两种途径产生，那么中国管理理论相当于通过开发而创造新知识，因为它建立在现有知识的基础上；管理的中国理论相当于探索，因为它创造了全新的知识（Zhao 和 Jiang，2009）。

有趣的是，目前中文期刊的中国学者之间也有类似的争论，认为管理的中国理论和中国管理理论在互相竞争（例如：成思危，2006；郭重庆，2007；罗珉，2008；李垣、杨知评、王龙伟，2008）。根据这些争论，关于追求两种道路或途径的任何一个至少有三种担忧。

第一，管理的中国理论的发展可能会限制中国管理理论的发展，反之亦然。特别是由于它深入理解中国关于管理的和社会的现象，避免被现存的理论或框架影响，管理的中国理论有可能会忽略现有的成果。相反，它可能通过研究很大程度上被中国经济和社会影响的现象而强调中国的历史、传统和文化，而且研究成果很有可能会被发表在中文出版物里。问题的关键在于：人类行为是不是具有普遍的特征？目前为止，学术发展的路径似乎表明，人类行为在很大程度上是共通的。学者们对日本管理模式进行了深入的研究，并总结出了一系列有代表性的管理实践。但这些管理模式也能够放置于西方的管理理论体系中，并且为西方企业应用。如果这样的推论成立，那我们的任务就不是发展独立于西方的管理的中国理论。而另一方面，对中国管理理论的研究可能限制对中国境内以及与中国有关的重要现象的发掘和理解。由于它的目标是检验现行理论的边界条件，中国管理理论依赖于现存的成果，运用传统的理论和研究方法，研究西方学者感兴趣的中国现象，并发表于西方的出版物。现代认知科学的研究表明，人类在认识外部世界时，总是受到现有知识的图式和框架的限制。我们所采取的认知框架决定了我们所能够观察到的外部世界。当我们始终处于不断引进西方管理理论、亦步亦趋地进行跟随研究时，我们很难捕捉到具有中国特色的管理实践，更谈不上进行深入的研究。

第二，这两个方法可能互相争夺有限的资源。管理的中国理论产生新知识，其回报可能很高但其不确定性也很高，因为这些文章的新颖性，它们更难发表。中国管理理论产生适中的但有确定回报的增量式的知识。发表这样的成果相对比较简单，因为评审人对此更熟悉、更亲切。Barney 和 Zhang 认为，同时追求中国管理理论和管理的中国理论对于一个学者来说是“这似乎不大可能成为一个普遍性的选择”，因为这两个理论在知识创造方面需要不同的技巧和不同的定位。

第三，哪种类型的研究者更适合追求哪种研究仍然不确定。可以说年轻研究者更难发表管理的中国理论方面的文章，因为他们缺乏经验。年轻学者在一个年龄备受尊重的中国文化中同样缺乏权威，因为年龄是智慧的象征。因此，一般建议年轻的中国学者着力为中国管理理论做出贡献。然而，年轻的头脑通常更富创造性。在西方管理学著作中，大部分有影响的理论是学者们在他们当博士和做助理教授的时候发展起来的。同样道理，一些得到关注的中国著作也是由中国学者在其职业发展早期开始的，在随后的年份里他们不断地修订这些作品。当然，可能存在一些因素决定由谁来进行何种研究，如中国或非中国的学者、有无中国教育背景的学者或其他的可能特征。

对于以上的争论和怀疑，一个可能的原因是大部分的研究者都忽视了中国管理理论和管理的中国理论之间动态的相互影响，而认为这两者是相互独立和互斥的两个同时发生的过程。事实上，两条道路是交叉的。Whetten 的文章就中国管理理论和管理的中国理论之间的相互影响给出了实际的建议。这些建议包括"发展舶来理论的本土化含义"、"了解读者心中熟知的和不熟知的"、"运用图形模型展示复杂的理论"和"参与到跨情境研究的团队中"(Whetten，2009：47，48)。中国管理理论的好处在于能使熟悉的变得新颖，而管理的中国理论的好处在于能使新颖的变得熟悉。两者的结合，比起单打独斗，更能够增加国际管理知识。在研究者能够享受到两种理论结合带来的好处之前，我们需要努力去构建中国管理研究的发展道路。

在最近中国管理学研究中，一个重要的里程碑出现在 1999 年，在恒隆组织研究中心(HLCOR)的资助下，当时在香港科技大学(HKUST)工作的徐淑英教授为中国管理学学者组织了第一个关于研究方法的研讨会。这个研讨会于 1999 年 7 月在香港科技大学校园举行，当时有 40 多位中国学者参加。随后，中国管理研究国际学会(IACMR)每两年举行的会议上，都会有这样的研讨，而且研讨活动受到热烈欢迎，体现了中国学者对学习科学方法的迫切心情。中国管理研究国际学会每隔一年还举办博士生学位论文开题报告研讨班，2009 年的研讨班有 100 名博士生参加。现在，为了更好地确保他们对中国企业以及在中国的其他企业的学术研究的成功，越来越多的中国管理学研究者选择在科学严谨的道路上前进。现代管理科学是建立在行为科学、认知科学、系统科学、社会学和文化人类学基础上的应用性学科。商学院应该成为多种社会科学理论和方法相互激荡、相互融合，从而创造商学新知的场所。我衷心希望，我们的学者在努力学习和实践科学研究方法的同时，也能够从多种社会科学理论中吸收养分，多进行一些基础研究，从而为中国管理研究打下坚实的理论基础。

本套丛书正是一批中国管理学研究者的研究成果。这些研究成果具有几个共同的特征：

一是，研究成果集中于组织与战略领域，涉及的研究内容包括组织复杂性管理、多元化战略、中国公司治理中的隐性契约、企业战略调整、跨国公司知识管理、组织结构刚性与战略变革、战略人力资源管理等。本丛书的研究者们采用相对规范的研究方法和流程对中国管理领域中的若干重要问题展开了本土化的研究，通过积极的探索以希望形成本土化的管理理论。

二是，这些研究都得到了国家自然科学基金项目的资助。国家自然科学基金设立的目的是稳定基础研究、促进科技进步、发现和培养人才。在国内，获得国家自然科学基金项目和经费的多少已经成为衡量学校甚至个人科研创新能力、提高科研创新水平的一种重要标志。

三是，研究者大多是南京大学工商管理学科的教师。南京大学于 1978 年开始重建企业管理学科。经过多年的努力，该学科整体实力得到很大提高，2001 年成为国家重点学科。目前，本学科已经在人力资源管理、战略管理与组织、公司理财与会计、市场营销与电子商务等学科方向上形成稳定的研究团队。据教育部学位中心 2009 年全国学科排名，南京大学工商管理学科排名全国第五位。最近几年，本学科研究工作取得长足进展，尤其在国家项目批准项目上得到突破。2007 年、2008 年和 2009 年立项国家自然科学基金分别为 7 项、10 项和 14 项。这套丛书也是南京大学工商管理学科近几年来部分科研成果的体现。

南京大学商学院院长、教授、博导

赵曙明　博士

2009 年 11 月 26 日

于爱尔兰都柏林大学

目　　录

1. 绪 论

战略人力资源管理是人力资源管理发展的新阶段,引起了学术界和企业界的广泛关注。近年来,我国学者对战略人力资源管理的研究方兴未艾。本章将首先描述本书的研究背景,概括和回顾战略人力资源管理的内涵,基于资源基础理论提出人力资源管理是企业持续竞争优势的来源,对战略人力资源管理的理论基础进行总结和分析,并介绍本研究的具体内容和方法。

1.1 研究背景

过去几十年,由于美国管理学界对组织的战略管理产生了很大的兴趣,许多战略性管理模式诞生,例如 Miles 和 Snow 在 1978 年提出的战略类型,Porter 在 1980 年提出的竞争战略类型,这种取向使企业的各个职能部门开始思考其在组织的战略管理中该扮演什么角色,人力资源管理也同样希望能被整合在整个战略管理的理念中。这种战略理论发展的背景也推动了人力资源管理研究取向的转变:早期的研究站在员工个体层面上,着重于 HRM(Human Resource Management)职能对员工行为及态度的影响,如员工离职意愿、工作投入和工作满意等。自 20 世纪 80 年代以来,以"人力资源管理:一个战略观"一文(Devanna,Fombru 和 Tichy,1984)的发表为标志,人力资源管理的研究领域有非常大的方向性转变,这个转变使得人力资源管理的研究由完全的微观导向转为宏观的或者战略的导向。这种宏观的或战略的导向，就是通常所说的"战略人力资源管理"（Strategic Human Resource Management，简称 SHRM）。战略人力资源管理站在企业层面，认为人力资源的管理活动对于战略目标的实现和组织绩效的提升具有非常重要的意义，主张企业进行战略化的 HRM 设计。

从实践角度看，市场竞争的加剧和企业面临的资源约束使得企业需要不断地挖掘其所获得的各种资源作为竞争优势的来源，并要求各项职能都必须能够创造价值。在实践中，几乎所有的企业都在宣称员工是最宝贵的资源。但是在许多企业内，人力资源部门似乎被看作官僚机构的附属品，只会产生多余的文案和程序，而不创造任何价值。在这种背景下，企业的人力资源管理部门面对严峻的挑战：人力资源部门亟待证明自己在企业价值增值的链条中不是多余的。在理论上和实证上证明人力资源以及对人力资源进行有效的管理能够对组织绩效产生影响和发生作用，能够参与企业的价值生成过程，这关系着人力资源管理的战略地位以及企业的机构安排。因此，HRM 活动对组织绩效到底有无贡献，有多大的贡献，是理论和实践工作者共同关心的问题。

从我国企业的实践来看，人力资源管理还处于相对较低的水平。国务院发展研究中心企业研究所、中国人力资源开发网共同主持的"中国企业人力资源管理"调查（林泽炎，2004），主要采用问卷调查方法，对中国境内不同地域、性质、行业、销售和资产规模以及是否上市等不同背景企业的人力资源管理制度建设状况进行了分层随机抽样调查，涉及人力资源规划、人员招聘录用制度、考核制度、培训制度、薪酬与奖惩制度、员工职业生涯发展计划、员工合理化建议制度、员工申诉制度等 17 项人力资源管理制度的建设及执行等内容，并对最后 1883 份有效问卷进行分析，结果表明：不同背景企业、不同地区的企业在人力资源管理制度建设及执行方面差异明显；中国企业在“人的管理”方面还处在从传统人事管理向现代人力资源管理的转型时期,强化现代企业人力资源管理制度建设,尤其是“关心员工职业发展”的战略性人力资源管理势在必行。

我国企业要提高自身竞争优势,参与国际竞争,显然人力资源管理在其中具有重要作用。但是在国内,对人力资源管理的重视其实只是最近十多年时间的事情。许多企业的人力资源管理还比较薄弱,也很难站在战略的高度看待人力资源管理,因此,如何进行战略性的 HRM,提高 HRM 的效果,是企业发展过程中面临的重要课题。而从人力资源管理研究上看,对人力资源管理的规范研究也比较薄弱,对战略人力资源管理的研究才刚刚开始。借鉴国外战略人力资源管理的研究成果,结合我国企业的实际,开展我国企业战略人力资源管理的深入研究,是十分必要的。

1.2 战略人力资源管理的内涵

组织人员管理的发展经历了人事管理、人力资源管理和战略人力资源管理三个主要阶段。而伴随着组织人员管理的发展,人力资源职能在战略形成过程中所扮演的角色也发生了变化。在人力资源管理职能与战略规划之间存在四种不同层次的联系:行政联系、单向联系、双向联系以及一体化联系,如图 1 - 1 所示。每个联系表现出不同的特点:(1)行政联系:人力资源管理职能的注意力集中在日常活动上,而不是对 HR 问题进行战略性展望。企业战略规划没有得到 HR 部门的任何参与。HR 部门是与战略管理过程相分离的。(2)单向联系:企业的战略经营规划职能会首先制定出战略规划,然后告知 HR 部门。HR 部门在执行战略规划方面发生作用,在战略形成阶段被排除在外。(3)双向联系:战略形成过程将 HR 问题考虑在内,发生在三个步骤上：首先，战略规划小组把企业正在考虑的各种战略选择告知 HR 部门；然后，HR 高层管理者对各种不同战略的人力资源内涵进行分析，把分析结果报告给战略规划小组；最后，战略决策作出后，战略规划小组将战略规划传达给 HR 管理者，由他们去设计执行战略规划的方案。(4)一体化联系：动态的、多方面的、持续的联系。人力资源高层管理者是高层管理团队的一个有机成员，人力资源管理职能直接融入企业的战略形成与战略执行过程中。

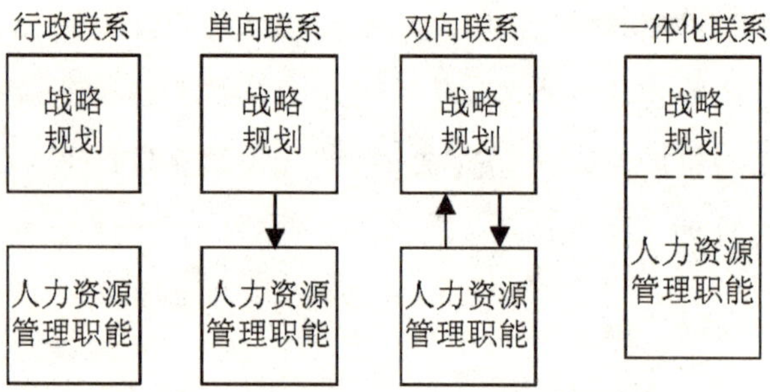

图 1-1　战略规划与人力资源管理之间的关系

显然，在不同的阶段，人力资源管理职能在战略规划中的地位是不同的。在人事管理时期，人力资源管理职能与战略规划之间是行政联系或者单向联系的关系；在人力资源管理阶段，两者关系更多地表现为双向联系；而伴随着企业经营环境的变化，两者关系更加紧密，逐渐形成了一体化联系，人力资源管理也逐渐被提升到企业发展的战略地位，这也标志着组织人员管理进入战略人力资源管理阶段。近年来，战略人力资源管理已经引起了学界的广泛关注，并成为人力资源管理发展的新趋势。

到目前为止，学者们对战略人力资源管理的定义是不同的。Lengnick-Hall 等(1988)是最早对战略人力资源管理性质进行分析的研究者之一。他们提出了组织战略人力资源管理模型的特征：(1)战略人力资源管理模型在战略的执行和战略的制定上更强调前者，并认为人力资源管理应被视为方法,而不是所产生和选择的战略目标的一部分。(2)传统模型集中在为战略而匹配人,而不是为人而匹配相应战略。这假设了人比战略更具有适应性,也暗示了传统与现代观点在人与战略匹配之间因果关系上的认识并非一致。(3)绝大多数战略人力资源管理强调“匹配”(fit)或“一致”(congruence),而没有认识到在组织变迁时,或当组织有多重或相冲突的目标时,也需要“缺乏匹配”(lack of fit)。

Wright 和 McMahan(1992)曾对战略人力资源管理下一个定义:使企业能够达到目标的人力资源配置和活动的计划模型(patterns),其目的是为了达成组织的目标。具体包括:(1)将人力资源视为获取竞争优势的一种首要资源;(2)强调通过 HR 规划、政策及具体实践,可以达到获取竞争优势的 HRM 系统;(3)强调获取竞争优势的 HRM 系统,能够与企业战略垂直匹配,并能在内部各种活动间水平匹配;(4)强调所有人力资源实践均为一个目的,即达到企业目标。进一步说明的是:水平来看,各项 HRM 子功能必须通过规划好的计划模式进行协调整合,以形成一种结构形态;垂直来看,必须同时考虑人力资源管理实践与企业战略,以协助组织达成目标。

Schuler(1992)将战略人力资源管理定义为运用整合(integration)和调整(adaptation)的方式,以确保:(1)人力资源管理与组织经营战略及战略性需求相整合;(2)人力资源政策能与组织内水平职能政策及垂直层级结构保持一致性;(3)人力资源管理实践是经调整修正而得的,能为组织成员所接受,并且为管理者与员工共同参与。

Martell 和 Caroll(1995)也对战略人力资源管理做了一个定义,他们认为战略性人力资源管理有以下的特性(见表 1-1):(1)长期的观点;(2)对人力资源管理及战略规划有新的联系;(3)人力资源管理与组织绩效有关联;(4)直线主管参与人力资源政策制定。

表 1－1　战略人力资源管理的特性与内涵

特　性	内　　涵
长期的观点	在战略导向人力资源职能的演进中,建立人力资源使用的长期计划通常是第一优先考虑的。
人力资源管理及战略规划有新的联系	这是许多战略人力资源管理模型的重要因素,一种联系方式是人力资源管理可以支持战略推行;另一种方式是人力资源管理可以主动地影响战略形成。
人力资源管理与组织绩效有关联	人力资源管理对达成组织的目标扮演关键性的角色;由于战略的结果是增加企业的经济价值,人力资源管理直接对企业的获利有影响。
直线主管参与人力资源政策制定	认识到人力资源管理的战略重要性使得人力资源管理的责任会渐渐落在直线主管身上,尤其是关于经理人的甄选和薪酬。

Wright,Dunford 和 Snell 等人 2001 年提出了战略人力资源管理的基本模型,认为 SHRM 由三个基本部分构成,如图 1－2 所示:(1)HRM 实践系统,包括组建员工队伍与工作设计、培训与参与、薪酬与福利、评价与沟通。这实质上包含了 HRM 的所有实践活动,同时又强调这些实践活动与组织战略、组织文化及其他相关实践活动的匹配,强调了系统性。(2)人力资本存量,包括组织运作所需的知识、技能和能力,这些知识、技能和能力必须符合战略目标。(3)雇员关系与行为,包括心理契约(psychological contracts)、组织公民行为(organizational citizenship)等方面,不同于人力资本存量所强调的技能、知识和能力,而是强调人的自由意愿及认知和感情。其中,雇员关系与行为是 HRM 实践系统和人力资本存量共同作用的结果,雇员拥有的符合组织需要的知识、技能和能力只有通过 HRM 系统落脚于组织需要的具体行为才能真正为组织创造价值。要使这种行为出现并持续,就必须构建雇员与组织间良好的关系,培育雇员的组织身份感、使雇员期望与组织期望一

致,HR 才能真正成为持续竞争优势的根源。

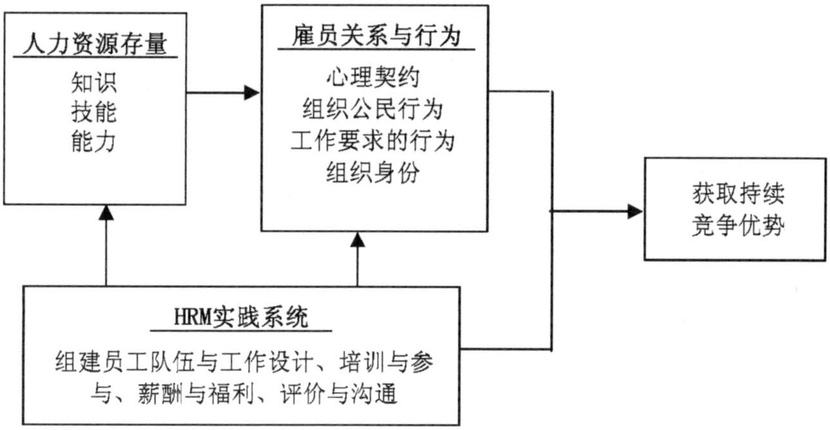

图 1－2　战略人力资源管理构成的基本模型

综合以上学者的观点,所谓战略人力资源管理,就是通过对人力资源管理的战略化设计,使得人力资源管理和组织战略一致,各种人力资源管理活动间的协作和一致,通过全员(尤其是直线管理人员)对人力资源管理的参与和支持,实现组织长期绩效和竞争优势。战略人力资源管理有别于传统人力资源管理所扮演的职能性角色,以更为总体导向的方式,探讨人力资源管理与组织的互动关系,审视组织外在的各项活动与内在的优缺点,确认可能的机会与威胁,将人力资源管理的各项活动与组织竞争战略相结合,提升企业人力资源管理的地位,协助组织获取竞争优势,达成组织目标。

人力资源的战略管理方法与传统的职能性方法在很多方面是不同的。在战略导向下,人力资源管理在战略管理中所扮演的角色可以概括为两个主要方面:在战略形成过程中为高层管理提供一些与人有关的经营问题,而在战略执行过程中则通过建立 HRM 制度来帮助战略规划付诸实施。从根本上讲,战略性的人力资源管理方法包含战略规划与决策的工作,并协调面向全体雇员的全部 HR 职能。表 1－2 列出了两者相互区别的六个维度。

表1-2 战略人力资源管理方法与传统的职能性方法的区别

维度	战略人力资源管理方法	传统的人事管理方法
规划和战略形成过程	参与制定组织的整体战略方案的过程，并使人力资源职能与公司战略保持一致	只包含操作性规划
职权	最高人事主管具有高层的身份和职权(例如,人力资源副总裁)	具有中层的身份和职权(例如,人事总监)
管理范围	涉及全体管理人员和员工	主要涉及计时工、操作工和文员
决策	包括制定战略决策	只制定操作性决策
整合性	与其他组织职能充分整合:市场营销、财务、法律、生产	与其他组织职能具有中等程度或很少的整合
协调性	协调所有人力资源行为(例如,培训、招聘、人员配置、公平就业机会)	不对人力资源的所有职能进行协调

在研究战略人力资源管理时,大多数学者会提到有关匹配(fit)的概念。战略匹配或契合是战略人力资源管理的核心概念。所谓契合是指,组织中某一部分的需要、命令、目标、目的甚至于结构,与组织中其他部分的需要、命令、目标、目的和结构相符合的程度。这里隐含着的假设是组织只有达到匹配,效率才是最高的。一般来说,研究战略人力资源管理的学者使用“内部匹配”和“外部匹配”的概念描述组织内人力资源管理实践的整合与互补问题。“内部匹配”是指HRM实践之间是相互补充与相互支持的;而“外部匹配”是指HRM系统与组织战略和组织其他活动的流程与内容是相互整合的。

1.3 战略人力资源管理的理论基础

战略人力资源管理强调人力资源管理活动对组织绩效的突出作用。许多学者根据各种不同的理论依据,例如一般系统理论、角色行为理论、制度理论、资源依赖理论、人力资本理论、交易成本理论、代理成本理论以及资源基础理论,提出不同的理论架构来解释人力资源管理实践与企业绩效的关系。

1.3.1 主流观点:资源基础理论的解释

最早应用在战略人力资源管理的理论是组织经济学及战略管理文献中经常提到的资源基础观点(Barney,1991)。人力资源管理活动为什么能够对组织绩效产生影响,资源基础理论做了一个有力的解释。资源基础理论强调组织的竞争优势是由组织内部资源所产生,组织所控制的资产、能力、内部程序、技能、知识等有助于组织战略的形成与执行,成为建立竞争优势的有利资源(Barney,1991)。因此可形成组织竞争优势的资源不仅是有形资源,而且包括无形资源。

(1)人力资源是企业持续竞争优势的来源吗

企业持续竞争优势来源的明确对企业管理实践具有非常重要的意义,它指出了企业管理的重点所在,并有助于纠正不正确的管理哲学取向。在过去的10年左右的时间里,我国学者就对企业持续竞争优势的来源进行了研究,确定了人力资源的重要地位。因此,在今天看来这似乎是个老生常谈的问题。但是我们的分析发现,人力资源是企业持续竞争优势来源的观点是值得商榷的。

在战略管理学界,以资源为基础的理论观点(Resource-Based View),试图从企业的资源特性和战略要素的角度解释企业持久竞争优势的来源。该理论认为,一个企业的资源可以分为三类:人力资源、物力资源、组织资源,能力是一系列资源整合的结果。一个企业并不是所有的资源和能力都有潜力成为持久竞争优势的基础,只有当资源和能力是具有价值的、稀缺的且难以模仿时,这种潜力才可能变成现实。根据能力基础理论,不少研究者认为人力资源是企业可持续竞争优势的来源。其依据是:①人力资源作为企业的核心资源之一,或者说作为企业资本之一——人力资本,其价值应是能为企业带来价值的增值;②一定时期内劳动力市场上具有某一特性的人才供给数量绝对不足,这种状况往往导致企业间为猎取稀缺人才互挖“墙脚”,竞相争夺,因此人力资源具有稀缺性;③人力资源特性具有难以描述的、未编码的、因而不可交易的隐性特性,它不易在企业间传递和复制。

然而这种对人力资源特性的分析并不能站得住脚。相反,我们认为,人力资源仅仅成为企业持续竞争优势的潜在来源,而人力资源管理把这种潜在价值转化为现实,才是企业持续竞争优势的来源。

(2)人力资源管理的特性

资源基础理论强调组织的竞争优势是由组织内部资源所产生,能够为企业带来竞争优势的资源必须具有以下特点:①有价值;②稀缺;③不可模仿;④不可替代。那么人力资源管理是否具有这样的性质呢?我们下面展开具体的分析。

1)价值性

人力资源管理对企业的价值性,可以从不同方面来理解。从实践上说,人力资源管理活动通过对人的有效管理,改变人的态度、技能和行为,从而促进企业绩效的提高。例如,对员工进行技术培训,可以降低产品废品率,提高产品质量;企业通过与员工建立良好的合作关系,公平而公正地对待他们,可以增强员工的工作投入程度,从而导致企业取得更高的效率和更多的创新等。从实证上来看,已有较多的研究表明 HRM 活动、HRM 系统对企业绩效有着正向的影响关系。因此,我们认为,人力资源管理显然具有价值性。

在现实中会有这样的现象,具有同样素质人力资源的不同企业经营绩效相差甚远。显然,仅仅从人力资源的价值性来解释这种普遍存在的企业现象是缺乏说服力的。这个现象表明了,一个具有较高价值的人力资源,如果没有合适的人力资源管理并不一定会产生显性的价值。人力资源所具有的价值只是潜在的。这种潜在的价值正是依赖有效的人力资源管理活动才转化为现实的价值。因此,从这个角度出发,企业应重视人力资源的开发与管理,注意人力资源实践的价值有效性分析,从企业人力资源的吸纳、选拔,到配置、使用以及保持与流动的全过程中,增强人力资源实践的有效性,剔除其低效或无效部分,使 HR 潜在价值显性化,真正发挥 HR 的价值。

2)稀缺性

持有"人力资源是持续竞争优势来源"的观点认为人力资源的稀缺性,从性质上可区分为两种(高艳,2000):一种是人力资源的显性稀缺,即一定时期内劳动力市场上具有某一特性的人才的数量的绝对不足,这种状态往往导致企业间为猎取稀缺人才竞相争夺;另一种是人力资源的隐性稀缺,即由于人力资源某种特性往往呈非均质分布状态,其稀缺价值又难以用市场化标准来判断,且在很大程度上依赖于企业后天的培训与开发,由此导致不同企业在开发与管理人力资源方面的相对差异,并造成人力资源的稀缺性。

将这两种稀缺性都划归为人力资源的稀缺性,是值得商榷的。因为这在一定程度上只是一种表象的特征。从人力资源的显性稀缺来看,虽然在市场中优秀的人力资源属于稀缺资源,但是这种稀缺是相对的,总体上的稀缺并不必然导致某个企业所需要的这种人力资源的稀缺,原因在于企业通过有效的人力资源管理方式可以将市场稀缺的人力资源吸引到本企业中。比如，在我国国有企业、民营企业中普遍存在的人才匮乏的现象，对于很多优秀的外资企业并不存在，这除了外资企业具有良好的声誉外，更重要的是有效的人力资源管理发生了关键的作用。因此，人力资源的稀缺对于具体的企业而言是相对的，正所谓“几家欢乐，几家愁”。

从人力资源的隐性稀缺来看，隐性稀缺的人力资源与企业对人力资源的辨识、吸纳及开发能力的差异性有关。企业可以利用这一差异，从别人认为均质的劳动力市场中，识别与开发其人力资源的稀缺特性，从而获得自身的竞争优势。这恰恰是通过人力资源管理的作用最大程度地减少人力资源的这种隐性稀缺。

这两个角度的分析表明人力资源的稀缺只是一种表象特征，是可以通过人力资源管理来最大程度地被降低。但是，这种有效的人力资源管理活动却是稀缺的。达到上述效果的人力资源管理体现了对市场的适应、对企业的适应和对人才的适应。这种人力资源管理模式因企业而异，在市场上是根本无法“买到的”。企业需要努力的是，如何设计出适应市场、企业、人才的人力资源管理模式。

3）不可模仿性

不可模仿性又可以称为模仿障碍（Impediments to Imitation），是一种阻止其他企业通过模仿资源而构成企业竞争优势基础的隔离机制，具体可分为四类模仿障碍：一是模仿的法律限制；二是获取投入或顾客的优越途径；三是市场容量和规模经济；四是无形的模仿障碍。人力资源管理的不可模仿性根源于无形的模仿障碍。

高容（2003）认为人力资源的难以模仿性来源于两方面：一方面，由于市场的不完善性，竞争者很少能深入了解某个企业的人力资源战略及其实践活动，从而难以模仿；另一方面，它的难以模仿性主要来源于企业独特的发展历史、文化氛围及社会复杂现象，所以即使企业的人力资源管理是清楚可见的，竞争者加以使用也未必能取得同样的效果。显然，在这个分析中，人力资源和人力资源管理被混淆了。我们很容易发现这两个方面事实上是解释了人力资源管理的不可模仿，而不是人力资源的不可模仿。

我们在现实中还会发现的现象是，同样是高素质的人力资源在 A 企业是先进者，而转移到 B 企业则可能成为平庸者甚至后进者。进而有学者也将这种现象归结为人力资源的不可模仿性。同样，我们也认为这种所谓的 HR 不可模仿性也是一种表象，其真正的原因仍然是不同企业的人力资源管理方式的差异使得同样素质的人员在不同企业中显现出不同的价值，而这种差异是很难被模仿和学习的。

人力资源管理的不可模仿性主要来源于企业独特的发展历史、文化氛围、社会复杂现象和发展战略。例如，美国杜邦公司的竞争对手难以引进杜邦公司卓有成效的安全教育体系，是因为“在这个制造炸药起家的公司里，安全意识早已深深铭刻在每位员工的心里了”。Becker 和 Gerhart（1996）分析了人力资源管理系统难以模仿的可能原因包括两个方面：第一，目前难以掌握明确机制来了解由于人力资源实践与政策相互作用产生的价值。要模仿一个复杂的系统，必须了解构成因素间如何互动，这些效应是相加的或相乘的，或者有更复杂的非线性关系，而目前对这些人力资源系统如何相互作用仍然有许多不清楚的地方，无法了解这些系统的运作，就无法加以学习，即使竞争者雇佣某公司的高层主管，也难以模仿一个有价值的人力资源系统，因为这个系统是一个组织的能力，并分布在很多人身上。第二，这些人力资源系统是路径相依的（path dependence），它们包含许多长期发展出来的政策与实践，因此无法在市场上买到；竞争者往往可以感受到某些人力资源系统的价值，但是前提是要理解这些系统，然后必须有足够的时间以实施一些战略，因此人力资源系统往往无法立即模仿。Wright 和 McMahan（1992）

还利用历史情境、因果模糊性及社会复杂性来说明人力资源管理有不可移动性。独特的历史情境指企业的政策、活动或实务往往源自某种独特的历史事件或因素，这些情境下所形成人力资源实务往往不是其他组织可以随意学习的，也不易因为人员的移动而改变；因果的模糊性指人力资源与竞争优势的因果关系比较模糊，也造成资源不易移动；社会的复杂性则是指有些竞争优势源于复杂的社会关系，如团队生产，这些并不容易复制，也不易因为个人的移动而移动。

因此，HRM具有不易模仿的特性。退一步说，即使竞争对手将本企业的人力资源管理模式“复制”了，却很可能因为“水土不服”产生不了预期的管理效果。这是因为，战略人力资源管理强调人力资源管理的内部一致性和外部一致性，即人力资源管理活动之间的一致和互补性，人力资源管理与企业发展战略、文化等的一致性。人力资源管理并不是孤立地产生管理效果，而是和企业文化、战略、外部环境及其他管理环节发生交互作用，共同作用于企业的每个环节。仅仅孤立地复制人力资源管理显然是达不到预期的效果的。因此，在市场可以“复制”出同样的人力资源（无论是具有相同知识、技能等表象特征的人力资源，还是通过胜任特征模型获得具有相同或相似的特质、潜能等隐性特征的人力资源），却因为无法复制相应的人力资源管理系统，或者因“复制”引起的“水土不服”而导致同样的人力资源产生不同的工作绩效和组织绩效。所以，企业在吸收竞争对手人力资源管理方式的同时，设计适合本企业的战略性人力资源管理模式才是最重要的。

4）不可替代性

人力资源管理的不可替代性可以从两个不同方面进行分析：一是人力资源的不可替代性，由于人力资源在企业中的地位无法替代的，因此，人力资源管理在任何时候都是重要的。事实上，现代企业管理的发展趋势正是越来越强调人力资源管理的重要性。二是企业特有的人力资源管理是无法被其他企业的人力资源管理模式所取代的。正如我们在人力资源管理的不可模仿性中分析指出,有效的人力资源管理模式是内部一致和外部一致要求下的产物,同时又考虑到战略的柔性。这也是战略人力资源管理的特征所在。并不存在“放之四海而皆准”的人力资源管理模式,每个成功企业的人力资源管理尽管有相似的特征,但是更多地体现了企业所特有的个性差异。管理实践中的“水土不服”是普遍存在的现象,一个突出的事例是麦肯锡与实达公司合作的失败案例。显然这种人力资源管理的不可替代性比人力资源的不可替代性更具有现实意义。

(3)人力资源管理是企业持续竞争优势的来源

以上分析表明,人力资源具有价值性,但是其具有的稀缺性是相对的,而不可模仿性只是表象的。在不少研究的论述中,人力资源和人力资源管理活动经常被混淆了,在解释人力资源作为企业竞争优势的来源的时候,采用了“人力资源的稀缺性 + 人力资源管理(系统)的不可模仿性”;或者把表象的特征归结为一种原因。资源基础理论区分出三种组织资源,包含了实体资本(physical capital)、人力资本(human capital)以及组织资本(organizational capital)。实体资本指工厂、设备、技术以及地理位置等;人力资本指组织成员的经验、判断与智识;而组织资本则包括结构、规划、控制与协调系统,以及群体间的非正式关系。其中人力资本以及组织资本都显示了人力资源管理对于建立组织竞争优势所可能发挥的贡献,因为人力资本代表员工本身的竞争力,组织资本则代表了用以发展、整合人力资本的人力资源系统。所以人力资源管理活动的确是能够符合资源的价值性、稀缺性、不可模仿性及竞争者不可替代的特性。组织可通过人力资源管理系统而建立自身的持久竞争优势,进而提升组织的绩效表现。

综合以上分析,我们认为人力资源代表了企业持续竞争优势的可能性,而人力资源管理活动使这种可能性转化为现实。因此,严格说来,人力资源管理活动形成了企业的持续竞争优势。根据以上分析可以总结,资源基础观点对战略人力资源管理的解释模型如图1-3。

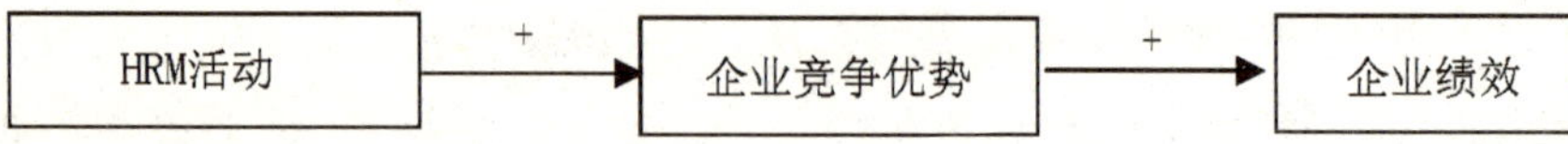

注：图中"+"表示两者的正向关联作用，下同。

图1-3 资源基础观点对战略人力资源管理的解释模型

明确企业的持续竞争优势来源于人力资源管理而不是人力资源,对战略人力资源管理的研究和企业管理都具有非常重要的意义:从理论上看,战略人力资源管理强调人力资源管理对企业绩效和目标实现的战略作用。明确企业的持续竞争优势的来源为战略人力资源管理奠定了理论基础,进而为相应的实证研究提供理论支持;从管理实践上,在当今竞争的时代,人才的竞争固然重要,但是没有人力资源管理作为保证,通过人才获得的竞争优势并不具有持续性。一些企业片面强调人才的重要性,盲目地提高招聘人才的标准,而忽视对人才的有效管理,这种做法显然是不可取的。高素质的人力资源永远代替不了有效的人力资源管理,设计出并执行适合本企业发展的战略性人力资源管理工作才是更重要、最根本的,才能真正地发挥人力资源的作用,为企业赢得持续的竞争优势。

1.3.2 其他理论观点的解释

(1)人力资本观点

Youndt等(1996)从人力资本理论观点,认为组织的成员所具备的技能与知识、能力等是具有经济价值的,而且人力资源管理活动对于人力资本的提升具有正向关系。这些提升人力资本的人力资源管理活动对组织绩效的发挥是最有利的,由过去的实证研究结果也可发现,这些活动与组织绩效间的确存在正相关(Pfeffer,1994;Huselid,1995)。

如何理解人力资源管理活动可以实现对企业人力资本的投资,学者间的解释差异不大。Cascio(1991)、Flamholtz 和 Lacey(1981)、Parnes(1984)的研究中,说明人力资源管理活动的观念经常应用到诸如甄选、培训、薪酬等各种人力资源管理活动上,而严格甄选、广泛培训与具有竞争力薪酬等可代表直接的人力资本投资活动。组织虽然推行此类人力资源管理活动,但组织并未真正增加人力资本,因为他们在组织间是被允许有限度的流动(Becker,1964)。即使员工留在组织内,其绩效表现还取决于其工作意愿的高低,因此,成果导向绩效评估以及激励性薪酬乃至留任员工以及激励员工等活动,也应被视为人力资本投资的其他方式(Flamholtz 和 Lacey,1981;Snell 和 Dean,1992)。

Huselid(1995)认为所谓高绩效人力资源实践可通过员工技能、激励、工作组织三方面达到增进组织绩效的效果。在员工技能的提升方面,通过取得或发展人力资本以增进员工技能;在激励方面,人力资源管理活动可鼓励员工更努力且更有效率地工作;在工作组织方面,也可通过提供鼓励员工参与以及工作改善等活动以改善组织与工作结构。企业为降低员工学习组织专用技能的意愿以避免员工离职所承担的风险,在实施人力投资活动的同时,组织有必要提供员工工作上的保障,如内部晋升、职业生涯规划等活动,除了可提高员工学习专属技能的动机外,并可维持组织与员工之间长期合作的决心。Huselid(1995)指出,即使员工因组织实施人力资本的投资而拥有高度的技能与知识,但组织却无给予员工充分运用其专用技能与知识的机会,则人力资本的投资效益将无从发挥,因此组织内的工作结构将是有助于人力资本有效运用的重要活动,例如宽广的工作定义、员工参与、团队工作以及地位平等化等都是人力资本投资的关键。

因此,人力资源管理活动的差异可以反映出人力资本投资水准的高低,并可因此分析出人力资本投资类型的不同(Lepak 和 Snell,1999)。Snell 和

Dean(1992)指出甄选、广泛培训、发展性绩效评估、薪酬外部公平性以及内部公平性等人力资源管理活动即具备人力资本投资的效用。

根据以上分析可以总结,人力资本观点对战略人力资源管理的解释模型如图1-4。

图1-4　人力资源观点对战略人力资源管理的解释模型

(2)行为观点

另一个在战略性人力资源管理中常用到的理论是行为观点理论(behavioral view)(Schuler & Jackson,1987)。行为观点理论的主要论点是:员工的行为是战略及组织绩效的中介变量,而人力资源实践是为了诱导或控制员工的态度与行为,不同的组织特性及经营战略则会引发不同的态度与行为需求,由此可以推论在战略性人力资源管理的系统中,由于每一个战略所需要的人员态度与行为不同,组织的人力资源实践也将随之改变。换句话说,人力资源管理是组织的重要工具,通过传递角色信息,支持期望达到的行为,以及审核角色表现,实现组织的目标。Miles 和 Snow(1984)也提出类似行为观点的看法,认为人力资源实务必须随着战略的不同而改变,因为组织必须通过人力资源实践发展出不同的行为技能,才能推动战略。因此,有效的人力资源管理可协助员工符合组织的利害关系人的期望,并产生正面的效益。行为观点对于了解人力资源系统对组织绩效的影响机制非常重要。

根据以上分析可以总结,行为观点对战略人力资源管理的解释模型如图1-5。

(3)一般系统观点

一般系统理论认为人力资源管理为一个大组织下的次系统。Wright 和 Snell(1991)提出了用开放性的系统观点来描写组织的竞争管理模式,其中

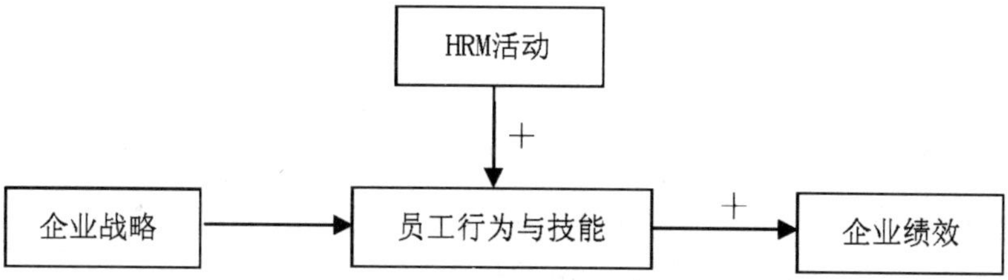

图 1 –5　行为观点对战略人力资源管理的解释模型

能力与技能被视为“投入”，员工行为被视为“转换”，而员工满意度与工作绩效被视为“产出”。在这个系统过程中，组织要有效地管理才能，包括：①才能取得；②才能利用；③才能维持；④才能剔除。有效的管理行为则包括：①行为控制，例如利用考核与薪酬系统；②行为协调，例如利用考核及组织发展。这些管理活动中，人力资源管理起到了重要的作用。因此，一般系统理论认为，人力资源管理次系统可通过取得、运用、留任及转换合适的人才等功能，提升组织效能。可以总结一般系统观点对战略人力资源管理的解释模型如图 1 –6。

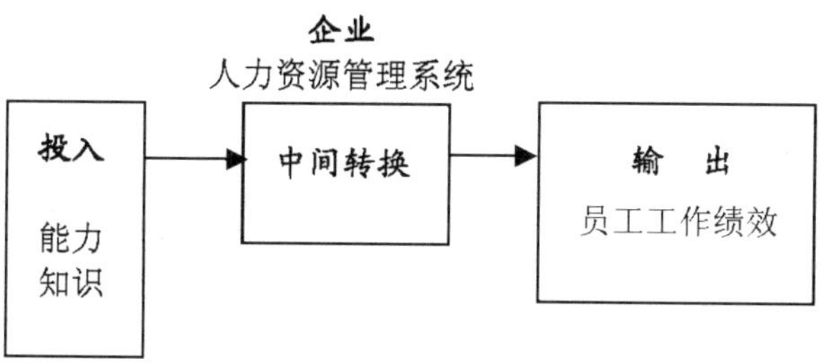

图 1 –6　一般系统观点对战略人力资源管理的解释模型

（4）代理与交易成本理论

交易成本理论是从财务或经济学的观点来看组织中人力的交换过程，主要是想探讨什么环境因素可以促使组织通过内部交换来降低交易成本，Jones（1984）认为有限理性及机会主义是造成人力资源交换的障碍。有限理性表明个人的信息处理是有限制的，因此决策可能不是最佳的；机会主义是说明人是自利的，而且会狡诈地追求个人的目标。这些因素如果遇到特殊的环境因素，可能会造成很高的交易及代理成本，如不确定性高时，由于有限理性将使得组织未来的情境无法预测，往往做出错误决策，造成组织重大损失。Jones 和 Wright（1993）认为代理成本可能会发生在人力资源投入、人员行为及绩效产出的各个环节。由于机会主义，组织在雇佣员工时，应聘者往往会夸大自己的才能，造成雇主在甄选时必须花费较多的成本；通过员工的一些技能进行与资产相关的投资时，代理成本也会增加；由于监督及评估员工不易，为确保员工的绩效，成本也会增加。由于交易成本和代理成本的存在，企业会选择适当的管理结构，以便在监督、评估与执行交易和代理过程中形成最低的成本；每个组织要克服管理结构的有限理性，同时又需预防机会主义行为的产生。为了解决这样的弊端，需制定一些正式与非正式的契约与条款，而人力资源管理等各项活动，可以有效管理雇主与员工的关系：可以使员工个人的贡献能清楚地定义出来，并适当地给予薪酬，否则员工将不会有诱因去提升绩效，而人力资源实践还可以作为衡量员工绩效的方法，通过这些方法，可以使员工行为及组织目标趋于一致。因此人力资源管理可以发挥效用，使交易成本与代理成本降低，促进企业的效益提升。

根据以上分析可以总结，代理与交易成本观点对战略人力资源管理的解释模型如图 1－7。

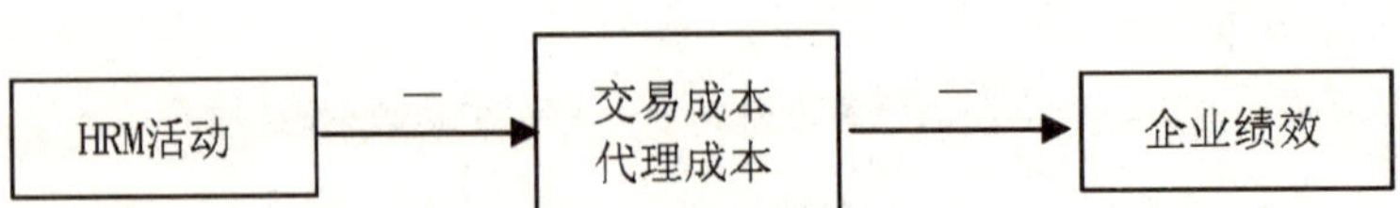

注：图中“－”表示两者的反向影响关系

图 1－7　代理与交易成本观点对战略人力资源管理的解释模型

1.4 本书的研究内容与方法

在战略管理兴起的背景下,人力资源管理被提到了战略的地位。但是不同学者对战略人力资源管理的定义并不一致,但是其核心观点是人力资源管理活动对组织绩效非常重要。许多学者依据不同的理论基础提出不同的理论架构来解释人力资源管理与企业绩效的关系,如资源基础理论、人力资源理论、行为理论、一般系统理论以及代理与交易成本理论。他们解释的差异主要表现在人力资源管理活动与企业绩效的作用途径的不同。这些解释形成了战略人力资源管理的不同的理论基础。这些理论基础一方面反映了战略人力资源管理研究的不断深入;另一方面,也表明了关于人力资源管理对企业绩效的作用机制并没有形成统一的理论模型。从理论上看,人力资源管理和企业绩效之间是一种"黑箱"关系。或者说,从观察的角度看,有时人力资源管理活动与企业经营结果之间没有明显的因果关系。如果说人力资源管理对企业绩效确实存在影响的话,那么,影响作用是通过什么机制产生作用?作用的结果如何?这些结果在不同的背景或环境因素下是怎样变化的?对这些问题的回答就是试图将人力资源管理与企业绩效之间关系的"黑箱"明朗化。这些理论基础只是对打开这个"黑箱"进行不同角度的探索。未来的研究中,一方面,如何依据这些理论基础再进一步设计实证研究加以验证,将是值得努力的方向;另一方面,综合不同的理论观点,对人力资源管理与企业绩效关系进行更全面的理论分析和实证检验,是整合这些理论基础的关键。

战略人力资源管理包含的内容较为广泛。在过去几年里,笔者对战略人力资源管理的若干问题展开研究,完成的国家自然科学基金项目

(70302018,70672017)和正在承担的国家自然科学基金项目(70972038,71172062)都是与战略人力资源管理有紧密联系的。本书在一定程度上是笔者过去几年部分研究工作的总结。具体内容的安排包括:

人力资源管理对组织绩效的影响关系研究是战略人力资源管理领域的一个重点内容。因此,本书的研究重点也在于此。

本书的第二章、第三章是战略人力资源管理的相关理论基础,分别对人力资源管理的两个重要特性(战略匹配和战略柔性)进行了理论探讨和总结。

第四章、第五章则分别从单个人力资源实践、人力资源管理系统的角度研究人力资源管理与企业绩效之间的关系,这两章的研究通过问卷调查获取我国企业人力资源管理的第一手数据,实证研究 HRM 活动对组织绩效的影响、HRM 系统形态对组织绩效的影响,分析差异化战略活动对 HRM 活动与组织绩效的调节作用,组织规模、环境特征等对 HRM 系统与组织绩效关系的调节作用,并研究 HRM 系统与竞争战略的匹配对企业绩效的影响,探讨我国企业实施战略性人力资源管理的基本政策建议。

第六章是研究具体的薪酬政策——企业内部薪酬差距的设计对组织产生的影响。为此,我们分别基于竞赛理论和行为理论对相关的研究进行了回顾和评述,结合我国的文化背景,分析组织内部薪酬差距,包括高管团队薪酬差距、高管与员工的薪酬差距对组织绩效所产生的滞后影响,提出研究假说,并基于上市公司的数据,展开实证研究。

第七章是在个人层次上对欠发达地区知识员工的异地离职进行了研究。欠发达地区的人才匮乏和异地流动极大制约了企业和地区的经济发展。了解欠发达地区知识员工异地离职的动因,分别从企业和地方政府的角度实施相应的战略人力资源管理设计,是非常重要的。本章结合知识员工的特性,基于激励理论分析提出欠发达地区知识员工异地离职动因的概念模型,并通过问卷调查,展开实证研究,比较了管理人才和技术人才异地离职动因的差异性。

第八章是通过跨案例研究,采取质性研究方法,对异地复制式快速成长企业的高绩效人力资源实践展开研究。其研究的背景在于虽然高绩效人力资源实践是战略人力资源管理领域的一个重要议题,但是对于哪些 HRM 活动构成高绩效实践,研究者并没有形成普遍的一致看法。我们认为,高绩效人力资源实践的范围会随着行业性质或企业特征而发生变化,并试图探索中国本土企业的高绩效人力资源实践的内容。为此,选择具有“异地复制”和“快速成长”两个共同特征的企业“苏宁”和“万科”,采用跨案例的研究方法,探索高绩效人力资源实践的内容,分析其对企业发展的价值,并和国外相关研究结论做比较分析。

第九章是对企业并购后人力资源整合策略展开的实践性而非纯学术性的案例研究。并购后人力资源整合研究得到学界越来越多的重视,但是深入企业进行实地调查,对具体的并购整合策略展开案例分析的研究还是很少。纯学术性的研究固然很重要,它可以给管理实践更多的理论指导,但并不能给实践者带来更多的操作实践指导。为此,我们通过深入调查,系统总结了两家跨国公司并购后中国区子公司开展的人力资源整合策略,基于相关理论和整合的效果,分析其经验和不足,期望为公司并购后人力资源整合提供实际操作上的借鉴。

2. 人力资源管理的战略匹配

匹配是战略人力资源管理的重要概念,涉及 HRM 的内部匹配和外部匹配,两者是相互关联的。人力资源管理内外部匹配的有机结合,形成了不同的 HRM 系统形态。组织研究的形态方法(configuration approach)是研究人力资源管理系统形态的有效方法,较多的学者基于类型学和分类学两种不同的方法对人力资源管理的系统形态进行了研究。

2.1 HRM 的内外部匹配

2.1.1 HRM 的内部匹配

HRM 的内部匹配也称为"水平一致",它是通过发展和强化人力资源管理的各种政策和实践之间的内在一致性而完成的。也就是将几个互补的人力资源实践一起开发和执行,从而使它们保持内部一致性,并达到互相加强的目的。根据 Delery(1998)的观点,人力资源实践之间的关系有两种:

①附加关系(additive relationship),即各项人力资源实践对效果的产生独立发挥自身的作用,没有重叠。例如,严格的甄选程序和方法可以帮助企业挑选所需要的优秀人才,而更规范的人力资源计划可以使得 HRM 职能与企业战略的联系更为紧密。显然,这两项 HRM 活动的作用是相对独立的。

②互动关系（interactive relationship），即各项 HR 活动的效果是相互依赖的。也就是说，一种活动的效果依赖于另一种活动的效果水平。这是因为，系统中每一个要素都是系统的有机组成部分。系统和要素是相互制约的，每一要素只有在系统中，它的性质和功能才能得到体现。要素的功能和性质的发挥和体现，受它所在的系统的制约，以系统的状况为转移。同时，要素的功能发挥还取决于其他要素相互作用的方式。互动关系又分为替代关系（substitutive relationship）和协同关系（synergistic relationship）：

第一，替代关系指两种活动的效果是彼此替代的。例如，企业通过在职培训和外部培训都可以提升员工的技能水平，两种培训活动的效果是相似的，只是取决于企业根据实际情况来进行选择而已。

第二，协同关系则又分为正协同关系和负协同关系。正协同关系指两种活动一起运作时，将增强彼此效果。例如，企业实施以技能为基础的薪酬体系，客观上是给了员工一个信号：提升自己的技能是企业所需要的。如果企业在实行技能薪酬的同时，进行更多的培训计划，两项活动同时运作，可以更好地促进企业员工技能水平的提升。进一步，如果企业同时给予员工更多的参与机会，让员工的能力能够得到更大范围的应用，那么三种活动的相互配合，将有助于把增长了的员工技能转化为企业经营绩效。负协同关系指两种活动一起运作将降低或抵消彼此的效果。这里的匹配一般都是指正的协同关系。

由于各项人力资源管理活动之间具有密切的关联性与交互作用，因此组织应以系统观点来看待人力资源管理政策，并强调人力资源管理政策的内部一致性。从系统论的角度来看，HRM 活动之间匹配、互补，可以实现系统效应。我们把 HRM 内部匹配带来的效应总结为以下方面：

（1）提升人力资源管理活动的协同效应

系统是由相互依赖的若干组成部分结合形成的具有特定功能的有机整

体，整体性是系统的一个最基本的特征，系统内各要素间的相互作用，能够产生出在其孤立的、分散的状态下所没有的新的整体特征，即通常所说的协同效应。协同效应是指在复杂大系统内，各子系统的协同行为产生出的超越各要素自身的单独作用，从而形成整个系统的统一作用和联合作用。

组织对人力资源管理活动的运作，通常都是依照组织的经营战略，将最有效能的活动做整体性的推行，人力资源管理的各项活动即通过内部的匹配来达成组织的目标。由于研究中各项人力资源管理活动均具备人力资本投资的提升功能，因此组织的人力资源管理系统各项活动间如果能够协调一致、相互匹配，则各项人力资源管理活动之间可产生互补的效果，相应地组织绩效会表现更好。MacDuffie(1995)更进一步指出组织内存在其既定的程序与逻辑，使得各项活动间趋向一致性，并且达到互补的效果，因此他认为研究人力资源单一构面对组织绩效的影响将可能无法衡量出组织所提升的绩效，并更有可能产生误导效果，人力资源管理活动组合而成的"组态"(bundle)才是研究应关注的重点。也有不少其他的学者持有相似的观点，指出人力资源管理活动所形成的"包"(bundle)或系统，比起独立单一的活动，其绩效的提升更具影响力(Aurthur,1994;Huselid,1995)。因此 Baird 和 Meshoulam(1988)指出如果一个组织想要形成好的绩效，则人力资源管理活动必须要匹配或相互支持。

(2)强化一致的目标

Schuler(1989)认为，人力资源管理活动可对员工传达某些重要信息和强化作用。如果彼此之间无法达成协调一致时，则这些活动将可能导致员工的角色冲突，而进一步影响个人与组织的绩效表现。所以他主张人力资源的各项活动应当基于相同的人力资源管理哲学，以达到相互配合的系统效果。因此，通过人力资源管理中各项活动之间彼此配合一致的程度即内部匹配的程度，人力资源管理活动可以向员工传达组织重要战略信息。

(3)增加人力资源管理的不可模仿性

根据资源基础论的观点,企业只有以稀有且竞争对手难以模仿的方式才能发展出持久的竞争优势。人力资源管理活动之间形成各种交互的关系,使得人力资源管理系统的内在逻辑很难被理清,加上难以掌握明确机制来了解由于HRM系统与政策相互作用产生的价值、HRM系统的路径相依(path dependence)性质,这些都使得HRM系统模仿难度很大。

2.1.2 HRM的外部匹配

外部匹配也称为"垂直一致",其主要是指人力资源管理活动需要与组织的战略、发展阶段等组织特征以及外部环境保持一致,要求HRM考虑组织的动态性,并与组织的特征相符。大多数学者在探讨人力资源战略时都会针对外部环境、企业文化、竞争战略、不同组织发展阶段等提出人力资源管理的不同配合类型。其中,尤其是HRM与企业竞争战略的关系引起了更多学者的关注。Devanna,Fombrum和Tichy(1984)提出了一个战略性人力资源管理的基本框架图,认为当企业外在环境,如经济、政治、文化及技术环境变动时,将会促使组织内部的战略、组织结构及人力资源管理做适度的调整,以通过相互之间的协调整合,使组织能迅速适应环境的变化;同样,组织内部也需要自发地调整战略、组织结构与人力资源管理,构建出完整的战略性人力资源管理,将人力资源提升为战略性角色,如图2-1。

Gomez-Mejia(1998)认为人力资源管理战略本身并无好坏,关键看人力资源管理战略与其所处环境中其他要素的适应性。他认为企业在制定人力资源管理战略时,应考虑企业环境、企业特殊能力、企业本身特性及其经营战略,如图2-2。若能有效结合以上四大要素,则能改善组织绩效。

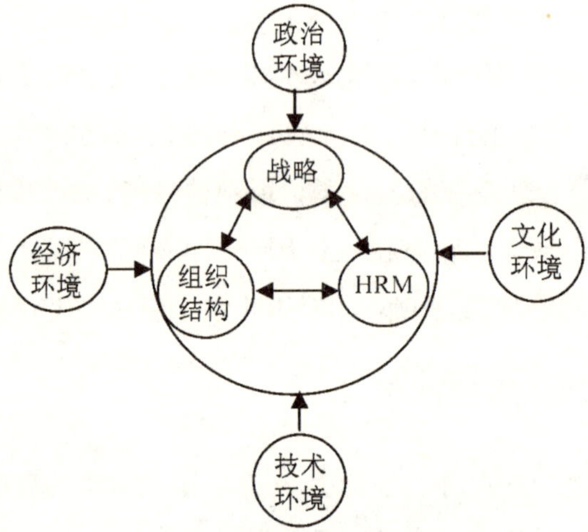

图 2－1　战略人力资源管理基本框架图

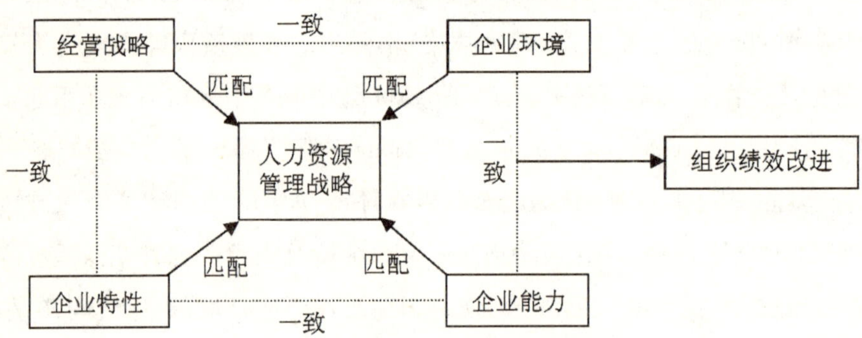

图 2－2　有效的人力战略模式与执行

2.1.3　内部匹配与外部匹配的关系

系统是一定边界范围内相互作用的多个要素构成的有机整体。企业的各项 HRM 职能活动构成了一个相互联系的完整系统。这个系统内部活动的内部匹配提升了系统的功效。但是,系统整体在其部分的相互作用中所产生的“非加和性”功能,或者说整体大于部分之总和,并不是绝对的,而是有条件的。只有在合理的形态中,整体才能大于其部分的相加总和。在不合理的形态中,由于各组成部分的力量相互摩擦、相互牵制、相互抵触,整体的功能受到“内耗”,从而使得整体的功能小于其部分的相加总和,这就是前面所提到的“负协同关系”。因此,通过什么样的方式实现 HRM 活动的正协同关系,是必须要考虑的问题。

人力资源管理的每项活动都有不同的选择模式,例如,岗位的职位说明书是详尽而完整的,员工只需要按照规则来操作,并没有灵活的空间,也可以是松散而广泛的,要求员工在最基本的规则基础上可以发挥创造性和灵活性;招聘来源可以以内部为主,也可以以外部为主;绩效考评的标准可以以行为为标准,也可以以结果为标准;培训或者强调针对特定工作的培训,或者强调一般性和跨职能培训。这些活动之间的匹配方式显然不是唯一的。企业应该采取什么样的匹配模式? Schuler (1989) 主张人力资源的各项活动都应当基于相同的人力资源管理哲学,以达到相互加乘的效果。Schuler 所说的“管理哲学”,可能来源于或者受制于企业文化、战略目标或者生产工艺等等。各项 HRM 活动遵循着共同管理哲学,这也正是人力资源管理外部匹配的实质。这表明战略人力资源管理的内部匹配与外部匹配之间存在着关联性。内部匹配强调企业人力资源管理活动之间的匹配,而这种匹配通常遵循着一定的原则。这个原则或者表现为 Schuler 的“共同管理哲学”,或者表现为某种共同的战略逻辑。系统化人力资源实践是遵循企业竞争战略逻辑的,只有针对的是同一企业竞争战略目标,才能给企业带来竞争优势。否则,就可能导致人力资源实践与企业竞争战略背道而驰,并且不能为企业建立竞争优势。

Schuler(1992)提出战略人力资源管理的 5 - P 模式(如图 2 -3)在一定程度上表明了 HRM 外部匹配和内部匹配的关系。他指出成功的战略人力资源管理,始于战略性竞争需求的确认,全体员工的参与过程则有助人力资源战略与活动的连结，而人力资源部门的参与对组织是否能成功地发起战略性变革有重要的影响。

因此，内部匹配和外部匹配的较好结合才能显示出更好的效果。导致高绩效的战略人力资源管理活动的匹配性表现为一个系统匹配模型。它以HR活动间的匹配为核心，同时强调人力资源实践与其他活动（如人力资源规划、组织文化、组织结构）和战略的匹配。人力资源管理的内部匹配是动态的，而不是静态的。这种动态性体现了战略人力资源管理中战略匹配和战略柔性的协同关系。

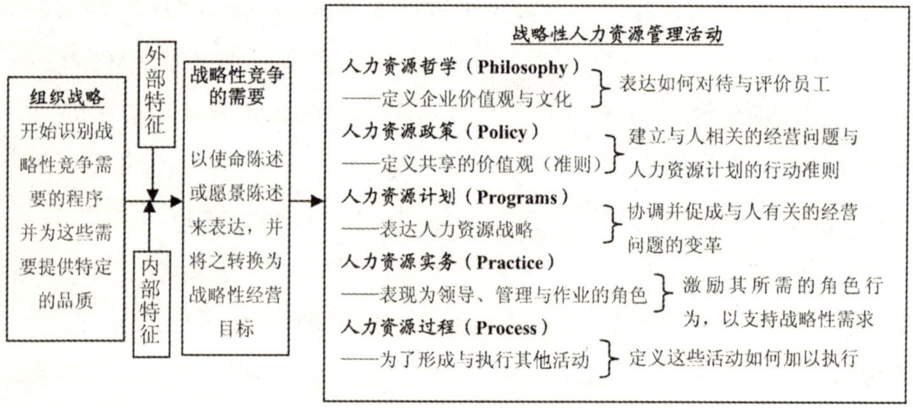

图 2－3　战略性人力资源管理的 5－P 模式

HRM 内部匹配和外部匹配的关系可以给我们以下启示：

①一致性理论指出，环境与组织各部分间的契合程度越高，组织行为的效率也越高。因此，对企业来说，中心的问题不是如何识别哪些是最佳的人力资源政策，而是去寻找企业外部环境、总体战略、企业特征与人力资源管理政策和执行之间的最佳匹配处。

②利用 HRM 内外部匹配之间的关系可以解释，为什么不同企业的人力资源管理系统会存在很大的差异。这种差异大多来源于企业面临完全不同

的外部环境力量或者不同的组织历史。因此,并不存在某种最好的匹配方式,只要不同的 HRM 系统能适应于一个既定的外部环境,只要其具有“内部一致性”即可。

③研究 HRM 系统对企业绩效的影响,必然会涉及 HRM 的外部匹配问题。抛开外部匹配而单独研究内部匹配的做法是不够全面的。

2.2 组织研究的形态方法在SHRM 研究中的应用

2.2.1 组织研究的形态方法

在组织理论的研究中,组织作为一个复杂的实体,通常为了完成共同的任务而被分为多个小组(小群体或单元),但在组织运行中,其结构、信息处理程序、战略等都相互影响着,即它的各个组成有一种自然地产生相互依赖而结合为一个整体的倾向。一旦产生了相互依赖,就需要协调以使不同小组中任务的完成与组织的目标保持一致。由于相互依赖的存在,组织各个部分需要共同作用,于是就产生了对于配置有效的组织形态的需要。MacDuffie(1995)提出组织内存在“组织逻辑”(organizational logic),使得系统内各要素间趋向一致性,并且达到互补的效果,他认为研究 HRM 单一维度对组织绩效的影响将可能产生偏差,人力资源管理措施组合而成的“组态”(bundle)才是研究重点。显然,这种研究取向和组织研究的形态学方法是吻合的。

组织的形态(organizational configuration)代表许多特定的或分散的变量

集合在一起而不是各自独立,并形成一些整体的意义。[①] Miller(1996)提出:“形态可以定义为一个组织的各要素是如何相辉映并被联系在一个主题之下的。”这种主题可以从同一要素或跨要素来看。例如,在战略要素中,人们可以发现许多战术或占很大比例的资源倾向于减少成本或增加有效性;而在系统要素中,它可以更多地关注收集或分析成本。主题也可以跨要素之间得以显示,例如,战略可能会强调创新或 R&D,同时控制系统鼓励创新活动,而信息系统专注于技术数据的收集以支持创新。换言之,形态的形成有两个重要的特性:一个是关注主题;另一个是紧密相连的要素围绕关注点,并相互辉映。同样的要素构成,可能会形成不同的形态,进而产生不同的效果。在大量的实践中我们看到,有效的组织并不是把每一件事都做好,而是集中于一个主题,并力求其他所有要素与之保持一致。正因此,采取形态方法分析组织整体时,就有必要来研究其主题的或系统的特性——以探究其中的元素是为什么和怎样相互联系或补充来产生一个组织的特性(Miller,1987)。

Miller(1981)认为形态在数量上是有限的,它代表一种独特的、紧密结合的、而相对长期的动态存在,形态会有高度的稳定性,因为它们有内部的逻辑、整合性及演进的动力。Dess,Newport 和 Rasheed 等人(1993)认为形态可以用简约的(parsimony)方式对组织进行丰富而复杂的描述,意味着形态的方式在实现简化的同时表现出组织丰富、复杂的一面。利用形态理论来研究组织问题容许研究者表达许多复杂和相关的变量,而不用人为地把所关心的现象过分简单化。因此,在组织理论的研究中,采取形态的方法在一定程度上还原了组织的本质特征,并克服了将组织“分割”成不同的部分进

---

① 关于“configuration”的翻译,国内并没有统一,大致有“构形”、“结构”、“配置”的译法,我们把它翻译为“形态”,意思是“通过要素的结合形成具有某种特定结构的系统形态”。

行研究的局限性。

要知道系统的形态是什么，就涉及形态学的方法论问题，在形态学的应用研究中，有两种不同的取向，即概念性的类型学（conceptual typologies）和实证性的分类学（empirical taxonomies）（Miller，1996）。

（1）概念性的类型学

类型学是以理论为基础，通过观察以及理论的推理，找到一些理想的系统形态，这些理想的结构形态代表各种类型。各类型中，个体之间在相关的特性中，有高度的一致性。采取类型学的形态方法对目标物进行研究时，最重要的一点是每一种类型描述的要素和变量都应显示在主题和兴趣上的一致，这就具备了对组织认识方面概念的、进化的或标准化的意义，并且在这里各种类型中要素的相互依赖关系应是其研究的关键。当然，由于类型只是理想形式，所以并不是所有的个体都会包含在类型中。

这种方法其实是我们所熟知的，比如明茨伯格（Mintzberg，1979）对组织结构形态的划分、Miles 和 Snow（1978）对组织战略类型的划分。他们的划分促进了理论的进一步发展，并且暗含着重要的研究成果。这样类型的划分方式还通常以 2×2 的表格来进行分类，即利用两个不同的维度对目标物进行区分。类型学取向的研究要求研究者必须有深入的观察，对于系统中的各相关变量的取值范围和相互关系必须有深入的理解，并且必须有较好的归纳能力，否则是很难完成这种研究的。

虽然以上提到的类型是可仿效的，但这一领域大多数的分类模式都显得过于单薄或武断。他们或者涉及的要素太少，或者没有做任何的努力以显示要素间是如何或者怎样相关联的。更为不幸的是，Doty、Glick 和 Huber（1993）经研究发现，许多分类从未得到经验的验证，而许多失败的分类却常常得到了证实。此外，类型学的划分结果并不总是明确的，并且由于一些先验的特征以及通常缺乏特定的经验参照来确定分割点，从而使类型学很难应用于实际。

(2)实证性的分类学

分类学是利用获得关于目标物的有关数据来进行分类。分类学的逻辑,是基于包括结构、流程、战略、情景的多维度,不同分析基础之上的经验分类。在统计上,最常见的聚类分析的方法就是一个典型的应用。例如,Haas、Hall 和 Johnson(1996)、McKelvey(1982)等人采用数量分析的方法以及聚类的运算法则和假设验证技术去识别数据中本来存在的聚类。Miller 和 Friesen(1984)经过 20 年或更长时间对大样本组织的观察和统计,得出不同变量之间的结构和聚类关系。相对于类型学,分类学倾向于更多地基于事实,或至少基于定量的数据。它基于实际的、量化的资料,采用多个变量和大量的样本,显示出实践中的规律性。因此,分类学的价值在于:当很好地执行它时,它能发现可靠的、有重要意义的特性聚类。

不过,分类学的结果可能缺乏理论的支持,并且其分类的结果具有不稳定性,许多分类学的结论正在受到批评,例如,Hatten 和 Schendel(1977)批评它们的武断和变量选择的狭窄以及它们不可靠、不稳定的结果;Barney 和 Hoskisson(1990)则指出在战略组群文献中就经常产生冲突或模棱两可的结论。

当然,这两种方法并不是对立的,在研究过程中可以把两种方法进行有机地结合,从概念或理论对系统的形态进行分类,并且通过实证性的分类学进行再检验,其结果具有更高的可信度。

2.2.2 HRM 系统形态的形成

人力资源管理活动通过内部匹配而形成系统化或捆绑性的人力资源管理系统。由于组织内外部环境的不同,使得不同组织具有不同的 HRM 捆绑模式。一般而言,HR 活动的捆绑模式有两类:一是从招聘、甄选、培训与开发、激励、薪酬管理等所有活动捆绑在一起,没有核心与非核心活动的问题。这种模式强调人力资源实践的系统性,并强调所有 HR 活动作用的均衡性。二是在所有 HR 活动中,以其中一项或某几项活动为核心而捆绑在一起。这种模式根据组织各自特征和要求在强调其中某一项或某几项活动的重要性基础上,进一步强调系统性。例如,在现实运作中,根据组织的经营理念是市场导向的还是内部人员导向的,HRM 活动的捆绑模式可以分为两种(颜士梅,2003):一是以激励和考核为核心,以培训、开发、招聘和退出为外围的捆绑模式;二是以内部招聘和退出为核心,以激励、考核和培训为外围的捆绑模式。

但是,由于人力资源管理涉及的范围很大,而且每项管理活动的选择形式很多,人力资源管理构成了一个非常复杂的系统,这使得从理论上很难进一步详细地考察人力资源管理活动之间是如何实现内部匹配的。在过去的研究中,更多的学者是通过外部匹配来阐述 HRM 系统的形成:或者是 HRM 活动以企业的竞争战略为导向形成不同的系统形态;或者是 HRM 活动遵循着企业某种管理哲学而形成不同的系统形态。我们发现,这种研究思路是和类型学理论一致的:依据类型学理论,HRM 活动之间通过内部匹配形成某种形态,这种匹配必须在某一个共同的主题下形成。因此,研究者们所提出的"竞争战略"或"管理哲学"导向体现了 HRM 系统形成所遵循的共同主题的两个方面。同样,还有一些学者基于分类学,通过经验研究提出不同类型的人力资源管理系统。此外,也有把类型学和分类学进行有效地结合,对人力资源管理系统的形态展开研究。根据他们研究思路的差异,我们遵循两种不同逻辑的取向(类型学和分类学)进行了归纳。

2.3 基于类型学的HRM系统：竞争战略的视角

2.3.1 HRM与竞争战略的关系

在战略人力资源管理的研究中，人力资源管理与竞争战略的关系引起了很多学者的关注。一个公司应该首先决定它作为一个整体做些什么来取得战略性竞争优势，然后制定出每一个职能领域的具体战略以便执行整体战略，这些职能领域包括市场营销、财务管理、运营/生产、人力资源等。在现实中，制定企业战略的过程实际上是一个与制定职能战略互动的过程，也就是说，通过考虑本公司在每个职能领域的能力，利用它现有的职能战略和能力来帮助塑造未来的企业战略。这个互动是一个非常重要的概念，尤其对于人力资源管理战略来说更是如此。Lengnick-Hall 和 Lengnick-Hall (1988)认为"一个公司的竞争战略与它的人力资源战略之间彼此促进的相互依赖关系，就是被提倡的战略性人力资源管理方法的基础"。他们提出了如图2-4的概念性架构来描述，并指出竞争战略和人力资源战略的整合与配合具有以下四个优点：①对组织面临的复杂问题提供一个范围广泛的解答；②使组织的人力资源、财务及技术能力能在一个既有目标下互相配合；③使组织能清楚评估自我实力，评估所需的组织成员；④人力资源管理和组织战略之间的整合会使政策执行不会受制于既有的人力资源，也不会忽略人力资源作为竞争优势来源的重要性。Ulrich(1992)指出了战略与人力资源管理协调一致的三个优点：①使公司的执行能力增强；②能使公司适应环境变化的能力增强；③产生"战略的一致性"从而使公司更能符合顾客需求。

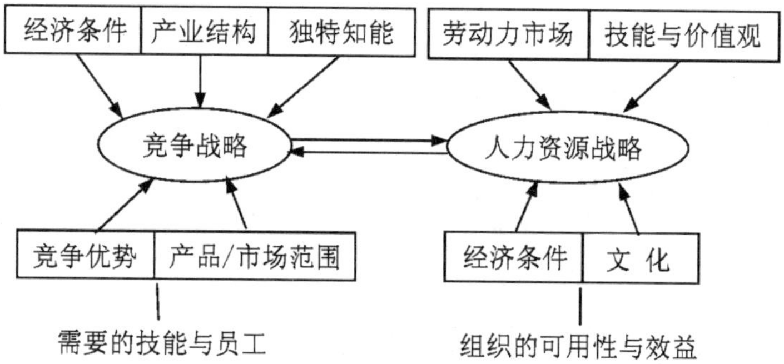

图 2－4　竞争战略与人力资源战略的关系

人力资源管理与企业竞争战略之间的关系可以从战略执行的角度来理解。企业作出战略选择以后，战略执行就是最为重要的了。战略执行的成功与否主要取决于五个重要的变量①：组织结构；任务设计；人员的甄选、培训和开发；薪酬系统；信息类型。参见图 2－5。

从图 2－5 中可以看出，在战略执行的五个重要变量中，HRM 对其中的三个基本变量具有直接的责任：任务设计、人员甄选、培训与开发以及薪酬系统。首先，要想使战略能够成功地得到执行，就必须对工作任务进行设计，然后再以富有成效的方式把这些任务进行归类以形成各种不同的工作；其次，HRM 职能必须确保企业能够得到适当的人员配备，这些人必须具备在战略执行过程中完成各自承担的工作所必需的各种知识、技能以及能力。这种目标是通过招聘、甄选和配置、培训与开发、职业管理来实现的。此外，HRM 职能还必须建立起组织的绩效管理系统和薪酬系统，从而引导员工去支持战略规划并为战略规划的实施而努力工作。总结而言，在战略的执行过程中，HRM 职能的角色主要体现在两个方面：一是确保企业获得适当数

① Noe, Raymond A., John R. Hollenbeck, Barry Gerhart, and Patrick M. Wright，刘昕改编，《人力资源管理》，北京：中国人民大学出版社，2001 年版，第 62 页。

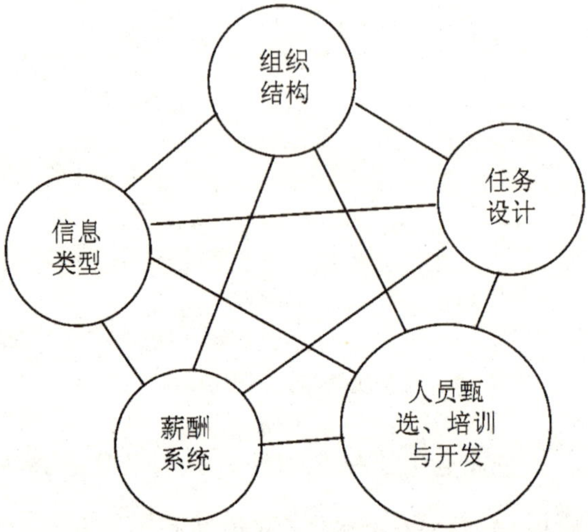

图2-5 战略执行过程中需要考虑的五个重要变量

量的雇员,同时要保证这些雇员具备战略规划所需要的各种不同类型和不同层次的技能;二是建立起“控制”系统,从而确保这些雇员所采取的行为方式有利于推动战略规划中所确定的目标的实现。

人力资源管理要想在企业战略管理中发挥更大的作用就必须使人力资源战略和企业战略相适应。因此,竞争战略与人力资源管理战略的关系是一种相互依赖与彼此影响的关系,不同的企业竞争战略要求不同的人力资源战略,而人力资源战略对企业绩效的影响取决于与其相适应的企业竞争战略,二者相互的配合就容易产生一种“合力”,可以更好地指导人力资源管理活动,避免由于人力资源管理不善而导致人力资源浪费,增强公司的执行能力和适应环境变化的能力,充分发挥人力资源管理在企业战略管理中的独特作用,从而最终达到提高组织绩效的目的。在具体研究的过程中,由于理论界对竞争战略类型的不同分类(包括 Miles 和 Snow、Schuler 和 Jackson、Porter 提出的竞争战略类型),所以对 HRM 系统形态的研究也是不同的。

2.3.2 以 Miles 和 Snow 战略类型为导向的 HRM 系统

Miles 和 Snow 曾于 1978 年依据产品与市场的变动率将企业战略划分为四种竞争战略：

①防御者(Defender)战略。执行防御战略的企业常常采用成本控制观点，只涉足一个有限而稳定的产品市场领域，很少对技术和组织结构进行大的调整。这种企业追求以更好和更有效率的方式生产产品或提供服务，注意市场防御，较少发展新市场，很少进行研究与开发，需要时常从企业外引进技术。

②领先者(Prospector)战略。领先者随时注意市场趋势及变化，积极寻求新产品及市场机会，强调组织主动适应的能力，发展员工潜能，重视其创造性与弹性，不断开拓市场范围，成为同业中新技术或新产品进入市场的先锋。

③分析者(Analyzer)战略。分析者介于上述两者之间，即追求最小风险，也追求利润最大。其战略是在市场已经开发后，才生产新产品进入该市场。其产品一部分在稳定市场，一部分在变动市场，以确保核心市场为目的，同时追求弹性及稳定性。

④反应者(Reactor)战略。以不一致并且不稳定的决策形态为特色的战略。反应者战略只随着外在环境的改变而盲目反应，毫无竞争优势的战略形态可言。

Miles 和 Snow(1984)在其早期的竞争战略类型的基础上，提出了一个具有重要影响的人力资源管理与企业竞争战略相匹配的理论模型，为每一种企业战略设计了不同的人力资源管理实践组合，见表 2-1。

表 2－1　Miles 和 Snow（1984）的战略类型与相应的 HRM 系统特征

	战略类型 A：防御者（Defender）	战略类型 B：领先者（Prospector）	战略类型 C：分析者（Analyzer）
组织/管理特征	仅生产市场上非常小部分的有限产品；着重改进效率，而非找寻生产新品的机会	寻求新品和市场的机会；开创重于获利；通常应用于高度技术密集的企业	兼具前两类型的优点；寻求最小的风险和最大的获利机会；在市场已有人开发后，才生产新的产品或进入新的市场
HRM 系统			
基本战略	制造人力资源（Building HRs）	获取人力资源（Acquiring HRs）	分配人力资源（Allocating HRs）
招聘、选拔和定位	强调“制造”； 在各个层面上招聘很少； 基于淘汰不受欢迎的员工的选拔	强调“购买”； 在各个层面上复杂的招聘； 选拔涉及雇佣前的心理学测试	强调“制造”和“购买”； 综合招聘和选拔的方法
员工规划	正式的，广泛的	非正式的，有限的	正式的，广泛的
培训与发展	重在技能的培养； 广泛的培训计划	重在技能的识别和获取； 有限的培训计划	技能的培养和获取； 广泛的培训计划； 有限的外部招聘
绩效评估	过程导向的程序； 培训需求的识别； 个体的/群体绩效评价； 时间序列的比较	结果导向的程序； 配置需求的识别； 部门/公司绩效评估； 截面的比较（当期比较）	主要以过程导向的程序； 培训和配置需求的识别； 个体/群体/部门绩效评估； 主要是时间序列比较，有一些截面比较
薪酬	更多取决于在组织科层中所处的职位层级； 强调内部公平； 整体薪酬：更倾向于现金和受上下级差异的驱动	更多取决于绩效； 强调外部竞争力； 整体薪酬：更倾向于激励，受招聘需求驱动	更多的倾向于职位层级，绩效会得到一些考虑； 内部公平和外部竞争力的均衡； 现金和激励薪酬

2.3.3 以Schuler和Jackson战略类型为导向的HRM系统

尽管从一般意义上说，任何一种战略类型都需要有能力的人来执行它，但是每一种战略所需要的员工类型是不同的，即他们所具有的行为和态度特征在类型上会是有所区别的。不同的战略不仅对雇员所需要具备的特定技能有不同的要求，而且对他们所要展现出来的"角色行为"也有所不同。所谓角色行为(Role Behavior)是指个人在某一社会工作环境中作为某一工作的承担者而必须在其角色中表现出来的行为。这些角色行为在许多方面都存在着差异。Schuler and Jackson(1987)把员工行为分为12个维度来加以考察。这12个维度分别为：行为的可预见性、人力资源管理所服务的目标、员工行为的相关程度、对质量的关注度、对产出的关注度、对风险的关注度、人力资源管理关注重点、对责任的态度、对变革的态度、对稳定的偏好、对技能的要求、员工参与的程度。每个维度的选择菜单如表2-2所示。

表2-2 员工行为维度表

企业竞争战略影响下，员工行为的维度	
1. 高重复、可预测的行为	1. 高创造、创新的行为
2. 关注短期目标	2. 关注长期目标
3. 高合作、相互依赖的行为	3. 高独立性、自主的行为
4. 对质量关注较低	4. 关注质量
5. 对数量关注较低	5. 关注数量
6. 低风险	6. 高风险
7. 关注过程	7. 关注结果
8. 尽量避免责任	8. 愿意承担责任
9. 缺乏变革的弹性	9. 具备变革的弹性
10. 偏好稳定	10. 容忍模糊和不可预测性
11. 应用狭窄的技能	11. 应用广泛的技能
12. 低工作(企业)参与	12. 高工作参与

在此基础上，他们分析了不同的战略下所要求的员工行为，其中竞争战略分类采取了成本降低战略、品质提升战略和创新战略三种类别。其基本结论为：

①成本降低战略（cost-reduction strategy）是企业通过严密的控制、稳定的生产技术以及规模经济等方法，以成为产业中成本最低的生产者。在成本降低战略下，企业对员工行为的要求：工作内容较高的可重复性和预测性；关注短期目标；适度的关注质量；高度地关注产出数量和结果；低风险活动；相对偏好稳定。

②品质提升战略（quality-improvement strategy）的基本特征是企业通过品质的改善来促使企业在用户之间产生良好口碑，同时通过减少浪费，以增加经营效率。在品质提升战略下，企业要求员工行为具有以下特点：中度的创造性行为；关注长期或中期目标；行为的合作及相依程度适中；高度关心品质；中度关心产出量；高度关心生产结果；中度冒险活动；对组织目标有承诺。

③创新战略（innovation strategy）的基本特征是企业建立具有创造力、创新条件的环境，通过提供用户独特的产品及服务以区别于其他竞争者。在创新战略下，企业要求的员工行为具有以下特征：高度创造性的行为；关注长期目标；行为的合作及相依程度高；中度关心品质和数量；高度关注生产的过程和结果；高度冒险活动；对不可预测工作的容忍程度高。

当决定采取什么 HRM 活动的类型用来适应竞争战略时，组织能够从六种 HRM 活动“菜单”中选择。这六个菜单中涉及 HRM 的不同方面，包括规划、配置、评估、薪酬、培训与发展，如表 2－3 所示。

Schuler 和 Jackson（1987）认为人力资源管理政策会影响员工的角色行为，并进而有助于竞争战略的达成，所以人力资源系统非常重要。他们根据企业的战略所需要的员工角色行为，确定了人力资源政策的选择。表 2－4

表 2-3 Schuler 和 Jackson(1987)HRM 活动的各个维度

HRM 活动	战略性选择
规划选择	非正式—正式 短期—长期 明确工作分析—不明确工作分析 工作简单化—工作丰富化 低度员工参与—高度员工参与
任用选择	内部来源—外部来源 生涯途径窄—生涯途径宽 单一晋升途径—多种晋升途径 明确标准—不明确标准 社会化程度低—社会化程度高 程序公开化程度低—程序公开化程度高
评估选择	以行为为基础—以结果为基础 员工参与程度低—员工参与程度高 以短期为基准—以长期为基准 以个人为主—以团队为主
薪酬选择	低的基本薪酬—高的基本薪酬 内部公平—外部公平 标准化、固定的福利—弹性福利 员工参与度低—员工参与度高 没有津贴—很多津贴 没有激励—很多激励 短期激励—长期激励 员工无雇佣保障—员工高的雇佣保障
培训与发展	短期—长期 狭窄应用—广泛应用 自发的、无规划的—有规划的、系统的 个人定位—团队定位 低度参与—高度参与

总结了不同战略下对员工角色的要求,以及相应的 HRM 活动内容。

表 2-4 员工角色行为、HRM 活动与竞争战略的关系

战略	员工角色行为	HRM 活动
创新战略	高度创造性的行为; 关注长期目标; 行为的合作及相依程度高; 中度关心品质和数量; 高度关注生产的过程和结果; 高度冒险活动; 对不可预测工作的容忍程度高	工作需要群体中的个人有高度互动与协调; 绩效评估比较会反映长期的、以团队为基础的成就; 允许员工发展可能在其他职位才需要的技能; 薪酬系统强调内部公平非外部或市场基础的公平; 薪酬率较低,但允许员工持股,同时可以自由选择个人的薪酬如何组成; 有较广的生涯路径,加强发展较广的技能
品质提升战略	中度的创造性行为; 关注长期或中期目标; 行为的合作及相依程度适中; 高度关心品质; 中度关心产出量; 高度关心生产结果; 中度冒险活动; 对组织目标有承诺	相对固定及明确的工作描述; 关于工作环境及工作本身的决策员工可高度参与; 个人及团队标准组合的绩效; 绩效评估通常针对短期表现,并且以结果为导向; 强调平等对待员工及工作保障; 广泛的、持续的发展及培训员工
成本降低战略	工作内容较高的可重复及预测性; 短期目标导向; 大部分是自主或个人的活动; 中度关心品质; 高度关心产出量; 主要关心产出结果; 低冒险活动; 相对比较喜欢稳定	相对固定的、明确的工作说明,降低模糊空间; 工作设计及生涯路径很窄,鼓励专业化及效率; 短期及结果导向的绩效评估; 密切监视市场的薪酬水准,以进行薪酬决策; 很少的员工培训与发展

Dyer(1988)也提出三种人力资源管理战略的形态分别对应于三种不同的竞争战略：

①利诱战略(inducement strategy)。采用此种战略形态的企业，组织结构多为中央集权，生产技术较为稳定，以低技术人员及少许职能参谋部门人员为公司组成成员。要求员工在指定的工作范围内有稳定的表现即可，因此不要求创新与突破，只要具备适度能力即可，并以利诱性工具作为激励员工的方式。从企业的角度来看，人力成本受到严格控制，因此短期人员相当多，且对员工培训活动并不积极，与企业业务无关的招聘、甄选、培训都尽量减少，绩效评估以个人绩效及短期结果导向为主，企业与员工纯粹是直接与简单的利益交换关系。企业采取利诱HRM战略，其竞争战略表现为以降低成本来取胜。

②投资战略(investment strategy)。当采取创新的竞争战略时，企业重视员工的创新与卓越，而生产技术一般较为复杂，以高技术员工及适量职能参谋为公司组成成员。企业处于一个不断成长与创新的环境中，因此对于员工创造力要求略高，通常也会聘用较多的员工，以提高企业弹性与储备多样化的专业技能。此外，企业与员工建立长期的工作关系，重视培训、开发与劳资关系，员工工作保障高。在工作制度方面，员工工作范围较广，有些工作需借助团队来完成，绩效评估主要以长期、行为及团体导向为主。

③参与战略(involvement strategy)。其特点在于企业将决策权力下放，以高级技术员工及少许职能参谋部门人员为公司组成成员，而大多数员工都能参与决策，因此对员工的主动性与创新性都要求极高。培训着重于员工的沟通技巧，积极发展员工才能。在工作制度方面，通过工作设计使员工工作丰富化，需通过自我管理及工作团队来达成，大多数员工能参与决策，从而提高员工的参与性、主动性和创新性，而绩效评估以结果、个人与团队并重为导向。企业采取参与的HRM战略，通常是为了达到高品质的竞争优

势。表 2－5 总结了三种不同类型的 HRM 系统的特点。

表 2－5 人力资源管理战略与活动的关系

HR 战略 / HRM 活动	利诱战略	参与战略	投资战略
招聘任用：			
员工来源	外部劳动市场	内、外部劳动市场	内部劳动市场
工作描述	详尽、明确	详尽、明确	广泛
晋升管道	单一	单一	多重
职业途径	狭隘	狭隘	狭隘
雇佣关系	短期	长期	长期
绩效评估：			
行为/结果导向	结果导向	行为/结果导向	结果导向
时间导向	短期	短期	长期
单位导向	个人	个人/团体	团体
培训：			
内容	局限的知识与技术	适中的知识与技术	广泛的知识与技术
培训重视程度	低	高	高
职业生涯发展	专业	专业	全能
薪酬福利：			
基本薪酬	低	中	高
公平原则	外部公平	内部公平	内部公平
奖金奖励	低	中	高
劳资关系：			
归属感	低	高	高
就业保障	低	高	高

2.3.4 以 Porter 的战略类型为导向的 HRM 系统

Porter(1980)指出，产业中竞争主要来自于五个力量，分别为供应者、购买者、潜在进入者、替代者以及同产业中竞争者，并指出公司应该在“成本领先”（cost-leadership）、“差异化”（differentiation）、“集中”（focus）三个完全不同的一般战略（generic strategy）中选择一种来作为公司竞争优势的来源。这三种竞争战略的任何一种都可带来公司的竞争优势。另外还有一种无法用这三种战略中的任何一种获得竞争优势的战略类型为“卡在中间型”（stuck in the middle）。各类型战略特征如下：

①成本领先战略。采取这种战略的公司企图成为产业中的低成本制造者，而通常他们在市场上有较高的占有率；为取得成本最低的竞争优势，必须进行包括提高作业效率、实现经济规模、获得廉价的劳动力等方面的努力。

②差异化战略。公司强调产品或服务与竞争对手不同，能为消费者认同其独特性并给予高度评价。采取的方式包括投资大量研发、广告及促销费用，加强对顾客的服务等。

③集中化战略。此战略是在较小的市场范围中（一个或一组的市场区域），采取成本领先战略或差异化战略来满足特定目标顾客的需求。

④卡在中间。有些组织无法通过上述的三种战略的任何一种来获得竞争优势，或者是采取的行动无法维持或获得竞争优势，则组织是处于“卡在中间”的麻烦地位。

		竞争优势	
		顾客认知的独特性	最低成本定位
竞争目标	产业的全面性	差异化	成本领先
	特定市场区域	集　中	

图 2－6　Porter 的一般性竞争战略

Gomez-Mejia，Balkin 和 Cardy（1995）采用 Porter 的竞争战略分类，探讨每一类型的竞争战略最适合的人力资源战略，如表 2－6 所示。当企业采取成本领导战略时，其主要是通过低成本来争取竞争优势，因此财务上的考虑及预算上的限制对人力资源战略而言扮演着重要角色，所以配合低成本的竞争战略时，人力资源战略强调的是有效性、低成本生产、高结构化的程序来极小化不确定性，且不鼓励创造性及创新性。而当企业实行差异化的竞争战略时，通过创造产品或服务的独特性来形成竞争力。因此，这类企业的一般特性是具有较强的营销能力，强调产品的设计和研究，公司是以产品的质量著称，其所配合的人力资源战略则是强调创新性及弹性。当企业采取集中战略时，其特性是结合了成本战略和差异化战略，因此所配合的人力资源战略将是上述所提及的人力资源战略的综合。

表 2－6　人力资源管理战略和竞争战略的关系

人力资源战略	吸引战略	投资战略	参与战略
企业竞争战略	成本领先战略（价格竞争）	差异化战略（创新性产品）	集中战略（高质量产品）
人力资源管理活动			
工作流程：			
◦效率或创新	◦有效率的生产	◦创新	◦同时强调效率与创新
◦控制制度	◦强调控制	◦弹性	◦同时强调控制与弹性
◦工作说明	◦明确的工作说明书	◦工作职责宽泛	◦结合两者
◦工作规划	◦详尽的工作规划	◦松散的工作团队	◦结合两者
招聘：			
◦员工来源	◦外部劳动市场	◦内部劳动市场	◦两者兼用
◦晋升通道	◦狭窄、不易转换	◦广泛、灵活	◦狭窄、不易转换
◦甄选决策	◦由人力资源部门负责甄选的过程	◦由部门主管负责甄选决策	◦结合两者
◦强调的甄选标准	◦强调技能	◦强调应征者与组织文化的契合	◦结合两者
◦雇佣与社会化的过程	◦正式的雇佣和社会化的过程	◦非正式化的雇佣和社会化的过程	◦结合两者
绩效评估：			
◦时间性观念	◦短	◦长	◦短
◦行为/结果导向	◦结果导向	◦行为与结果	◦结果导向

续表

◦ 个人/小组导向	◦ 个人导向	◦ 小组导向	◦ 结合两者
◦ 评估程序	◦ 一致的评估程序	◦ 特质的评估程序	◦ 结合两者
◦ 评估的用途	◦ 利用绩效评估作为控制方法	◦ 利用绩效评估作为员工发展工具	◦ 结合两者
◦ 评估范围	◦ 评估范围狭窄	◦ 多重目的的评估	◦ 结合两者
◦ 评估者	◦ 高度依赖上司评估	◦ 从多方面的投入来进行评估	◦ 结合两者
培训:			
◦ 内容	◦ 应用范围局限的知识和技巧(与工作有关的特定培训)	◦ 应用范围广泛的知识和技巧(强调弹性的一般培训)	◦ 应用范围适中的知识和技巧,同时强调特定和一般培训
◦ 个人或团队为基础	◦ 个人培训	◦ 以团队为基础的跨职能培训	◦ 结合二者
◦ 在职或外部培训	◦ 在职培训	◦ 外部培训	◦ 同时采用外部与在职培训
◦ 自行培养或购买所需技能	◦ 公司自己培养所需技能	◦ 从公司外部购买技能	◦ 一方面自行培养,一方面从外部取得所需技能
薪酬:			
◦ 公平原则	◦ 对外公平	◦ 对内公平	◦ 对内公平
◦ 基本薪酬	◦ 低	◦ 高	◦ 中
◦ 归属感	◦ 低	◦ 高	◦ 高
◦ 雇佣保障	◦ 低	◦ 高	◦ 高
◦ 固定或变动薪酬	◦ 固定薪酬	◦ 变动薪酬	◦ 结合两者
◦ 薪酬计算基础	◦ 强调以工作或年资为基础的薪酬支付方式	◦ 强调以个人能力或绩效为基础薪酬支付方式	◦ 结合两者 ◦
◦ 集权或分权	◦ 中央集权的薪酬决策	◦ 分权的薪酬决策	◦ 结合两者

2.4 基于类型学的 HRM 系统:管理哲学的视角

Walton(1985)根据对待员工的基本原则,把 HRM 划分为控制型系统和承诺型系统。两个不同类型的系统的特征如表 2－7 所示。显然,两种类型的 HRM 系统的管理哲学是有很大差异的。控制型系统的管理哲学是以控制为手段,强调对员工行为的严格约束;而承诺型系统则以自主管理为特点,追求员工对组织的承诺,进而实现自我约束。

表 2－7　控制基础与承诺基础人力资源管理系统的政策

	控制	承诺
工作设计原则	专业分工:限定员工只关注完成自己的工作; 降低技能要求、进一步分工; 责任集中于个人; 固化的工作定义	个人责任扩展到提升系统绩效; 扩大工作内容、强调任务的完整性; 经常将团队作为基本的责任单位; 根据环境变化,灵活地定义任务
绩效预期	衡量标准界定了最低绩效; 稳定被视为理想状态	强调实现更高的绩效; 弹性目标是动态的和市场定位的
管理组织:结构、系统和风格	结构趋向于分层的,并伴随着由上向下的控制; 协调与控制依赖于原则和程序; 更多地强调特权和职位权力; 地位象征的分类强化层级结构	扁平组织结构,相互影响的系统; 协调与控制更多地基于共有的目标、价值和传统; 管理强调问题解决、有意义的信息和专门技能
薪酬政策	变动的薪酬强调个人激励; 个人薪酬取决于工作评估	变动的薪酬(如利润分享)强调平等和增强团队成就;个人薪酬取决于个人的技能和知识
雇佣保障	员工被认为是可变成本	保证参与将不会导致丢掉工作; 高承诺将避免或帮助重新就业; 优先培训和安置原有的员工
员工参与政策	在相对狭小的范围内允许员工参与; 经营信息扩散被严格限定在“需要知道”的基础上	鼓励员工对更广泛的问题进行参与; 经营信息被广泛地共享
劳资关系	敌对的	互利共生; 参与问题的解决与规划

Jaeger 和 Baliga(1985)根据对美日企业管理的比较,认为美式企业及日式企业的人力资源系统是两种重要的理想类型,美国式的管理(形态 A)着重的是个人,因此其绩效及才能是以个人为基础的;日本式的管理(形态 J)着重的是群体,强调群体的和谐,绩效及能力是以群体为基础。这样截然不同的领导方式,使得东方及西方的管理出现了不同的典范,如表 2-8。这两种形态的 HRM 系统的管理哲学也是有很大差异的:美式系统及日式系统分别代表体制控制及文化控制。体制控制及文化控制各有其优缺点,而且有其适用的情境:在文化控制组织中,通常比较有生产效能和能生产高品质产品,使渐进式的变革有效率,但是,无法适应快速的创新及急速的变革;在体制控制组织中,则容易有创新的气氛及诱因,组织中有比较多不同的观点,但是,为了维持控制系统往往需要大量的其他成本,同时成员的组织承诺低,不适于进行渐进式变革。

表 2-8　美式与日式理想形式组织的特性

	形态 A(体制控制)	形态 J(文化控制)
模式比较	短期雇佣; 个体的决策; 个体责任; 快速评估与晋升; 外显的、正式的控制; 专业化的生涯路径; 非全面的关怀	终身雇佣; 共识的决策; 整体的责任; 缓慢评估与晋升; 内隐的、非正式的控制; 非专业化的生涯路径; 全面的关怀
潜在的战略性成本	为维持控制,需要较高的管理成本; 低的承诺和以个人为基础的知识阻碍品质提升; 进行渐进式变革比较无效率	技术创新缓慢; 剧烈的变革需要高成本的革命; 较可能有群体的迷思
潜在的战略性利益	可以提供创新的激励与气候; 进行剧烈的变革比较容易; 组织中多种观点共存	生产的效率性; 高的产品品质; 进行渐进式变革比较有效

总结上述不同的研究，可以发现，它们的共同特点就是在某种管理哲学的导向下，分析相应各项 HRM 活动的取向。HRM 活动遵循着共同的管理哲学而表现出较高的一致性，形成某种特定的系统形态。

2.5 基于分类学的 HRM 系统

分类学是利用获得关于目标物的有关数据来进行分类，形成目标物的不同类别。许多学者也将内部匹配观念进一步以系统的方式推行，采用实证性的分类学的方法，形成不同的人力资源管理系统，以解释各种人力资源管理活动间是如何达到内部匹配的。

Bird 和 Beechler(1995)认为企业经营战略的不同，人力资源管理功能的工作重点也不同，两者有着主从与互动关系。他们采用 Miles & Snow(1984)的战略分类：防御者战略(Defender Strategy)、探索者战略(Prospector Strategy)、分析者战略(Analyzer Strategy)，提出上述三种经营战略相匹配的 HRM 战略分别是累积型战略(Accumulator Strategy)、效用型战略(Utilizer Strategy)、协助型战略(Facilitator Strategy)，如表 2－9 所示。

基于上述的理论分析，他们得出研究假说：竞争战略与 HRM 战略一致的企业，HRM 绩效和企业绩效都会相应更好。为了检验假说，Bird 和 Beechler 以在美国的日本分公司为研究样本，分别在 1990 年 11 月和 1991 年 2 月采取非随机的方法选择样本，共发放问卷 219 家企业，回收率 29%，有效样本共有 64 家企业。① 依据竞争战略与人力资源战略进行配对(防御

① 他们的调查起初的目标是每个企业中获得两份调研问卷，一份是日本的管理者，一份是美国的 HR 主管。但是 41 家公司只有美国 HR 主管的问卷返回，只有 23 个公司获得两份问卷。所以这种尝试没有取得预期结果。

表2-9 企业战略、组织要求及人力资源战略

企业战略	组织要求	人力资源战略
防御者战略(Defender Strategy): 产品市场狭窄; 效率导向	维持内部稳定性; 有限的环境侦察; 集中化的控制系统; 标准化的运作程序	累积型战略(Accumulator Strategy):执行基于建立员工最大化参与及技能培训的战略。 ——获取员工的最大潜能; ——开发员工的能力、技能和知识
分析者战略(Analyzer Strategy): 追求新市场; 维持目前存在的市场	弹性; 严密及全面的规划; 提供低成本的独特产品	协助型战略(Facilitator Strategy):执行基于新知识和新知识的创造的战略。 ——获取自我动机的员工; ——鼓励及支持能力、技能和知识的自我发展; ——在正确的人员配置及弹性结构化团体之间的协调
探索者战略(Prospector Strategy): 持续地寻求新市场; 外部导向; 产品/市场的创新者	不断地陈述改变; 广泛的环境侦察; 分权的控制系统; 组织结构的正式化程度低; 资源配置快速	效用型战略(Utilizer Strategy):执行基于极少员工承诺及高技能利用的战略。 ——雇佣具有岗位所需技能且立即可以使用的员工; ——使员工的能力、技能与知识能配合特定的工作

者—利用型、分析者—累积型、前瞻者—帮助型),将样本区分为两群;匹配组与不匹配组;应用了与人力资源有关的行为绩效(员工士气、服务年限、升迁、员工流失率)和组织绩效(利润、销售增长率)。在变量的测量上,企业员工士气采取五点量表法;任期的平均期限以子公司中所有管理层员工的平均任期来计算,反映了子公司吸引和保留合适员工的能力;晋升是指年度所有管理者的晋升比率,而员工离职是针对高管层和所有其他管理层的员工。

企业绩效指标均采用五点量表法，包括子公司利润、子公司销售增长率、与母公司指定的目标相关的业绩指标、综合业绩水平、相对于竞争者的业绩。对于企业战略的测量，他们采取的方法是：HRM 管理者阅读战略类型的简要描述，并被询问以识别他们的企业战略最接近哪一种战略类型。① HRM 战略的测量也采用与经营战略识别相类似的办法，也是通过阅读每一种 HRM 战略的描述，由调查者表明他的企业 HRM 战略更接近哪种类型。实证结果发现，竞争战略与人力资源管理战略的匹配与否，与组织财务绩效并无显著相关；而事业战略与人力资源战略匹配的企业，在行为绩效表现上显著地优于不匹配的企业。

Arthur 在其前后两篇论文中对 HRM 系统形态进行了经验研究。在 Arthur(1992)的研究中试图基于 HR 系统特征来发展出企业的一个经验性分类。他采用了对来自 HR 经理的数据进行聚类分析方法，结果发现了 30 家美国钢铁小企业人力资源政策和活动的差异性，进而把它们划分为六个聚类或系统。进一步，基于它们的特征和功能，Arthur 把这些系统划分为两个更大的类别。为了和早期关于 Walton(1985)提出的人力资源战略研究一致，他在这项研究中把这两个系统命名为追求员工"承诺最大化"与追求"降低成本"(或控制型)的人力资源管理系统，对应于波特的差异化战略及成本领先战略，如表 2-10 所示。"承诺最大化"的人力资源管理系统是指连接组织与员工的目标来塑造员工的行为与态度，即员工在与组织目标一致时，让员工的工作具有自主性，以提高员工对组织的承诺；"降低成本"的人力资源管理系统则是指组织用规则及过程或产出衡量标准来降低员工的直接成本或提高效率。

---

① 作者认为：对于名义尺度(nominal scales)的自我分类(self-typing)以进行 Miles and Snow 战略类型的测量，是一种普遍的、被接受的方法(McDaniel and Kolari, 1987; McKee, Varadarajan, and Pride, 1989; Segev, 1987a, 1987b; Shortell and Zajac, 1990; Snow and Hrebiniak, 1980)。

表 2－10 承诺最大化与降低成本的人力资源管理系统

HRM 活动领域	HRM 实务	降低成本的 HRMS	承诺最大化的 HRMS
人力资源流动	招聘与选拔	低选择性 短期需求 从外部晋升	高选择性 长期需求 从内部晋升
	培训与发展	有效的培训	更广泛与一般性的培训
	员工工作保障	保障少	保障多
工作系统	工作分配	清楚/狭隘定义的工作 长期同样的工作	宽泛的定义 跨职能的使用
	团队与工作再设计	低度自主性与责任	高度自主性与责任
	控制	规则与管理	价值与使命
报酬系统	薪酬水平	相对低的薪酬水平	相对高的薪酬水平
	绩效与能力基础薪酬支付	以年资为基础的支付 不公平的薪酬政策	能力/绩效为基础的支付 较公平的薪酬政策
	绩效评估	实施少;强调管理目的	广泛地;强调发展目的
员工影响	员工参与	非常少的涉入	高度涉入
	员工所有权	员工所有权实务少	员工所有权实务多
	文化	员工彼此独立; 低信任与合作	象征性平等; 高信任与合作

从表中可以看出,两者在许多方面都有很大的不同。具体地说,承诺取向型的企业:①更加分权化(非监督性的人士做更多的生产决策);②提供更多的一般培训;③有更多比例的、技能更熟练的雇员;④支付较高的工资;⑤以奖金形式支付更大比例的报酬。而控制型则相反。

其中 Arthur 在其 1994 年的研究中,以美国 30 家小型钢铁厂为研究样本,检验了以下假说:"采用承诺 HR 系统的企业比采用控制型 HR 系统的企业有较好的制造绩效";"采用控制型 HR 系统的企业离职水平高于承诺型

HR 系统的企业”;“在承诺型 HR 系统企业里,离职水平和制造绩效的负相关比控制型 HR 系统的企业更强”。研究结果发现公司采用的人力资源系统,与公司所选择的战略类型有紧密关系:公司如果采取成本领先战略的话,则在劳资关系系统上会偏向“成本降低”类型,也就是该公司的人力资源工作尽量降低公司生产过程中所产生的各种人事/非人事成本。而如果公司采用差异化战略的话,则公司在劳资关系系统上会偏向“承诺最大化”类型。对两种人力资源管理系统与组织绩效影响关系的研究则表明:承诺取向型的人力资源实践系统会带来更高的劳动生产率及更低的废品率。

Ichniowski,Shaw 和 Prennushi(1994)以钢铁生产线为研究对象,采取七个关键的 HRM 活动,即:激励薪酬计划、广泛的招聘和选拔、团队工作、雇佣安全、工作柔性、培训、劳动者—管理者交流。通过经验分析,形成四个 HRM 系统:①HRM 系统 4 是传统的系统,它包含了没有创新的活动。这个系统的主要特点:工头的严格监督、严格的工作规程和较小的工作责任;基于产出数量而不是质量的激励薪酬;没有工作团队;没有管理者和一线工人一起分享财务信息;没有工作以外的和其他正式的培训。②HRM 系统 3 和 HRM 系统 4 很相似,在这些生产线还引入了两个创新活动:他们发起工人参与团队(尽管很少有高度的参与水平);他们加强了劳动者—管理者的交流沟通活动,或者是分享财务信息,或者是通过直线管理者和工人或工人代表的固定的会议。③HRM 系统 2 和系统 3 一样,包括了信息分享和团队工作活动,还包括另外两个创新活动:广泛的技能培训和团队中高度的工作参与。④HRM系统 1 包含了所有 HRM 活动领域的创新 HRM 活动,如多重(个人)属性的激励薪酬或者知识基础的激励薪酬体系;岗位以外的技术技能培训;团队解决问题;团队中员工的高参与;工作轮换;工人和管理者之间固定的信息分享;绝对的雇佣安全承诺。他们以 17 个公司中的 36 条相似的钢铁生产线为研究样本,研究发现相对于传统的人力资源系统(狭窄的工作定义、严格的工作规程、严格监督下的计时薪酬)，创新性的工作系统(激励性薪酬、团队、柔性工作任务、雇佣安全、培训)对于公司的绩效有正面的影响。

以上的这些研究都是从数据出发，以实证分析方法分析样本企业 HRM 的类型。可以发现，不同的研究得出的 HRM 系统形态的定义和数量都是有差异的，分类的结果稳定性相对较差。这些也恰恰是分类学方法所存在的局限性。

2.6 类型学与分类学相结合的 HRM 系统

类型学的研究是以理论为基础，而分类学的研究是以数据为基础，结合两种方法对 HRM 系统进行研究，其结论显然更有说服力。一些学者也进行了这样的尝试，其中以 Delery 与 Doty 在 1996 年完成的研究最为典型。

Delery 与 Doty(1996)以 Miles 和 Snow(1984)提出的战略类型为基础，发展出相应的 HRM 系统，即市场型系统(market-type)和内部型系统(internal)。这是两种不同的理想形式，各项人力资源实践在不同的系统中有不一样的特性。根据 Delery 和 Doty 的想法，市场型系统是指由组织外部招聘、很少提供培训、以结果为基础的评估、以个人为基础的薪酬，同时员工的工作保障及参与较低且工作定义比较广；而内部型系统则存在内部劳动市场、有很好的培训及社会化、绩效评估以行为为基础且会进行反馈以发展员工，会有比较高的工作保障及员工参与，个人的工作内容比较严格定义。整体而言，内部型系统倾向对员工进行投资，会自行培养员工；市场型系统则将员工视为容易在劳动市场上取得的商品，不足时只要购买或淘汰更换即可。显然，两者在管理的哲学上有很大的差别。这种“市场型”与“内部型”的概念与 Miles 和 Snow(1984)与 Rousseau 和 Greller(1994)提出的“购买”和“制造"的观念是非常相似的。

表 2－11　市场型和内部型 HRM 系统的特性

人力资源实践	市场型系统	内部型系统
内部生涯机会	主要通过外部招聘获取人才 很少用内部生涯阶梯	组织内部招聘 广泛使用明确生涯阶梯
培训	没有正式的培训	广泛的正式培训
结果导向评估	绩效是以量化或结果导向来测量 反馈是数字的及评断的	绩效是以行为导向来测量 反馈是为了发展
利润分享	广泛使用利润分享	较少用奖励系统 很少使用利润分享
雇佣安全	几乎没有雇佣安全	试用期满后有高度雇佣安全 退出公司有很多福利 正式的解雇政策
参与	员工对组织几乎没有申诉(途径)	员工容易接近申诉系统 员工比较可能参与决策
工作描述	工作没有清楚定义 工作定义松散	工作严格定义

在他们的实证研究中，Delery 和 Doty(1996)以银行业为研究对象，分别用普遍性方法和权变性方法考察了 HR 实践对组织绩效的影响，并且考察了 HRM 系统与竞争战略匹配对组织绩效的影响。由于法律要求银行业向管制者报告大量的信息而且获得资料相当容易，因此银行业为这种研究提供了一个良好的资料来源。该研究的内容可以概括为三个主要方面：第一，首先考察了几种单个的人力资源实践对公司绩效是否有直接的影响，以检验 HRM 效果的普遍性。其单个的实践包括：(1)内部职业生涯机会；(2)广泛的培训；(3)结果取向的绩效评估；(4)雇佣保障；(5)参与性的决策；(6)清

晰的工作描述;(7)利润分享。公司绩效用两种会计比率加以测量:ROA 和 ROE。检验普遍性方法的结果表明,结果取向的评价、利润分享和雇佣保障都对 ROA 有一种正面影响,利润分享对 ROE 也有一种正面影响。第二,为检验权变性方法,他们使用了一个产品/市场创新工具,把银行业的公司纳入 Miles 和 Snow 的战略类型中:探索者(强调创新)、分析者(创新和焦点运作的模仿者)和防御者(低成本的生产者)。研究者考察了战略与每种人力资源实践的互动对绩效的增量性影响。权变性方法的结果表明,对于处于探索者战略范畴的银行来说,使用结果取向的评价能够产生更高的 ROA 和 ROE。与此相反,当评价较少基于结果时,处于防御者范畴的银行具有较高的 ROA 和 ROE。而允许贷款官员参与决策的防御者战略范畴的银行有较好的 ROA 和 ROE。相反,探索者银行在参与性决策较少时绩效较佳。此外,在探索者战略的银行里,更多的内部职业机会对 ROA 和 ROE 产生正面影响,而防御者战略的银行则正好相反。因此,该研究发现了对普遍性方法的强烈支持和对权变性方法的某种支持:"这项研究结果为一种普遍性的视角提供了相对强有力的支持和对权变性视角的某种支持。三种单个的人力资源实践——利润分享、结果取向性的评估和雇佣保障——与绩效的重要会计测量有相对强有力的普遍性关系。在战略与三种人力资源实践——参与、结果取向性的评估和内部职业生涯机会——之间的权变性关系解释了同一绩效测量中一个重要的变动部分。"第三,他们考察了 HRM 系统、竞争战略与组织绩效的关系。结果发现使用探索者战略的公司,在人力资源系统的应用上,比较偏向市场导向型;而采用防御者战略的公司则比较注重内部导向型的人力资源系统。当人力资源管理系统与事业战略相匹配时,对资产报酬率与股东权益报酬率具有正向影响。

2.7　结论

匹配是战略人力资源管理的重要概念,涉及 HRM 的内部匹配和外部匹配,两者是相互关联的。人力资源管理内外部匹配的有机结合,形成了不同的 HRM 系统形态。组织研究的形态方法(configuration approach)是研究 HRM 系统形态的有效方法,根据他们研究思路的差异,我们遵循着两种不同逻辑的取向(类型学和分类学)把这些研究进行了归纳。依据类型学理论,HRM 活动之间通过内部匹配形成某种类型,这种匹配必须在某一个共同的主题下形成,研究者采取的主题包括"竞争战略"或"管理哲学",一些学者则基于分类学通过经验研究提出不同类型的人力资源管理系统。少数学者则通过把类型学和分类学进行有效地结合对人力资源管理系统的形态展开研究。

3. 人力资源管理的战略柔性

战略人力资源管理的研究已经引起了我国学者的关注。但是,研究者更多地关注于人力资源管理的战略匹配/契合上,包括人力资源实践之间的内部匹配、人力资源实践与组织战略及发展阶段等因素之间的外部匹配。事实上,战略人力资源管理的研究中应该注意两个核心概念——战略匹配和战略柔性。Lengnick-Hall 等(1998)在提出组织 SHRM 模型的四个特征时就指出,绝大多数战略人力资源管理强调"匹配"(fit)或"一致"(congruence),而没有认识到在组织变革时,或当组织有多重或相互冲突的目标时,也需要"缺乏匹配"(lack of fit)。企业外部环境的复杂多变及其相应地引起企业发展战略的变化,都对人力资源管理的战略柔性提出了要求。因此,仅仅关注人力资源管理活动的战略匹配,而忽视了其战略柔性,会给人力资源管理的研究和实践带来不利的影响。基于这个研究背景,本章首先介绍战略柔性的内容,然后从人力资源实践的特性阐述人力资源管理的战略柔性的必要性,以及人力资源实践的战略柔性和战略匹配的关系,进而分析人力资源管理的战略柔性的内容与外在表现,以期对我国企业战略人力资源管理的研究和实践提供更为系统的思考。

3.1 战略柔性的内容

战略柔性(strategic flexibility)是一个相对广泛的概念,是组织为了达到控制自己命运的目标而与内部和外部环境互动,进而持续地塑造环境或及时调整并做出快速反应的能力。Sanchez(1995)认为存在两种基本的柔性——资源柔性(resource flexibility)和协调柔性(coordination flexibility):

(1)资源柔性

资源柔性是指某种资源能够被用于多种用途的程度。可以通过三个维度来反映,即某项资产的有效使用范围、某项资产移作他用所需的时间和某项资产移作他用时所发生的成本。企业实践表明,在公司系统要素内部创造一定存量的柔性资源,至少可以在一定程度上解决在不确定的动态竞争环境下展开经营所遇到的难题:一方面,在存在高度因果模糊性的条件下,管理人员常常不知道究竟何种资产和能力对未来更具有战略价值,并面临着选择资产和能力的认知挑战,而柔性资产却有助于解决这一问题。在管理者不能够判断出何种专有资产在将来最有价值的时候,选择能够应用于一系列用途的柔性资产可以增强企业对未来的大量变化做出有效反应的能力。另一方面,由于柔性资产可以被快速地配置到其他用途,所以一旦拥有了柔性资产,改变高层系统要素时所需要的动态反应时间和成本就会大大缩短与缩减。

(2)协调柔性

协调柔性是指企业重新组合战略、重新组织资源链和重新分配资源的程度。由于公司的系统要素是相互依赖的,因而从一个系统要素中所能够实现的柔性,依赖于从其他系统要素中所能够实现的柔性,从而决定了有效的协调活动的战略价值——协调柔性。协调柔性体现了公司系统中的管理者和其他人员通过重新确定资源分配方向、重新构造和重新配置资源等途径,把柔性资源应用到各种新的战略用途的活动所进行协调的能力。

战略柔性实际上就是组织所拥有的实际与潜在管理能力的多样性及其激活速度和组织资源的可变性。资源柔性构成了战略柔性的基础,而协调柔性则是通过在动态环境中运用资源柔性来实现战略柔性的目标。也就是说,从柔性的来源(供给)来看,战略柔性取决于构成公司各系统要素的资源柔性和管理人员在运用资源时的协调柔性,即在企业系统中实现战略柔性要满足下面的两个条件:一是在构成公司系统的所有相关资产存量和流量中都具有一定程度的柔性;二是保持在不同用途中配置资源所存在的柔性。

3.2 HRM 制度的特性与战略柔性的必要性

为什么需要人力资源管理实现战略柔性? 我们可以从战略匹配模型的基本假定出发来讨论这个问题。根据战略管理的基本流程,HRM 战略的制定是在企业决策者进行 SWOT 分析之后作出的关于 HRM 的决策。战略决策的模型暗含了这样的一些基本前提假设:首先,它假设决策制定者能够确定出实现企业战略所需要的技能和行为是什么;其次,他们必须知道使用哪些人力资源管理的实践才能开发出这些技能和行为;第三,它假设决策制定者能够在企业系统中控制所有的 HRM 活动;最后,它假设环境是相对稳定的,或者是可以预测的。这样 HRM 战略的决策者才有足够的时间保证他们在该环境中实现一种战略匹配(Wright and Snell,1998)。尽管从理论上讲这是很容易解释的,但是实际上要做到这一点是很难的。实际情况是复杂的,在一个动态的、不可预测的环境中，这些假设是很难成立的。许多研究都显示，在动态的和不确定的环境中，许多管理决策者所把握的信息都是不充分的，他们错误地判断可能性，应用不恰当的经验，在存有偏见的假设上进行决策，而且对他们面对的一系列的变量之间的关系缺乏正确的认识（Kahnerman，Slovic 和 Tversky，1982）。在实践中，人力资源管理的决策者也一样。他们常常缺乏将企业的战略和战术目标转化成人力资源目标和活动的能力。这一点在大型的、地理上分散及业务上广泛的企业中更明显。地理上分散且业务范围很广的企业，其每一个组成部分所面对的竞争环境都是不同的，因此所需要的人力资源管理体系都应该是不同的。如果总部的人力资源部希望开发一套标准化的人力资源管理系统以推广到企业在全世界开展不同业务的部门，这些部门的人力资源管理者必然发现他们必须开发适应其特殊竞争环境的人力资源管理系统。

外在环境的复杂多变固然是其外在的动因，人力资源管理活动自身所具有的特性则是更为重要的内因。

（1）人力资源管理制度的路径依赖性

企业的管理系统总是由许多力量在维持着，如组织传统、规章制度、大量的文字记录材料等。人力资源管理制度的形成往往是在企业过去管理文化、管理制度、领导形态的基础上形成的，具有一定的路径依赖性。它与企业管理的其他系统一样总是很难改变的。但是，在讨论企业战略与人力资源管理实践匹配的文献中，大多数学者都假设人力资源管理部门能够迅速有效地开发并实施与企业发展战略相适应的新的人力资源管理实践。因此，这样的假设前提并没有完全成立。显然，当外界环境的变化导致了经营战略的变化时，过去的人力资源管理实践如果不能快速调整以适应这种新的变化，必然会影响甚至限制了企业的发展。因此任何促进人力资源管理柔性的模型都必须考虑到这种管理系统所存在的惰性。

不过，不同的人力资源管理活动在这个特性上表现的程度是不同的。就像有的人力资源管理实践与战略的关系更紧密一样，有的人力资源管理实践更容易受时间变化的影响。比如薪酬体系的改革，从一种固定报酬系统（工资）向一种变动报酬体系（如红利、所得分成或利润分成）转化就可能需要很仔细地研究，并与员工和雇主进行协商，将红利从与增长相联系转化为与利润相联系才能很快完成。

（2）人力资源管理制度的效益滞后性

人力资源管理在一定程度上具有效益的滞后性，也就是说，一项人力资源管理活动的实施并不能马上产生效果，尤其对企业绩效的影响，而是需要经过一定的时间差。以招聘活动为例，假定组织通过实施新的标准招聘新员工，以改变员工技能和行为的方法，即便是这样看似"立竿见影"的活动产生实施效果也不是人们所想象的那么快。Boudreau 和 Rynes（1985）讨论了所谓的员工流概念，他们认为，一个新的甄选系统的利用效果取决于在新的系统下进入企业的员工的数量。这一方面是由在新的招聘甄选标准下进入企业的新员工决定；另一方面则是由老员工流出企业的速度决定。由于这样的员工流的存在，一个新的系统要发挥出预先设计的效果需要多花费 2—3 年时间。这一过程会由于反馈而变得更复杂。如果企业员工中只有 10% 的人受到了影响（如按照新的招聘标准招进来或接受了培训而具备了新的技能），这样的反馈状况完全不能说明新的人力资源管理实践已经得到实施。正如 Boudreau 和 Rynes（1985）所论证的，一项新的招聘系统利用效果完全需要经过 4—5 年才能使全部的劳动力具备新的技能，并转变为现实的工作绩效。而到了那个时候，企业可能又面临着新的环境，要接受新的挑战，而需要对系统做出新的调整了。

与路径依赖性相似的是，不同的人力资源管理活动的功效产生的时间差也是不同的。有些人力资源管理实践比其他人力资源管理实践与企业发展战略的联系更紧密,也更容易见效。相对而言,激励计划就能很快产生效果,而培训项目要产生效果则需要更长的时间。如企业需要推行全面质量管理时,这时需要的人力资源管理实践就比较容易实施和取得效果,人力资源管理可以设计与全面质量挂钩的薪酬体系;可以设计相关的培训项目或设计相应的绩效评估体系来促进员工重视质量问题。但是有的战略要转变为人力资源管理实践就比较困难。如促进创新和促进差异性的战略,就比较难用人力资源管理实践来清楚地表达。并且,这些相应的人力资源管理实践实施后,也需要经过相对长的时间才能对战略目标产生一定的影响。

由于人力资源管理制度的路径依赖性和效益滞后性,这对人力资源管理的战略柔性提出了更高的要求。我们假设由于环境的变化使企业采取了一种新的战略,而这一战略给企业的发展带来了方向性的变化,因此对员工的技能和行为的需求也产生了一种根本性的变化;相应地,它也对人力资源管理实践提出了新的要求。首先,在新的战略转变成人力资源管理实践之间会有一个时间差(这个时间差是由于制度的路径依赖性和决策者反应的时间形成的);其次,在新的人力资源管理实施之后到这些实践产生效果,即让员工具备新的技能和行为之间又会有一个时间差(这个时间差是由于制度的效益滞后性形成的)。因此,开发人力资源管理实践的柔性的一个重要任务,就是建立准确和及时的信息反馈,使管理者了解具体的人力资源管理措施在实践中的效果。

正是由于这样的理论背景,仅仅考虑人力资源管理的战略匹配是无法适应当前复杂多变的经营环境的需要的。因此,人力资源管理的战略柔性是非常需要的,尤其在复杂多变的环境中。在对匹配的研究中,越来越多的学者开始重视 SHRM 的柔性(Kerr 和 Jackofsky,1989; Milliman,Von Glinow 和 Nathan,1991)。当今企业面临着复杂和动态的环境,需要企业具有柔性来适应不断变化的需求。从这个角度出发,SHRM 必须关心如如何开发企业适应环境变化的能力。

3.3 HRM的战略柔性与战略匹配的关系

战略柔性是公司对竞争环境变化的反应和适应能力。人力资源管理的战略柔性是企业人力资源管理帮助企业有效并及时地适应外部和内部环境以实现经营战略目标的能力。人力资源管理的战略柔性强调柔性的人力资源管理以更好地适应环境变动对企业经营的影响;人力资源管理的战略匹配则强调选择与企业发展战略相适应的人力资源管理体系,以提高该职能对企业绩效的影响。从表面来看,人力资源的战略匹配和战略柔性似乎是有矛盾的。在战略人力资源管理的研究文献中,提出了战略匹配与战略柔性的两种关系。

一是坐标式的观点(Lengnick-Hall 等,1988)。持有这种观点的学者认为,战略匹配和战略柔性是同一连续体的相对的两极。达到战略匹配并不总是好事,如果总希望战略匹配达到最佳,必然会降低企业对环境变化的适应能力,即战略柔性。事实上,这种观点把战略匹配和战略柔性看成坐标上对立的两点,两者之间顾此失彼。

二是互补的观点(Miles 和 Snow,1984)。持有这种观点的研究者认为,战略匹配和战略柔性可以独立存在,两者都是企业所必需的,因为战略管理所要面对的挑战就是依靠不断地在企业与外部环境之间寻求一种战略配合以应付变化。

这两种观点的区别在于看问题的时间不同。在时间上,坐标式观点考查的是同一个时点上的情况,是静态的观点;而互补观点考查的是不同时点的情况,是动态的观点。应该说,从互补的观点看待两者的关系更合理。匹配是指在一个时间点上的一致性，而柔性是指在一段时间内的一致性。战略匹配是从静态的角度来设定不同人力资源管理活动之间的关联性，但是一旦内外部环境发生变化，这种匹配的程度必然也会发生变化。这种情况下，只有企业具有战略柔性才可能快速地做出调整，寻求在新的环境下的战略匹配。因此，更准确地说，战略匹配和战略柔性是矛盾的统一体。

Wright 和 Snell(1998)提出了一个战略匹配和战略柔性兼具的战略性人力资源管理模型，如图 3－1 所示。模型的上半部描述的是战略匹配的组成要素，指出公司如何寻求合适的人力资源管理活动，使员工的行为立即适应公司战略的竞争性要求。企业战略的形成过程从确定企业任务和目标开始，通过 SWOT 分析，确定最后的战略选择。模型显示企业在确定了相应的战略后就需要员工具备相应的技能和行为。企业高层经理和 HR 经理通过判断，确定战略导向下期望的员工技能和行为，这种期望也引导着 HR 活动的计划。但是计划的 HR 活动和实际的 HR 活动总是有差别的，不可能完全吻合。在实际的 HR 活动作用下，形成了实际的员工技能和行为，进而决定着企业的绩效。

模型的下半部阐述了战略柔性的组成要素，强调发展组织能力以满足公司适应不同的竞争要求，而不是仅仅服从于当前的战略，从而实现人力资源管理的战略柔性。首先，应明确以柔性为标准的雇员技能和行为是什么；其次，通过相应的人力资源管理实践来确保拥有满足此标准的雇员技能和行为，以适应环境的变化。上述人力资源管理的战略匹配和战略柔性对组织绩效起决定作用，而组织绩效反过来又对企业战略的制定和实施产生影响，从而形成了一个有机的循环系统。

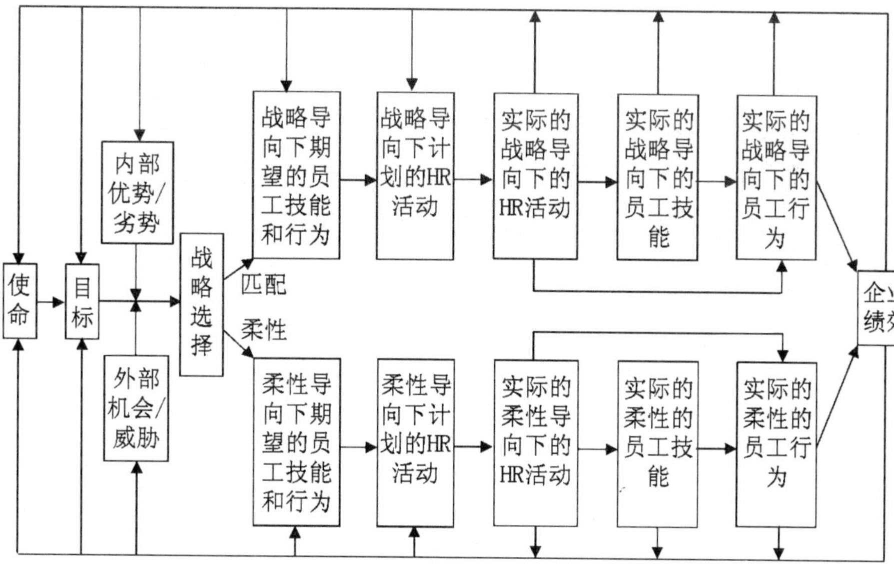

图 3-1　战略匹配和柔性兼具的人力资源管理模型

3.4　人力资源管理战略柔性的内容

战略人力资源管理的主要作用就是在一个竞争的环境中促进企业的战略配合能力。在一个稳定的、可预测的环境中，企业可以通过比较官僚的系统来开发人力资本存量，使员工具备相对狭窄的技能，而 HRM 也只需要引导很狭窄的员工行为就可以比较容易地实现战略匹配。但是，在一个动态的、不可预测的环境中，企业需要一个新的 HRM 系统来实现这种战略匹配，企业需要开发人力资本存量使得员工拥有更宽泛的技能，HRM 也需要引导更广泛的员工行为。在第一种环境下，一旦 HRM 与企业战略得到匹配状态，柔性就不是那么重要，因为环境并没有发生多大变化。而在第二种环境中，面临着动态变化的外部环境，企业要实现 HRM 与战略的动态匹配，必须增强 HRM 的战略柔性。Bhattacharya(2000)根据 Sanchez(1995)的资源柔性和协调柔性的二分法,进一步将公司的人力资源系统柔性确定为由人力资本——技能柔性和行为柔性,以及获取、保持、开发和管理人力资本的人力资源实践柔性组成,即人力资源系统柔性包括技能柔性、行为柔性和实践柔性三部分,系统整体柔性的大小取决于单独或协同的人力资源技能、行为和实践柔性。

3.4.1 员工技能柔性

技能柔性是指员工技能可以被应用于其他实际和潜在用途的程度。员工技能的广泛化构成了人力资源管理的战略柔性的基础。而要达到这样的广泛化有两种方法:一是让少量员工具备广泛的技能;二是让具有不同的、狭窄技能的员工通过组合来实现柔性。前者体现了员工技能的资源柔性,而后者体现了员工技能的协调柔性。

(1)员工技能的资源柔性

员工技能的资源柔性是指员工当前所拥有的有效技能的数量、员工学习新技能所需要的成本和学习的速度。Boudreau 和 Ramstad(1997)认为,技能的资源柔性,包括智力能力、灵活行为的能力甚至包括与适应环境变更相关的个性特征。它涉及每个员工在不同领域工作的能力,那些掌握了更广泛技能的员工可以完成更多的不同任务,从而为实现员工技能的协调柔性、员工行为的柔性奠定了基础。

那么这种技能的资源柔性是怎么获得的呢?不同的研究者在研究战略人力资源管理时认为技能的资源柔性来源途径是有所不同的,如 Snow 和 Snell(1993)强调通过招聘具有创造价值潜力的员工来建立这种柔性,而 MacDuffie(1995)则强调人力资源的柔性应该从培训员工具备广泛的才能入手。前者是通过严格的招聘和甄选,提高招聘的标准,来获得多元化技能的员工;后者则是通过入职后的开发来获得员工技能的多元化,例如,广泛的培训、以技能为基础的薪酬体系肯定是有助于促进、开发员工这种广泛的技能。相对而言,在职开发的途径显得更为重要,因为在当今快速技术变革的背景下,知识更替的加快,无法仅仅通过招聘保持员工技能的资源柔性。企业需要与员工达成一种心理协议,显示出愿意通过各种各样的方法来帮助员工开发新的技能,并通过长期方式来开发与员工技能相关的资源柔性。在技能培养和开发的过程中,管理者应该侧重于保证员工具备那些基础性的技能,这些基础性的技能能够帮助他们在未来掌握更广泛的技能。雀巢公司在招聘程序员时就会考虑开发员工技能的柔性。为了应对现在的程序开发的需要,他们必须在招聘程序员时关注应聘者能否掌握最热门的语言(例如 Java),然而,这些长期雇佣的程序员的价值依赖于他们快速掌握下一门计算机语言的能力。

(2)员工技能的协调柔性

员工技能的协调柔性是指具有不同技能的个人如何在价值链中被重新配置。企业能够通过选择拥有特定技能的员工,并根据他们的技能进行配置或重新配置,以追求拥有更大范围的技能。换句话说,一个能在不同市场运作的企业可能也能够从一个现有员工或团队已经拥有一定技能的市场转移到另一个需要这些技能的市场。要达到这一点,企业可以招聘许多具有不同技能的人,虽然他们每个人具有的技能是相对狭窄的,但是他们作为一个整体却可以通过不断地配置和再配置,对现有员工进行不同的组合而达到很高的技能协调柔性。例如,Miles 和 Snow(1978) 根据企业竞争的一系列产品市场对战略进行了分类。这些企业的目标是为了响应市场的变化,他们能从一个市场快速并且有效地将现有资源转移到另一个市场。换言之,如果一个市场紧急需要大量的某种技能员工,企业能够从企业的员工或团队中将其转移出来。美国电话电报(AT&T)公司就拥有这样一个员工技能的数据库。如果公司的某机构需要具有特定技能的某个人才,招聘经理就可以通过这一资料库查找到另一个部门中可能具有这一潜在技能的员工。

员工技能的协调柔性的获得可以通过对不同特性的员工实现战略性的任用体系来实现(张正堂,2004):根据人力资源的价值性和独特性,可以将人力资源分为四种类别,即核心员工、辅助员工、临时员工和合作员工,分别实行发展式、确保式、契约式和联盟式的任用模式,实行承诺导向、生产率导向、服从导向、合作导向的人力资源管理系统,可以更好地实现人力资源管理的战略柔性。目前,聘用临时员工则成为越来越多的企业实现协调柔性的途径:当公司面临特殊任务时,就招聘一些具有狭窄技能的临时员工,而一旦任务完成或产品被淘汰,就解雇这些员工,再根据新任务的需要招聘新的临时员工。

3.4.2 员工行为的柔性

在战略人力资源管理中,我们需要区分出两种目标:一种是“能够达到的目标”;一种是“愿意达到的目标”。能够达到的目标,是指开发员工的技能;而愿意达到的目标,是指通过使员工的行为与企业的兴趣相配合,而诱导出员工的动机和忠诚。MacDuffie(1995)特别强调员工行为的重要性。他认为具有才能和知识的劳动力如果没有受到足够的激励是不会为企业做出大的贡献的,而那些不具备相应技能和知识的员工,则可以因为受到足够的激励而做出企业所希望的贡献。显然,仅仅有员工技能的资源柔性和协调柔性还是不够的,还需要通过员工行为的柔性对企业整体的柔性产生重要影响。行为柔性被定义为雇员拥有的能够在不同的情形下展现出来的广泛的行为技能的程度,以及他们能够适应特殊情形的速度(Wright 和 Snell,1998)。

行为的柔性是必需的，这样企业才能改变现存的常规以适应环境的变化。组织的柔性可以从组织员工所拥有的广泛的行为轨迹中产生出来。这些行为轨迹是由一系列个人及其他人认为是“常规”的行为事件构成的，并且平时都是作为一个个的单元被储存起来的，在合适场合就会被自动调动出来。每个人都储备了许多这样的行为轨迹，在他们处于不同的场合的时候，他们就会表现出这些轨迹来，通过这些轨迹，他们实际上是在表达一种意义。在给定的场合，员工表现出合适的行为轨迹就能够使企业达到柔性。因此，企业的员工具有了充分的行为轨迹储备，就有可能回应变革。但是，需要注意的是，在组织系统中，这些轨迹又可能产生行为之间的协调或冲突（March & Simon，1958）。因此，通过协调柔性实现这些行为之间的协调是非常重要的。这要求，一方面，把员工的兴趣和价值与企业的兴趣和价值相联系，激发员工的行为；另一方面，必须将企业的人力资源管理政策和组织的战略及战略变革的过程联系起来，使员工的行为朝着同一个方向集合。

3.4.3 HRM 实践的柔性

人力资源管理实践的资源柔性是指人力资源实践可以适应不同的情形、地点、部门，或在不同的情形、地点、部门有效应用的程度。在 HRM 实践中，有许多实践是缺乏这种灵活性的。如在绩效考评中所设置的行为观察标准，其灵活性就很差，因为这种行为观察标准一般只能局限于一种职位或者一个工作簇，这是由于它假设所有从事这一职业的员工都应该表现出一组相同的行为。相对应地，以结果为基础的绩效考评制度就具有一定的柔性，因为它只规定了目标，并没有限制员工在工作中达成目标的行为，从而有助于实现员工行为的柔性。人力资源管理实践的协调柔性则体现了 HRM 实践被重新设计、重新组合和重新展开的速度。在诸多的研究文献中都假定了人力资源管理实践和公司战略之间的匹配是可以通过人力资源管理部门迅速、有效地实现。但是,现实中这种假定是很难实现的。公司战略的变化会影响人力资源的政策和实践。在战略变革的过渡阶段,战略与人力资源实践之间的不匹配很难避免。因此,公司一般试图避免过分强调公司战略与人力资源政策和实践的匹配。企业人力资源管理实践的协调柔性将极大程度提高人力资源管理应对外界环境的能力,减少不匹配的过渡时间,有助于组织战略的实现。

3.5 HRM 战略柔性的实现与表现

3.5.1 HRM 战略柔性的实现

员工技能柔性和员工行为柔性需要依靠柔性的人力资源管理实践来实现(如图 3-2)。人力资源管理的重要职能就是提供、配置和调动人力资源(员工技能),引导并形成有效的员工行为,来实现企业的发展目标。因此,员工技能是人力资源管理的基础,在一个动态的不可预期的环境下,组织需要发展一个有机人力资源系统,以便产生一个人力资源库,使员工拥有广泛的综合技能,进行各类不同的活动。相应地,人力资源管理的战略柔性应该主要体现于利用柔性的人力资源管理活动开发和利用员工技能,形成员工技能的资源柔性,实现员工技能的协调柔性,进而实现员工行为的柔性,满足企业整体柔性对人力资源柔性的需要。

3.5.2 人力资源柔性的类型

实现人力资源管理的战略柔性,结果是企业的人力资源柔性化,更加适应企业发展的需要。Blyton(1996),Blyton 和 Turnbull(1992),Blyton 和 Moris

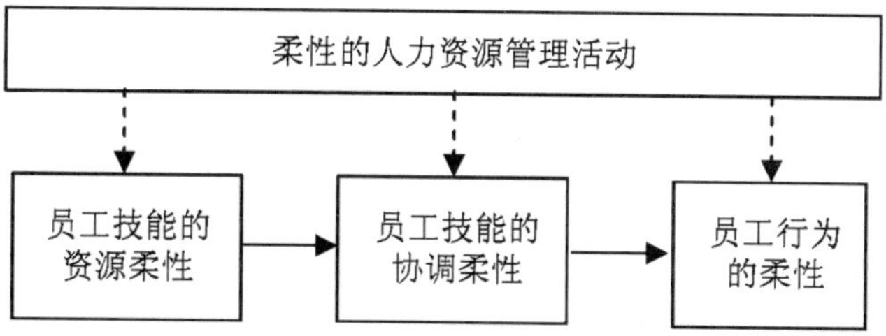

图 3-2 人力资源管理的战略柔性的实现逻辑

(1992)认为战略性的人力资源柔性运用一般大致分为四种形态。

(1)职能的柔性

Blyton 和 Moris(1992)认为职能的柔性(task or functional flexibility)是指员工在执行某一范围内的工作或任务时的可移动性(mobility)、适应性(adaptability)或多技能性(versatility),在这种形态的柔性下,员工可以通过对工作需求改变或技能改变及时反应并顺利完成新的工作规划。组织要让员工具有职能上的柔性,可以通过几种常见的方式实现:一是对员工实施交替培训使其具备多种技能的能力。二是通过扩大工作职务范围、增加人员工作自主性以及利用团队合作等方式,促使员工拓展既定的工作范围,并将其进一步多样化,达到水平、垂直双向整合的职能弹性。这种职能上的弹性与工作扩大化、工作丰富化、工作轮换等工作设计方式有许多相似之处。三是直接雇佣拥有多种技能的员工。实现职能的柔性,组织还必须采取以下的配合措施:员工自身应具有学习不同工作职务或新技术的意愿与能力,而且组织也应该提供能够吸引员工主动学习的劳动条件;组织尽可能在工作环境中创造学习的机会;组织应该尽可能提供更多的正式教育培训规划。

(2)数量的柔性

数量的柔性是指企业在面临产出需求的变动时,能够适时地改变劳动力数量和种类的供给潜能或管理能力。当企业具有这种柔性时,即使劳动力的需求发生了短暂的变化,也能够让员工数量与种类可以迅速而顺利地增减。员工数量的柔性最终目的即是为了使员工雇佣的数量和种类随时都能够符合实际的需要,谋求劳动力的供需上的平衡,渐少企业不必要的长期雇佣带来的劳动力成本。组织通过可以借助于各种非典型的雇佣方式实现数量上的柔性,例如兼职、固定契约以及临时契约,或者采用人力资源外包的方式。在上述这些非典型的雇佣策略下,可以将组织的人力雇佣做最有效的配置,帮助企业降低成本,继而增加企业的竞争力。

(3)时间的柔性

时间的柔性(temporal or working-time flexibility)是指企业为了配合业务需要,或经营变动或员工自身的需要,而制定出弹性工时制。弹性工时制是因某种业务需要,在一定的条件下,弹性地处理工作时间的制度。常见的方式包括:一是缩短工作周。缩短工作周(compressed workweeks)是指员工可以在5天内工作40个小时,典型的情况是调整为每周工作4个10小时工作日。一般是错开工作时间,使得在所有的传统的工作日都有员工工作。缩短工作周的优点是员工每周开始工作的次数减少,缺勤率和迟到率下降,实现经济上的节约;员工在路上的时间减少,工作的交易成本下降,工作的满足感提高。缩短工作周的缺点是工作时间延长使工人感到疲劳并可能导致危险;员工在工作日的晚间活动受影响;实行缩短工作周的企业与实行传统工作周(5天×8小时)的企业联络时会发生时间上的障碍。这种做法主要的好处是,员工可以有三到四天的周末和家人相处或从事个人活动。然而,在工作日较长的工作时间可能会让员工觉得工作压力大,并觉得倦怠。二是弹性工作制,给予员工在决定何时上下班这个问题上一定的自由处理权。员工每周工作时间是特定的,但在一定的范围内又可以自由改变工作安排。在每天的工作时间中,有一个共同的核心工作时间段,要求所有员工必须在岗,除了这段时间外,员工可以自由选择其上下班时间。其典型做法是:企业要求员工在一个核心时间期间(如上午10点到下午3点)必须工作,但是上下班时间由员工自己决定,只要工作时间总量符合要求。弹性工作制的优点是员工可以自己掌握工作时间,为实现个人要求与组织要求的一致创造了条件,降低了缺勤率和离职率,提高了工作绩效。惠普公司的计算机服务人员被迫在深夜和周末接电话,一些有才能的人员离开了公司。针对这种情况,公司重新设计了工作时间,允许员工自愿选择是在平时还是在周末工作。结果,员工流失率降低了,对顾客的需求作出反馈的时间也缩短了。弹性工作制的缺点是每天的工作时间延长增加了企业的公用事业费,同时要求企业有更加复杂的管理监督系统来确保员工工作时间总量符合规定。弹性时间制也有其缺陷,它不能适用于所有类型的工作。对于与本部门之外的人接触量有限的工作人员来说,这种方式效果良好。但对于接待人员、零售店的销售人员以及其他要求员工在事先确定的时间内为别人提供全面服务类的工作来说,这就不是一种可行的方式了。

(4)薪酬的柔性

薪酬的柔性(wage of financial flexibility)是指改变传统的固定的薪酬框架,而以多样化的薪酬结构来支付薪酬。也可以理解为建立以个人绩效为基础的薪酬支付依据并结合利润分享的制度。以绩效为基础的薪酬、奖金和福利,以及利润分享制度,来建构薪酬系统,是通过薪酬与绩效连结的设计,让员工产生公平待遇的感觉,可以增加员工的工作投入与意愿,并提高员工的工作满意度;也能够增加员工对组织的认同,进而提高员工的生产力与组织的竞争力。

表3-1对上述的四种柔性进行了总结。

表3-1 人力资源柔性的四种类型和目标

柔性形态	柔性要素	强调重点	柔性目标
职能的柔性	利用职能的变化,促进人力资源运用的柔性	强调人力资源运用柔性、适应性和可移动性	人才需要,能与企业相结合
数量的柔性	利用人力资源数量与类型的变化,来给予人力数量运用的柔性	强调人力资源需求数量变化的反应性	人力资源需求量能为企业所调整
时间的柔性	利用改变工作时间变量,给予员工在工作与休息上均衡	强调工作与生活时间柔性	生产时间的需要与员工休息时间可以相互配合
薪酬的柔性	利用薪酬的变化给予人力资源成本的柔性运用	强调员工薪酬的变动性	薪酬水平能与员工绩效相互配合

3.6 结论

外在环境的复杂多变、人力资源管理活动的路径依赖性和效益滞后性,以及人力资源管理决策者的信息不完全及能力限制,使得战略柔性在人力资源管理战略设计过程中具有与战略匹配同等重要的地位。战略匹配是同一个时间点上的一致性,战略柔性是在一段时间内的一致性,两者是矛盾的统一体。人力资源管理的战略柔性包括员工技能柔性、员工行为柔性和人力资源实践柔性,并且员工技能柔性和员工行为柔性需要依靠柔性的人力资源管理实践来实现。在具体的实践中,HRM 的战略柔性会表现为职能的柔性、数量的柔性、时间的柔性和薪酬的柔性等几种常见的形式。

4. HRM 实践对企业绩效影响的实证研究

人力资源管理实践到底会对企业的运行产生什么样的影响？这是战略人力资源管理研究关注的主要问题之一。在本章的研究中，将对相关的理论研究进行回顾，提出人力资源管理实践、人力资源管理效能与企业绩效的关系假说，并通过问卷调查获取研究数据，实证检验我国企业人力资源管理实践的实施效应。

4.1 研究问题的提出

传统上，人力资源管理往往被赋予作业性的角色，组织对于人力资源管理的关注焦点，仅在于日常的招聘、选拔、聘任、绩效评估、薪酬制度、培训等作业性活动是否能够顺利运作。对于人力资源实践在组织层次所扮演的角色，却明显没有受到重视。近几年来，随着战略人力资源管理观念的发展，人们把人力资源管理作为一个企业的战略贡献者来看待，认为人力资源管理主要贡献体现在提高企业绩效、扩展人力资本和保证有效成本系统。

在过去几年里，我国一些学者对 HRM 活动与组织绩效的关系进行了实证研究。范秀成(2003)以 62 家制造业中外合资企业和外商独资子公司作为样本，检验了“企业运用‘高绩效’人力资源管理系统的程度和企业绩效之间存在正面的关系"和"人力资源管理与企业战略整合的程度同企业绩效之间存在积极的关系"两个假设。蒋春燕、赵曙明(2004)以香港248家企业为研究样本,检验了企业特征、人力资源管理实践与企业绩效之间的关系。徐国华、杨东涛(2004)以122家制造业企业为样本企业,探讨了中国背景下制造业企业的支持性人力资源实践的内容,检测了支持性人力资源实践对员工感情承诺的影响。徐国华、杨东涛(2005)研究结果表明,支持性人力资源实践与公司绩效有一般的联系,然而与不同的公司绩效、有特别联系的支持性人力资源实践是不同的;新产品柔性战略对"支持性人力资源实践——公司绩效"没有表现出调节作用,而市场调整柔性战略则表现了较明显的调和作用。这些研究为我国战略人力资源管理的研究打开了基本的思路,为未来在我国开展战略人力资源管理的深入研究奠定了基础。但是,如果说人力资源管理对企业绩效确实存在影响的话,那么,是通过什么机制产生作用?作用的结果如何?这些结果在不同的背景或环境因素下是怎样变化的?对这些问题的回答就是试图将人力资源管理与企业绩效之间关系的"黑箱"明朗化,也是本章研究的兴趣所在。本研究认为HRM效能是HRM影响企业绩效的中介变量,并通过调查数据进行检验。本章分为四个部分:第一部分提出研究的问题;第二部分基于文献回顾提出理论假说;第三部分进行实证分析;最后总结并讨论研究结果。

4.2 文献回顾与理论假说

早期的研究中,一些学者采取了所谓"最佳实践观点"(Best Practices Perspective),认为存在既定的人力资源管理活动来帮助组织获得市场上的竞争优势。这些人力资源实践与组织绩效间有直接的正向关系,但同时提出只有运用“最佳的”人力资源政策时效果最优，而不用特别考虑产品市场、经营目标和组织外部环境等。我们把这种研究思路称为“最佳实践模式”，其主要特点就是强调一些 HRM 活动对企业绩效具有普遍性的促进作用，因此这种模式也可以称为“普适性模式”，并且把这些 HRM 活动称为“高绩效工作体系”。一些实证研究检验了人力资源管理活动与组织绩效之间的关系。在甄选方面，Terpstra 和 Rozell（1993）选择员工招聘来源、甄选测验的效度、结构化的甄选程序、认知与能力测验以及加权申请表格五种甄选活动，探讨其与组织绩效的关联性。研究发现，执行这些甄选活动的完整程度与盈利、盈利增长率以及整体绩效之间均存在显著的正向关系，显示甄选活动对于组织绩效的可能影响。在培训方面，Russell，Terbory 和 Powers（1985）研究发现，员工培训计划与财务绩效间存在显著的正向关系。Ngo，Turban，Lau 与 Lui（1998）也发现结构化的训练与公司绩效间存在显著的正向关联性。在绩效评估和薪酬方面，Abowd（1990）以横跨六年的资料，研究以组织绩效为基础的管理者薪酬（激励性薪酬）与组织财务绩效间的关系，结果发现绩效薪酬的运用与组织财务绩效的关联性仅得到微弱的支持，但对于经济效率及市场绩效的正向影响则得到了有力的支持。Gerhart 和 Milkovich（1990）也发现有较高比例薪酬随着绩效而变动的组织，其绩效表现也较佳。Delery 与 Doty（1996）实证分析多项人力资源实践与组织绩效的关系后，也发现成果导向的绩效评估以及利润分享计划等活动与组织绩效存在显著的正向关系。Fey，Bjorkman 和 Pavlovskaya（2000）区分管理者与基层员工进行分析，发现无论是管理者或员工的样本，薪酬水平都是影响组织绩效最为显著的人力资源管理活动。在工作组织与内部劳动市场方面，Delery 与 Doty（1996）的研究表明工作保障与资产收益率间呈现显著的正向关系。一些研究者识别了几种最佳实践或高绩效实践。表 4－1 是关于最佳人力资源管理活动的主要研究结论的汇总表。

表 4－1　各研究提出的最佳人力资源管理实务

研究者	最佳实践
Delery 和 Doty(1996)	广泛的正式的培训系统;成果导向的绩效评估;绩效基础的薪酬;员工参与;广泛的工作定义;内部晋升;工作保障
Fey, Bjorkman 和 Pavlovskaya(2000)	技能培训;非技能培训;高水平薪酬;绩效本位薪酬;绩效导向晋升;决策分权;工作保障;生涯规划;内部晋升;申诉系统
Pfeffer(1998)	选择性雇佣;深度培训;相对高报酬;绩效报酬;自我管理团队;决策分权;企业财务和绩效信息的分享;雇佣安全;地位差异的降低
Arthur(1992)	工作定义广泛;员工参与;正式争议处理;信息分享;高技能员工;自我管理团队;广泛技能训练;广泛福利;高薪酬水平;持股政策
Huselid(1995)	人事甄选;绩效评估;激励性薪酬;工作设计;申诉程序;信息分享;态度考评;员工的管理参与;招聘强度;训练时数;晋升参考标准
MacDuffie(1995)	工作团队;问题解决团队;员工建议;工作轮换;分权化;招聘与雇佣;权变薪酬;培训新进员工;培训熟练员工
Delaney 和 Huselid(1996)	选择性甄选;培训;激励性薪酬;分权;申诉程序;内部劳动市场;较多组织层级
Youndt, Snell, Dean 等(1996)	选择性甄选;广泛的培训;行为导向的绩效评估;技能本位薪酬;群体奖励;薪酬的外部公平

最佳实践模式坚持认为,存在几种最佳 HRM 实践,这些实践对组织绩效影响是直接的,并且它们的影响是如此普遍或强有力,以至于它们不管组织条件或环境如何都可以提高绩效。在这些倡导普遍最佳实践的研究者中,最突出的是斯坦福大学的 Jeffrey Pfeffer(1994)研究识别了 16 种最佳 HRM 实践,后来的研究合并了几种实践并且把该名单筛选为 7 种,并指出这 7 种管理实践在其提高公司绩效的能力上几乎是普遍的:①就业保障;②对新人员的选择性雇佣;③以自我管理的团队和决策的分权化作为组织设计

的基本原则;④按组织绩效决定的相对较高的报酬;⑤广泛的培训;⑥减少地位的差别和壁垒,包括服装、语言、办公室安排和跨层次的工资差别;⑦在整个组织中广泛地分享财务和绩效的信息。一些学者试图对这些最佳实践活动进行总结,例如,Youndt 等人(1996)提供了以下关于最佳实践的尝试性描述:①通过选择性的人员配备、培训和开发去提高雇员技能;②通过工作再设计的机制、基于群体的激励的使用来提高团队精神、授权范围和员工涉入问题解决的程度。Delaney 和 Huselid(1996)则把人力资源管理活动分类成关于员工技能及知识、关于激励和关于工作结构的三个方面,并认为 HRM 通过这三个方面来影响组织绩效:组织可以通过各种的人力资源实践来提升员工的技能和能力,也可以通过全面的培训及发展方案使现有的员工符合目前及未来的工作需求;然而如果员工的技能很有用却没有受到好的激励,其工作表现还是会受到限制,组织可以通过许多途径影响到员工的激励,例如实施奖励制度、将员工的薪酬与个人和组织绩效挂钩、保护员工及正式的申诉制度等都会有效;工作的结构也会影响到组织绩效,工作结构可以决定有能力且被激励的员工要做什么及如何做,例如员工参与系统、内部劳动力市场及以团队为基础的生产系统等都是会影响组织绩效的工作结构。

在本书第一章中,我们基于资源基础理论分析,认为 HRM 活动具有不可模仿性、稀缺性、不可替代性和有价值性,成为企业持续竞争优势的来源,进而提升组织的绩效表现。因此本研究得到如下的假说:

假说 1:注重人力资源管理活动,会导致较好的企业绩效。

优秀人才对企业的发展至关重要。企业通过绩效评估和公平、有竞争力的薪酬奖励体系,可以鼓励表现优异并且符合企业规范的员工,而给予具有竞争力的薪酬水平也可以吸引更多优秀的应聘者;通过培训、职业发展等活动,促进员工的长期发展;通过员工参与以及团队工作,员工享有自主性和决策权,对于员工技能的发挥是有利的,因为员工如果没有机会运用其技能与能力,以改进其工作流程与执行工作,则高低素质的人力资本所可能产生的生产力差异,必将受到限制(Huselid,1995)。因此,员工参与以及团体工作给予高素质人力资本充分发挥其拥有的技能和知识的机会,有助于吸引优秀人才。因此:

假说 2:注重 HRM 活动,会显著增加企业的人才吸引力。

人力资本是指员工所拥有的、对组织具有经济价值的技能、经验与知识。人力资源管理的一个重要功能就是提升员工的技能与知识水平,实现对员工的人力资本投资。站在某个具体企业的角度来看,员工所具有的这种技能和知识,一是由员工进入本企业时"带来的";二是进入企业后"新增加的"。从这个角度来看,人力资源管理活动中,甄选和培训是与人力资本投资最直接相关的活动:严格的甄选活动代表组织花费较高的成本、较长的时间与较多的人力进行应聘者的筛选,希望能够识别出技能水平较高的新进员工。教育培训是人力资本理论中最典型的人力投资工具,通过对员工的培训以达到提升员工技能和能力的目的。除了甄选和培训之外,发展性绩效评估、内部晋升以及完整的生涯规划等 HRM 活动也具备这种功能。这类人力资源管理活动表明组织维持与员工间长期关系的承诺,强调通过人力资本的长期投资以培养员工的组织特有技能、加强情感承诺以及忠诚度。因此,我们提出:

假说 3:注重 HRM 活动,会显著地提升企业员工整体的技能水平。

人力资本是依附于员工个体的,他们在组织间被允许有限度的流动。即使员工留在组织内其绩效表现也需视其意愿的高低而定,因此,员工为企业努力工作的动机(即员工动机)是充分发挥员工技能水平的关键。HRM 对于员工的动机水平有直接的影响:通过绩效评估系统,组织可以识别出员工之间表现的差异;配合薪酬制度,则可以鼓励表现突出并且符合组织目标的员工,而给予具有竞争力的薪酬水平则可能吸引更多的应聘者,使得组织可以挑选出对组织具有承诺感的新员工,提高员工的工作满意感,并进而提升员工努力为本企业工作的意愿。因此,通过提供经济诱因的绩效评估和薪酬等活动可以提高员工的动机水平。而通过培训、发展性绩效评估、员工参与等活动,一方面可以传递组织希望员工表现的行为;另一方面可以使组织价值观和规范被员工了解并认同,获得内在激励的效果。通过工作保障、职业生涯管理等活动还可以传递出组织愿意维持与员工长期雇佣关系的承诺,加强情感承诺以及忠诚度,使得员工与组织间的交换关系中包含了社会情感的要素,因此可能引导员工与组织间的雇佣关系发展为契约(relational contract)关系,强化员工的内在动机。因此,我们认为:

假说 4:注重 HRM 活动,会显著提升企业员工总体的工作动机。

在战略性人力资源管理中常用到的理论是行为观点(behavioral view)理论,它认为员工的行为是战略及组织绩效的中介变量,而人力资源管理活动是为了诱导或控制员工的态度与行为,不同的组织特性及经营战略会引发不同的态度与行为需求,由此可以推论在战略性人力资源管理的系统中,由于每一个战略所需要的人员态度与行为不同,组织的人力资源实践也将随之改变(Schuler 和 Jackson,1987)。换句话说,人力资源管理是组织的重要工具,以传递角色信息,支持期望达到的行为,以及审核角色表现,达到组织的目标。Miles 和 Snow(1984)也提出类似行为观点的看法,认为人力资源实践必须随着战略的不同而改变,因为组织必须通过人力资源实践发展出不同的行为技能,才能推动战略。因此,有效的人力资源管理可促进员工行为符合组织利益相关人的期望,并产生积极的效益。Wright 和 Snell(1991)提出了用开放性的系统观点来描写组织的 HRM 模式,其中能力与技能被视为“投入”,员工行为被视为“转换”,而员工满意度与工作绩效被视为“产出”。Huselid(1995)认为所谓高绩效人力资源实践可通过员工技能、激励、工作组

织等三方面达到增进组织绩效的效果。行为观点对于了解人力资源系统对组织绩效的影响机制非常重要。我们认为:

假说5:HRM效能(企业人才吸引力、企业员工整体技能水平和企业员工总体工作动机)是HRM活动与企业绩效的中介变量。

4.3 实证分析

4.3.1 研究设计

(1)数据来源。本研究采取方便抽样的办法,调查对象是企业的人力资源管理负责人。研究者利用合作关系和社会网络获得愿意或可能愿意参与调查的企业初步名单,由研究者通过电话和调查对象进行沟通,确定调查名单,然后通过直接访谈、邮寄和电子邮件三种方法进行问卷调查。2005年3月初开始陆续发出261份调查问卷,并要求在4月中旬能够返回问卷。在4月底,收到返回的问卷共计83份,但是其中有32份是无效问卷。研究者对没有返回的调查问卷进行了电话的催促,并再次强调参与本次调查的自愿性和填写的认真与真实性。在6月初,研究者对没有返回的调查问卷进行了第二次催促。截至2005年6月底,调查共持续四个月,发放调查问卷261份,回收问卷187份,回收率为71.65%,其中有效问卷133份,有效回收率为50.96%。

(2)变量测量。本项研究采取了李克特5点量表法测量HRM活动、HRM效能、企业绩效和技术变革,其中5代表非常同意,1代表非常不同意。HRM活动包括了严格的选拔、内部职业机会、培训、高的薪酬水平、严格的绩效评价、工作保障、员工参与、工作描述共八个方面。其中,选拔的测量参考了 Terpstra 和 Rozell(1993),其他 HRM 活动的测量在参考 Delery 和 Doty(1996)的 HRM 测量量表的基础上,做了适当的修改。人力资源管理效能包括企业的人才吸引力、企业员工整体的技能水平以及企业员工整体的工作动机,测量量表参考 Wright,McCormick,Sherman 和 McMahan(1999)设计。企业绩效主要参考 Delaney 和 Huselid(1996)的量表。参考过去的相关研究,技术变革和企业规模在相当程度上影响企业的企业绩效(Huang 和 Uen,1995;Huselid,1995),在本项研究中,技术变革和企业规模作为控制变量。技术变革量表由 Huang 和 Uen(1995)的量表修正而来。企业规模是参考 Huselid(1995)的做法,以企业全职员工人数的对数来衡量。

(3)问卷形成。问卷是参考变量测量量表进行设计。在问卷初稿编制完成后,研究中通过个案访谈,请 3 家企业的人力资源管理主管对问卷进行了修改,以及文字的斟酌,以保证问卷的可读性。

(4)分析方法。在数据的分析中,本研究主要采用了描述性统计分析、方差分析、层级回归分析、验证性因子分析等方法。

(5)样本特性描述。从被调查者的性别看,男性为 69.9%,女性为 25.6%,有 4.5% 没有填写性别,调查者的平均年龄 35.89 岁(S.D. =8.38)。从被调查的样本企业看,企业成立的平均时间为 19.2 年,平均企业人数为 3516.5 人,最大企业人数上万人,最小为 56 人。在所有制的分布特性上:传统国有企业 47 家,占 35.3%;民营化的国有企业 17 家,占 12.8%;外资企业 40 家,占 30.1%;民营企业 25 家,占 18.8%;还有 4 家样本企业没有填写所有制属性,占 3.0%。在地区的分布上,主要集中在江苏、云南、北京和天津,占总样本的 75% 以上。在产业的分布特性上,涉及中国证券监督委员会对上市公司分类的所有 13 个产业,其中以制造业为主,共有 64 家,占总样本的 48.1%;其次是采掘业为 16 家,占 12.0%。

(6)量表的效度与信度。在内容效度上,我们采用的量表主要来自于其他学者早期研究形成的量表，做了少许的修正，并请企业中 HRM 专家对量表进行了审查。这些可以保障量表具有较好的内容效度。为了测度量表的结构效度，我们采取因子分析进行检验。研究中通过因子分析和信度分析，删除各量表中不必要的题目，最后形成有效的测量量表。其中“工作保障”量表的信度和效度都没有达到满意的程度，因此我们决定在本项研究中删除本变量。修改后的变量的测量量表和信度系数总结如表 4－2。

表 4－2 各研究变量的验证性因子与信度分析结果

	χ^2/df	GFI	CFI	RMSEA	TLI	Alpha 系数
严格的选拔	2.31	0.93	0.91	0.078	0.90	0.79
内部职业机会	2.59	0.91	0.93	0.064	0.92	0.76
培训	2.83	0.98	0.97	0.059	0.97	0.90
严格的绩效评估	2.45	0.95	0.92	0.058	0.93	0.84
员工参与	2.29	0.91	0.90	0.062	0.91	0.78
工作描述	2.42	0.94	0.91	0.072	0.93	0.77
高的薪酬水平	2.31	0.93	0.92	0.069	0.93	0.86
经营绩效	2.34	0.96	0.94	0.071	0.95	0.83
人才吸引力	2.37	0.93	0.94	0.067	0.93	0.73
整体技能水平	2.61	0.97	0.98	0.063	0.97	0.82
整体工作动机	2.59	0.94	0.92	0.075	0.93	0.74
技术变革	2.10	0.91	0.89	0.078	0.90	0.73

4.3.2 分析结果

本研究首先进行了相关分析（表 4－3），由于各项人力资源管理活动并不是彼此独立，为了避免线性相关，参考 Delery 和 Doty（1996）的做法，以层级回归分析法（Hierarchical Regression Analysis）进行 HRM 活动对组织绩效影响的分析。

表 4－3　本研究中因变量、自变量和控制变量的平均值、标准差及相关分析表

变量名称	均值	标准差	样本	1	2	3	4	5	6	7	8	9	10	11	16
经营绩效	3.56	0.74	132												
人才吸引力	3.24	0.76	133	0.54**											
技能水平	3.41	0.81	133	0.63**	0.59**										
员工动机	3.44	0.63	133	0.44**	0.55**	0.65**									
选拔	3.67	0.68	133	0.49**	0.45**	0.43**	0.30**								
职业发展	3.38	0.68	133	0.39**	0.48**	0.45**	0.39**	0.57**							
培训	3.38	0.90	133	0.39**	0.45**	0.47**	0.36**	0.64**	0.55**						
严格的绩效评估	3.60	0.65	133	0.39**	0.58**	0.41**	0.43**	0.55**	0.52**	0.56**					
高的薪酬水平	3.20	0.74	133	0.38**	0.64**	0.50**	0.49**	0.43**	0.36**	0.50**	0.54**				
员工参与	3.31	0.70	133	0.36**	0.43**	0.50**	0.48**	0.41**	0.49**	0.45**	0.54**	0.51**			
工作描述	3.33	0.86	132	0.27**	0.43**	0.43**	0.34**	0.38**	0.46**	0.36**	0.53**	0.42**	0.46**		
产业技术变革	3.46	0.82	133	0.17	0.29**	0.14	0.24**	0.28**	0.12	0.16	0.27**	0.39**	0.19*	0.15	
企业规模	2.83	0.70	123	0.26**	0.12	0.15	0.13	0.34**	0.13	0.27**	0.10	0.12	−0.02	0.14	0.05

注：** $p<0.01$（双尾），* $P<0.05$（双尾）。

(1)HRM 活动与 HRM 效能的关系

我们首先分别以 HRM 效能的三个指标为因变量,采用层级回归分析的方法,分析 HRM 活动与 HRM 效能之间的关系。对每个因变量的分析流程包括四个步骤:第一步,先将技术变革和企业规模等控制变量置入回归方程;第二步,将七项人力资源管理变量分别地置入回归方程;第三步,将各人力资源管理变量同时置入回归方程。每个步骤中,自变量采取强制进入的方式。由于研究中的人力资源管理活动与组织绩效指标为横截面资料,可能会产生人力资源管理活动的"内生性"问题,使得误差项与自变量(即各人力资源管理活动)间无关的基本假设不成立。而且 HRM 活动之间的相关容易导致共线性问题。因此,我们在每一个回归分析中,同时通过 Durbin-Watson 指标进行方程的残差独立性检验;利用容许度、方差膨胀因子和条件指数进行共线性检验。HRM 活动对人才吸引力、企业技能水平、员工整体工作动机影响关系的分析如表 4-4、表 4-5 和表 4-6 所示。

表 4-4　HRM 活动对人才吸引力的回归分析表

	模式 1	模式 2	模式 3
技术变革	0.26*		0.07
企业规模(对数)	0.02		-0.03
选拔		0.30**	-0.01
职业发展		0.37**	0.20*
培训		0.33**	-0.01
绩效评估与管理		0.44**	0.19*
薪酬管理		0.51**	0.37**
员工参与		0.29**	-0.08
工作描述		0.32**	0.07
R^2	0.30		0.57
调整的 R^2	0.26		0.52
F 值	8.06**		10.98**

备注:① $* p<0.05$; $** p<0.01$。

②回归系数为标准化的系数,其中模式 2 为七项人力资源管理变量分别与控制变量置入回归方程时的回归系数。以下模式 5、模式 8 和模式 11 同模式 2。

表 4-5　HRM 活动对"企业技能水平"的回归分析表

	模式 4	模式 5	模式 6
技术变革	0.09		-0.05
企业规模(对数)	0.07		0.02
选拔		0.32**	0.03
职业发展		0.36**	0.12
培训		0.39**	0.15*
绩效评估与管理		0.29**	-0.13
薪酬管理		0.43**	0.21*
员工参与		0.42**	0.19
工作描述		0.36**	0.17
R^2	0.18		0.44
调整的 R^2	0.14		0.37
F 值	4.23**		6.46**

备注:① * $p<0.05$; ** $p<0.01$。
②回归系数为标准化的系数

表 4-6　HRM 活动对企业员工动机的回归分析表

	模式 7	模式 8	模式 9
技术变革	0.23*		0.10
企业规模(对数)	0.06		0.09
选拔		0.18*	-0.13
职业发展		0.32**	0.16
培训		0.28**	0.02
绩效评估与管理		0.34**	0.09
薪酬管理		0.41**	0.23*
员工参与		0.42**	0.24*
工作描述		0.26**	0.01
R^2	0.14		0.36
调整的 R^2	0.10		0.28
F 值	3.22**		4.64**

备注:① + $p<0.10$; * $p<0.05$; ** $p<0.01$。
②回归系数为标准化的系数。

从表4－4、4－5和4－6中，在模式1、模式4和模式7中，以控制变量为自变量，各HRM效能分别为因变量进行分析，显示各回归方程式在解释因变量时具有显著的影响力。模式2、模式5和模式8是基于模式1、模式4和模式7在方程中分别置入各项HRM活动后得出的各项HRM活动回归系数。结果表明每项HRM活动分别置入方程后，对HRM效能的影响都达到了显著水平。模式3、模式6和模式9是分别以各HRM效能为因变量，各项控制变量及七项人力资源管理措施为自变量，同时置入方程。模式3、模式6和模式9分别与模式1、模式4和模式7相比，显示新加入的HRM活动对于解释各HRM效能变量变异的解释能力显著地增加。研究表明：

①职业发展、绩效评估与管理、薪酬管理三个方面都对“人才吸引力”有显著影响（职业发展：$Beta = 0.20$，$P < 0.05$；绩效评估与管理：$Beta = 0.19$，$P < 0.05$；薪酬管理：$Beta = 0.37$，$P < 0.01$），其中影响程度的大小依次为薪酬管理、职业发展、绩效评估与管理。因此，假说2得到了部分支持。

②培训和薪酬管理两个方面对“企业技能水平”有显著影响（培训：$Beta = 0.15$，$P < 0.05$；薪酬管理：$Beta = 0.21$，$P < 0.05$），而且薪酬管理对“技能水平”的影响程度大于培训。因此，假说3得到了部分支持。

③薪酬管理和员工参与两个方面对“企业员工动机”有显著影响（薪酬管理：$Beta = 0.23$，$P < 0.05$；员工参与：$Beta = 0.24$，$P < 0.05$），值得注意的是，员工参与对“员工动机”的影响程度大于薪酬管理。因此，假说4得到了部分支持。

（2）HRM活动与企业绩效的关系

以企业绩效为因变量，采用层级回归分析的方法，分析HRM活动与企业绩效之间的关系。具体的分析流程包括四个步骤：第一步，先将各控制变量置入回归方程；第二步，将七项人力资源管理变量分别地置入回归方程；第三步，将各人力资源管理变量同时置入回归方程；第四步，在第三步的基础上,把 HRM 效能的三个指标置入回归方程。分析结果如表 4-7 所示。

表 4-7 HRM 活动对企业绩效的回归分析表

	模式 10	模式 11	模式 12	模式 13
技术变革	0.08		-0.02	-0.02
企业规模(对数)	0.17*		0.12	0.12
选拔		0.31**	0.18	0.16
职业发展		0.27**	0.12	0.03
培训		0.25**	0.01	-0.05
绩效评估与管理		0.23**	0.02	0.04
薪酬管理		0.24**	0.11	-0.05
员工参与		0.24**	0.08	0.01
工作描述		0.15**	-0.02	-0.11
人才吸引力				0.21 +
企业技能水平				0.44**
企业员工动机				-0.01
R^2	0.27		0.38	0.53
调整的 R^2	0.23		0.30	0.45
F 值	7.01**		4.97**	7.29**

备注:① $+p<0.10$; $*p<0.05$; $**p<0.01$。
②回归系数为标准化的系数。

由模式 11 得知,在包含控制变量的方程中分别置入各项 HRM 活动后,各项 HRM 活动置入方程后,对“企业绩效”的影响都达到了显著水平。而由模式 12,把控制变量及七项人力资源管理措施作为自变量,同时置入方程。结果发现所有 HRM 活动对企业绩效的影响都没有达到显著水平。因此,假说 1 没有得到支持。

(3)HRM 效能的中介效应的检验

在表 4－7 中，模式 13 是在模式 12 的基础上，同时将三项 HRM 效能变量置入方程。与模式 12 相比，在其新增解释变异的能力上达显著水平（调整的 R^2增加量 =0. 18，P <0. 01），显示新加入的三项 HRM 效能变量对于解释“企业绩效”变异的解释能力显著地增加 18. 0%。但是，HRM 活动的影响依然不显著，在三项 HRM 效能变量中，企业技能水平和人才吸引力对企业绩效的影响显著，企业员工动机没有显著的影响。Baron 和 Kenny（1986）建议以回归模式验证中介效果时，中介效果成立的三项条件包括：首先，自变量与中介变量分别均与因变量间存在显著关系；其次，自变量与中介变量间存在显著关系；最后，置入中介变量后，自变量与因变量间的关系应比没有置入中介变量时弱。从模式 12 和模式 13 可知，所有的 HRM 活动对企业绩效的影响都没有达到显著水平，上述条件一没有得到满足。因此，HRM 效能的中介效应的假说 5 没有得到支持。

4.4 结论与讨论

本文基于文献回顾和理论分析提出了 HRM 活动与企业绩效之间以及 HRM 效能的中介效应的研究假说。实证分析结果发现：①HRM 活动中只有职业发展、绩效评估与管理、薪酬管理三个方面对“人才吸引力”有显著影响，其中影响程度的大小依次为薪酬管理、职业发展、绩效评估与管理。这个结果表明：相对于其他 HRM 活动而言，薪酬管理、职业发展、绩效评估与管理受到人才的更多关注，特别地，薪酬因素在吸引优秀人才方面体现了更大的重要性。如果企业的职业发展、绩效评估与管理、薪酬管理推行得越完善，企业对人才吸引力也越大，而其中又以薪酬管理最为重要。②仅有培训和薪酬管理两个方面对“企业技能水平”有显著影响，而且薪酬管理对“技能水平”的影响程度大于培训。这个结果表明：相对于其他 HRM 活动而言，薪酬管理、培训对提升企业技能水平的作用更显著，特别地，规范的薪酬管理可以诱发企业技能水平的提升。因此，如果企业的薪酬管理推行得越完善，培训越完善和重视，“企业技能水平”的提升也就越明显。③薪酬管理和员工参与两个方面对“企业员工动机”有显著影响，值得注意的是，员工参与对“员工动机”的影响程度大于薪酬管理。这个结果表明：相对于其他 HRM 活动而言，薪酬管理、员工参与对提升企业员工动机的作用显著，而且员工参与的作用更显著。因此，如果企业的薪酬管理推行得越完善，对员工提供参与决策的机会越多，“企业员工动机”的提升也就越明显。

综合对假说 2、假说 3 和假说 4 的检验发现，除了职业发展、绩效评估与管理对人才吸引力有显著影响，培训对企业员工技能水平有显著影响，员工参与对员工工作动机有显著影响以外，薪酬管理对三项 HRM 效能都有显著的影响，而且其影响往往高于相对应的几项 HRM 活动。这个研究结果一方面显示了薪酬管理在我国企业人力资源管理的重要性；另一方面也表明我们企业的 HRM 活动还处于较低的发展阶段——相比较于其他 HRM 活动，物质利益（薪酬）仍然是各项 HRM 中发挥作用最大和作用最广的活动。如何让其他的 HRM 活动发挥更多的战略价值，显然是我国企业管理中需要解决的问题。

出乎意料的是，研究发现所有七项 HRM 活动对企业绩效的影响都没有达到显著水平，进而关于“HRM 效能是 HRM 活动与企业绩效的中介变量”的假说也没有得到支持。对于这种结果，我们可以借用高绩效工作体系的生效模型（张一弛、张正堂，2004）来解释，如图 4 - 1。高绩效工作体系对企业的影响首先表现在人力资源效率上，如提高员工的士气和技能，改善员工的工作态度，提高员工努力工作的意愿。但是这种改变通常是在企业员工工作态度、努力程度具有现实的改变空间的前提下，这也构成了高绩效工作体系产生效果的人力资源条件。要使组织产生可以观察和衡量的绩效,还需要员工具备提高绩效水平的工作能力和工作知识,需要组织的工作组织和工作设计在技术上为绩效的改善提高物理空间。换言之,企业必须存在闲置的尚未充分利用的物质资本能力或者这些物质资本存在进一步可以挖掘的利用空间,这是高绩效工作体系产生效果的技术条件。最后,要使企业组织的财务结果改善,还要求企业实施高绩效工作体系的收益高于其实施的成本,这是高绩效工作体系最终产生效果的经济条件。只有上述的人力资源、技术和经济三个方面的条件同时具备,高绩效工作体系才能够通过提高员工工作的意愿而产生积极的财务效果。

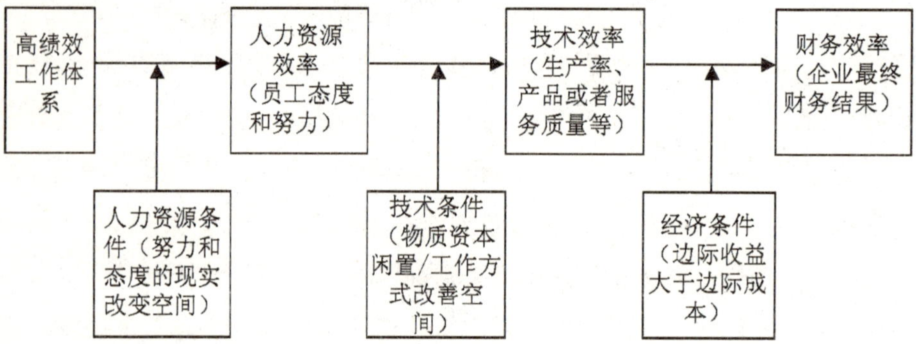

图 4-1　高绩效工作体系生效条件模型

HRM 活动对企业最终经营绩效产生影响,一方面取决于生效条件模型中表明的三个条件;另一方面,人力资源管理本身的"辐射力"也是会对 HRM 能否通过 HR 效率、技术效率而达到财务效率产生影响。在我国大多数的企业里,人力资源管理工作还很不规范,管理水平还比较低,只有少部分的 HRM 活动才能够对 HRM 效能产生显著影响。因此,在这种情况下,HRM 活动对企业绩效没有产生显著影响也有一定的必然性。因此,完善 HRM 制度,提升 HRM 水平是我国企业管理的当务之急。

本研究中可能具有以下的局限性:首先,考虑到调查的困难性,本研究调查采取了方便抽样的方法。尽管最后获得的样本也具有一定的随机性和代表性，但是抽样方法对结果的推广有一定的限制。其次，由企业 HRM 负责人同时填写 HRM 活动和企业绩效，可能会产生共同方法方差（common method variance）问题。再次，通过 HRM 效能变量作为 HRM 与企业绩效的中介变量，仅仅通过 HRM 效能作为中介变量在一定程度上简化了 HRM 对企业绩效影响的作用机理，并且在这个过程中没有充分考虑调节变量的效应。

针对研究中可能存在的局限性，建议未来研究：①尽可能采取随机抽样的方法，并扩大样本数，以求研究结果具有更高的外部效度。②界定适合问卷填写人员。为了避免共同方法方差的产生，可以考虑将问卷的不同部分由相应的、更为熟悉的管理人员来填写，比如企业绩效由财务部门进行填写或者获取客观的数据。③针对特定行业展开深入的实证研究。一方面可以使研究更为细化和深入，可以针对特定的行业特征，设计出更能体现 HRM 效能、技术效能的业绩变量，并加强对中介变量的开发，实证分析出 HRM 对企业绩效影响的作用机理；另一方面，选择特定的行业，尤其是整体素质较高的行业，并与相关的政府部门或者行业协会合作，也便于研究的开展。

5. 人力资源管理系统、竞争战略与企业绩效关系的实证研究

正如 MacDuffie(1995)所说,研究人力资源管理单一维度对组织绩效的影响将可能产生偏差,人力资源管理措施组合而成的"组态"(bundle)才是研究重点。人力资源管理与组织绩效关系的研究从关注单个的人力资源实践逐渐演化为关注人力资源管理系统所产生的影响。基于组织形态方法对这一研究问题的关注也形成了不同的理论观点,本章首先回顾战略人力资源管理研究中表现出来的不同形态模式,进而基于我国企业现状提出人力资源管理系统、竞争战略与企业绩效之间关系的理论假说,并通过问卷调查获得的研究数据进行实证分析,期望研究结论对理论和实践产生积极的影响。

5.1 研究问题的提出

战略人力资源管理认为企业实施战略化的人力资源管理,会给组织带来良好的绩效,因此应当在人力资源管理时进行战略化的设计。这种观点使得对 HRM 与组织绩效之间关系的研究成为战略人力资源管理的重要领域。在过去的十多年里,不少学者实证研究了 HRM 对企业绩效的影响。但是,不同学者往往研究的角度有所差别。我们根据不同学者在考察 HRM 与

企业绩效关系中遵循的不同路径，把关于 HRM 与企业绩效关系的实证研究归结为三个模式（张正堂，2005）：最佳实践模式认为一些 HR 活动是普遍有效的，组织采用这些最佳的活动就会获得相当好的绩效；权变模式采取了“外部匹配”的观点，认为 HRM 活动的效率是随着企业战略而权变的，采用适合于战略的 HRM 活动的组织更有效率；形态模式的观点则同时吸收了“内部匹配”和“外部匹配”的观点，认为 HRM 活动通过内部匹配而形成的 HRM 系统和竞争战略之间的外部匹配对于促进组织绩效是必需的。

目前，在我国的相关研究中，更多的是采取最佳实践模式和权变模式来研究 HRM 活动与企业绩效之间的关系，例如，除了前文提到的范秀成（2003）等文献之外，张正堂（2006）实证分析了 HRM 活动对于企业绩效的影响以及其中 HRM 效能的中介效应。这些研究为我国战略人力资源管理的研究打开了基本的思路，为未来在我国开展战略人力资源管理的深入研究奠定了基础。但是这些研究并没有从内部匹配视角来考察人力资源管理系统形态对企业绩效的关系。由于企业内的人力资源管理活动在实际运行过程中是以一个组态形式来产生管理效果的，单一的人力资源管理活动对企业绩效的影响并不能代表人力资源管理系统整体对企业绩效的影响，仅仅关注单一人力资源实践可能的效果，具有一定的片面性。因此，对于企业而言，更有意义的是人力资源管理系统与企业绩效之间具有什么样的关系。那么，我国企业的人力资源管理活动表现出什么样的系统形态？不同的 HRM 系统形态对企业绩效有什么不同的影响？企业的竞争战略是否会影响 HRM 系统形态的选择？HRM 系统与竞争战略的匹配与否对企业绩效产生什么样的影响？

战略人力资源管理研究的形态模式无疑是最复杂的，也是最有可能可以更好地解释 HRM 和企业绩效关系的研究模式（张正堂，2005）。本章采取形态模式对人力资源管理的实施效果开展实证研究，分为四个部分：第一部分提出研究问题;第二部分对战略人力资源管理研究的形态模式进行分析和总结;第三部分基于文献回顾和理论分析,提出 HRM 系统、竞争战略与企业绩效关系的研究假说;第四部分根据实际调查数据进行了实证分析,最后对实证分析结果进行了总结和讨论。

5.2 战略人力资源管理研究的形态模式与讨论

5.2.1 战略人力资源管理研究的形态模式

系统论认为,系统中每一个要素都是系统的有机组成部分,系统和要素是相互制约的。每一要素只有在系统中,它的性质和功能才能得到体现。要素的功能和性质的发挥和体现,受它所在的系统的制约,以系统的状况为转移。要素的功能发挥还取决于其他要素相互作用的方式。只有在合理的结构形态中,整体才能大于其部分的相加。在不合理的结构中,由于各组成部分的力量相互摩擦、相互牵制、相互抵触,整体的功能受到"内耗",从而使得整体的功能小于其部分的相加。MacDuffie(1995)提出组织内存在"组织逻辑"(organizational logic),使得系统内各要素间趋向一致性,并且达到互补的效果,他认为研究 HRM 单一维度对组织绩效的影响将可能产生偏差,人力资源管理措施组合而成的"组态"(bundle)才是研究重点。显然,这种研究取向和组织研究的形态方法(configurational approach)是吻合的。形态理论从系统的观点出发,首先强调通过 HRM 活动之间的相互补充和支持形成有效的人力资源管理系统形态,以实现最大化的内部匹配。然后,把这些人力资源管理系统和相应的战略形态联结起来以实现最大化的外部一致,从而实现了 SHRM 的内外部匹配。我们将 SHRM 的这种研究模式称为“形态模式”(Configuration Mode)。组织的形态(organizational configuration)代表许多特定的或分散的变量集合在一起而不是各自独立,并形成一些整体的意义。

形态模式强调 HRM 作为一个系统整体,但是在考察解释 HRM 系统和企业绩效之间的关系上,又存在不同的观点,形成了三种不同的模式。按照对以上三种研究逻辑的称谓,可以把这三种不同的形态模式观点分别称为最佳系统的形态模式、权变的形态模式和完全的形态模式。

(1)最佳系统的形态模式

最佳系统的观点是基于假设:存在着理想的 HRM 系统,而且在任何条件下,这些理想的 HRM 系统都可以给企业带来好的绩效。我们把这种观点称为最佳系统的形态模式,是因为它具有上述的最佳实践模式的特性,但是又不同于最佳实践模式的主张,表现这种模式的观点依赖于系统的观点,强调 HRM 活动的整体结构形态,而最佳实践模式的主张是基于单独 HR 活动。最佳系统的形态模式的一个推论就是,组织采用的人力资源系统和理想的人力资源系统越是相似,企业绩效就越高。最佳系统的形态模式的理论模型可以用图 5-1 表示。显然,最佳系统的形态模式只是考虑到人力资源管理活动之间的内部一致,而没有考虑外部一致。

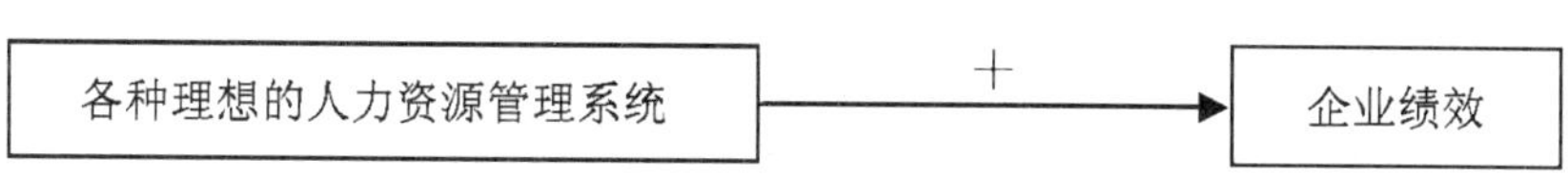

图 5-1　最佳系统的形态模式的理论模型

(2)权变的形态模式

比较复杂的形态模式强调通过约束组织对人力资源管理系统的选择以保持和组织战略一致,从而实现外部一致。因此,组织必须采用更适合组织战略的一种理想的人力资源管理系统。换句话说,组织必须同时最大化人力资源管理的内部和外部一致。一个既定的人力资源管理系统仅仅当它和企业战略相适应的时候才能增强企业的绩效。我们把这种观点称为权变的形态模式，是因为这种观点具有传统的权变模式的特性，都主张企业 HR 活动的效率随企业战略而变动。然而，它又不同于传统的权变模式的主张。因为它基于形态的观点，认为能够产生最大组织绩效的理想类型人力资源系统具有离散的特性。Youndt 等人(1996)对人力资源管理对组织绩效的影响以及制造战略与人力资源管理系统的交互作用对组织绩效影响的研究中，实证结果支持了权变模式，即制造战略须与人力资源管理战略匹配，才能提高组织绩效，但最佳实践模式则未获得实证支持。权变的形态模式的一个推论是，组织采取的人力资源管理系统越是接近其中一种与组织战略相适应的理想的人力资源系统，组织就越有效。权变的形态模式的理论模型可以用图 5－2 表示。

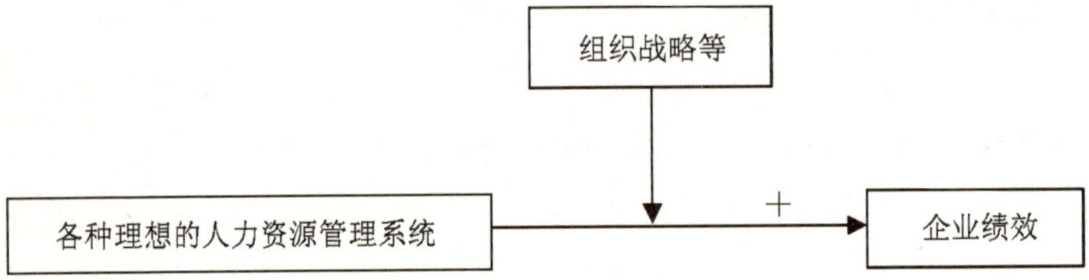

图 5－2　权变的形态模式的理论模型

(3)完全的形态模式

上述两种形态模式都具有一个共同点，即认为 HRM 系统是有限个数的。实证研究中，更多的学者也是划分出了有限的人力资源管理系统类型，比如 Delery 与 Doty(1996)提出的市场型 HRM 系统和内部型 HRM 系统。这两种形态模式并没有完全体现形态理论的主要思想。形态理论强调“殊途同归”，即组织不同成分之间的互补、协同可以形成许多种不同的组织形态，这些不同的组织形态可以达到同样的组织目标。因此，最为复杂的形态模式认为两种人力资源管理系统(以市场型 HRM 系统和内部型 HRM 系统为例)只是两极的对立,这个对立的两极定义了其他形式的同样具有效率的人力资源管理系统的连续统一体。这些混合的人力资源管理系统是最初的理想类型 HRM 系统的某种结合。

这种形态模式暗示了人力资源管理活动有无限种有效的组合可以实现内部匹配。只要一个组织采用的 HRM 系统顺沿着这个统一连续体,就是有效的。然而,除了实现人力资源管理活动的内部匹配外,组织必须最大化人力资源管理活动的外部匹配。现实中,组织战略会偏离被学者们所定义的战略类型,而人力资源系统也会偏离学者们所定义的理想类型的 HRM 系统,但是为了实现外部匹配的最大化,这两个偏离的程度应该是对称的。完全的形态模式可以用图 5-3 示意。

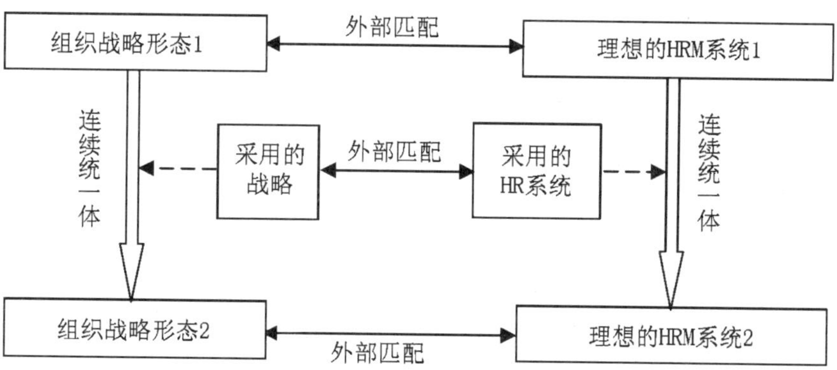

图 5-3　完全的形态模式的示意图

图 5-3 中,假定战略形态 1(2)和理想的人力资源系统 1(2)相对应,实现了人力资源管理的外部匹配。战略形态 1 和战略形态 2 之间形成了现实中企业可能采取的各种战略形态的连续统一体,理想的 HRM 系统 1 和 HRM 系统 2 之间形成了现实中企业可能采取的各种 HRM 系统的连续统一体。当企业采用的人力资源系统偏离理想的人力资源系统的程度和企业采

取的战略形态偏离理想的战略形态的程度是对称的，同样可以实现人力资源的外部匹配。例如，根据 Schuler 与 Jackson（1989）和 Delery 与 Doty（1996）的研究，当组织实施分析者战略的时候，组织应该采用市场型 HRM 系统以实现 HRM 的内外部匹配，而当组织实施探索者战略的时候，组织应当采用内部型 HRM 系统以实现 HRM 的内外部匹配。按照完全的形态模式的观点，在他们的研究中，市场型 HRM 系统和内部型 HRM 系统都是理论上理想的 HRM 系统形态，也代表了 HRM 系统的两极，它们之间的某种组合形成了其他同样可以实现内部匹配并具有效率的 HRM 系统形态。如果一个组织的战略介于分析者战略和探索者战略的正中间，那么当它的 HRM 系统介于市场型 HRM 系统和内部型 HRM 系统的正中间，就可以同时实现 HRM 的外部匹配，组织同样可以获得最大效率。

因此，为了绩效最大化，组织必须选择一种适合它的战略的混合型的人力资源系统。HRM 系统和某种与组织战略相适应的混合人力资源系统（而不一定是理想的人力资源系统）的相似性是和组织的财务绩效正向关联的。

这种形态的解释和传统的权变模式非常相似。两种观点都暗示了如果和恰当的战略相一致，HRM 活动有无数种组合可以带来良好的组织绩效。两种类型观点的主要差别在于 HRM 活动和企业战略的关系：权变模式关注单个 HRM 活动和企业战略的关系；而形态模式从系统结构的视角，关注 HRM 活动之间的关系，认为现实中组织采取的 HRM 系统会和各种理想的 HRM 系统有偏差，具有它们的混合特征，并且约束了 HRM 系统的偏差程度也应当和组织战略的偏差程度保持一致，认为这样的 HRM 系统同样具有提升组织绩效的作用。此外，这种模式体现“殊途同归”（equifinality）的假设，即暗示多种 HRM 系统在相同的条件下可能具有同等效果。由于这种模式最能体现出形态理论的主要思想，因此，我们把这种形态模式称为完全的形态模式。完全的形态模式的理论模型可以用 5－4 表示。相比较其他的理论模式，采用完全的形态模式对 HRM 进行研究，更能反映企业的 HRM 现实。但是，它也同样增加了研究的难度。

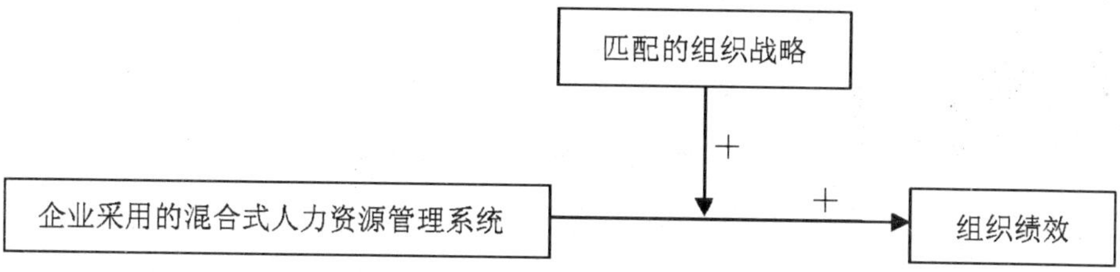

图 5－4　完全的形态模式的理论模型

5.2.2　人力资源管理与组织绩效关系研究模式的讨论

对于 SHRM 实证研究的不同路径，我们可以从两个维度来分析：其一，从 HRM 存在形式的视角来看，HRM 或者以相对独立的 HRM 活动存在，或者形成了内部相互支持的 HRM 系统；其二，从 HRM 与组织绩效的关系，或者是普适性的关系，即两者的关系是相对稳定的，或者是权变性的关系，即两者的关系受到其他因素的调节。利用这两个维度，我们可以更好地理解上述的 SHRM 实证研究的三种模式之间的关系。

表 5－1　SHRM 实证研究的模式

<table>
<tr><td colspan="3" rowspan="2"></td><td colspan="2">HRM 与组织绩效之间的关系</td></tr>
<tr><td>普适性</td><td>权变性</td></tr>
<tr><td rowspan="3">存在
形式的视角</td><td colspan="2">HRM 活动</td><td>单个实践的最佳模式</td><td>单个实践的权变模式</td></tr>
<tr><td rowspan="2">系统</td><td>有限个数</td><td>最佳系统的形态模式</td><td>权变的形态模式</td></tr>
<tr><td>无限个数</td><td>——</td><td>完全的形态模式</td></tr>
</table>

实证研究所遵循的不同模式反映了战略人力资源管理研究的不断深入，研究视角从个体、普适性逐渐向系统化、形态化、权变性发展。如何客观地看待和评价这样几种不同的研究模式对于我国企业 SHRM 的研究非常重

要。我们认为,每种模式都具有一定的现实意义,也对 SHRM 的深入研究带来了启示:

①最佳实践模式表明了一些 HRM 活动具有普适性,可以给组织带来高绩效。国外的一些实证研究也证实了一些 HRM 确实具有这样的性质。但是,已有的研究大都是基于美国或欧洲的背景展开,比如 Pfeffer(1994),Huselid(1995),Koch 和 McGrath(1996)与 Ichniowski 和 Shaw(1999)等人提出的“理想的人力资源实践方式”,并没有考虑文化和制度背景的差异,进而总结人力资源管理活动对组织绩效的这种影响关系在不同地方和产业之间表现出来的差异性。因此,在美国背景下的这些模型是否适合其他国家的背景的问题就产生了。就我国企业而言,这样的最佳 HRM 活动或 HRM 系统是否存在?如果存在,为什么会存在?哪些 HRM 活动具有这样的性质?因此,结合不同地区的企业实践,开展深入的研究是很有必要的。在这方面,国内的一些学者已经开始了一些尝试性研究。例如,张一弛、黄涛、李琦(2004)对照美国 20 世纪 90 年代中期的同类研究结果,运用中国样本验证了国外同类研究得到的高绩效人力资源管理体系的措施在本质上属于员工参与的结果。

②权变模式符合管理理论的权变思想,也体现出这种研究模式的合理性,但是 HRM 活动和哪些因素发生权变的作用?这种权变关系表现出什么样的特征?这些问题显然也是未来研究需要讨论的问题。进而,如何看待最佳实践观点和权变观点以及两者之间的关系,是未来研究中必须考虑的问题。张一弛(2004)的研究揭示了我国企业人力资源管理模式与所有制性质之间的关系,反映了权变主义和制度环境的联合影响。未来的研究甚至可以就具体的某项人力资源管理政策,如薪酬差距的大小、团队薪酬制度的实现等,展开更为具体、深入的研究。

③形态模式尤其是完全的形态模式无疑是最复杂的,也是最有可能可

以更好地解释 HRM 和组织绩效关系的研究模式。对于企业，更有意义的是人力资源管理系统与组织绩效之间具有什么样的关系。就人力资源管理系统而言，人力资源管理活动间的组合即构成特定的形态。单一的人力资源管理活动对组织绩效的影响并不能代表人力资源管理系统整体对组织绩效的影响。过去人力资源管理研究往往忽视了不同活动或子功能间多可能存在的互补关系，而仅仅关注单一人力资源实践可能的效果，是具有片面性的。人力资源管理活动内部匹配的结果是形成了不同的人力资源管理系统形态。但是，究竟会形成什么样的人力资源管理形态呢？对于这个问题，形态理论（configuration theory）提出了采取概念性的类型学（conceptual typologies）和实证性的分类学（empirical taxonomies）两种不同逻辑的研究取向。类型学是以理论为基础，通过观察以及理论的推理，找到一些理想的形式，这些理想的形式代表各种类型，各类型中的个体之间在相关的特性中，有高度的一致性。当然，由于类型只是理想形式，所以并不是所有的个体都会包含在类型中。这种取向是我们所熟知的，比如明茨伯格对组织结构形态的划分。这样类型的划分方式还通常以 2×2 的表格来进行分类，即利用两个不同的维度对目标物进行区分。类型学取向的研究要求研究者必须有深入的观察，对于系统中的各相关变量的取值范围和相互关系必须有深入的理解，并且必须有较好的归纳能力，否则是很难完成这种研究的。分类学是利用获得关于目标物的有关数据来进行分类。在统计上，最常见的聚类分析的方法就是一个典型的应用。相对于类型学，分类学的研究是基于实际的、量化的资料，这些研究采用多个变量和大量的样本，显示出实践中的规律性。不过，分类学的结果可能缺乏理论的支持，并且其分类的结果具有不稳定性。HRM 的内部匹配可以形成什么样的系统形态，不同的 HRM 系统形态与企业绩效的关系有何差异，人力资源实践的相互依赖和协同作用是否会加强对组织绩效的影响等这样的一些问题仍然是不确定的。如何将类型学和分类学相结合，采取形态模式对我国企业的战略人力资源管理进行实证研究，显然是未来研究的主要趋势。

④SHRM 呈现出不同的实证研究模式也反映了关于人力资源管理对组织绩效的实证研究缺乏一个共同的理论基础，即关于人力资源管理对组织绩效作用机制的理论研究尚有不足。从理论上看，人力资源管理和组织绩效之间是一种“黑箱”关系。或者说，从观察的角度看，有时人力资源管理活动与企业经营结果之间没有明显的因果关系。如果说人力资源管理对组织绩效确实存在影响的话，那么，是通过什么机制产生作用？作用的结果如何？这些结果在不同的背景或环境因素下是怎样变化的？对这些问题的回答就是试图将人力资源管理与组织绩效之间关系的“黑箱”明朗化。Ferris 等人(1998)对人力资源管理与组织绩效之间的中介关系和相互作用过程进行了分析，提出了一种社会背景下的人力资源管理与组织效率关系模型，指出了这一领域有待研究的方向。张一弛和张正堂(2004)提出了高绩效工作体系的生效模型对高绩效工作体系的实证研究结论的差异做了很好的解释。张正堂和刘宁(2005)从不同理论基础总结了国外学者关于 HRM 对企业绩效作用机理的研究。有关此类模型的经验调查和关于中介联结、边界条件的测试，将大大有助于对人力资源管理与企业效率之间互动关系的理解。解释它们关系“如何”和运动的“方式”，一方面是向实践者提供了说明人力资源管理职能价值的最有力证据；另一方面则可以统一战略人力资源管理的研究路径。因此，这类研究也将会得到人力资源管理学者极大的关注。

5.3 理论假说的提出

人力资源管理活动通过内部契合可以形成不同的人力资源管理形态。根据各研究对 HRM 系统形态的研究思路，通过类型学和分类学的两种逻辑对这些研究进行了总结和归纳（见本书第 2 章），表 5－2 总结出以上关于人力资源管理系统的分类。

表 5－2 人力资源管理系统形态的类别

研究者	类型数量	研究方法	HRM 系统类别
Ichniowski, Shaw 和 Prennushi（1994）	4	分类学	传统的 HRM 系统、创新的 HRM 系统和介于两者之间的另外两种 HRM 系统
Schuler（1989）	3	类型学	累积型（Accumulation）战略、效用型（Utilization）战略、促进型（Facilitation）战略的 HRM 系统
Dyer（1988）；Gomez-Mejia, Balkin 和 Cardy（1995）	3	类型学	利诱战略（inducement strategy）、投资战略（investment strategy）、参与战略（involvement strategy）的 HRM 系统
Bird 和 Beechler（1995）	3	分类学	累积型战略（Accumulator Strategy）、效用型战略（Utilizer Strategy）、协助型战略（Facilitator Strategy）的 HRM 系统
Arthur（1992，1994）	2	分类学	承诺型 HRM 系统、控制型 HRM 系统
Delery 和 Doty（1996）	2	分类学和类型学的结合	市场型系统（market-type）和内部系统（internal）
Miles 和 Snow（1984）；Rousseau 和 Greller（1994）	2	类型学	“购买”型 HRM 系统和“制造”型 HRM 系统

比较以上不同学者提出的 HRM 系统,例如 Miles 和 Snow(1984)、Rousseau 和 Greller(1994)提出的“购买”和“制造”的 HRM 系统,Arthur(1994)提出的追求“降低成本”(或控制型)与“承诺最大化”的人力资源管理系统,以及 Delery 和 Doty(1996)提出的“市场型”HRM 系统和“内部型”的 HRM 系统。它们都具有一定的相似性,所谓“购买”、“降低成本”(控制型)和“市场型”HRM 系统一个共同特点都是强调人力资源的成本特性,主要通过市场获取企业需要的人力,减少本企业对人才的直接投资,降低企业在人力资源和人力资源管理上的成本。相对应地,所谓“制造”、“承诺最大化”和“内部型”HRM 系统的一个共同特点是强调人力资源的价值创造力,主要通过企业强化人力资源管理,增加人力资源投资活动,自行培养企业需要的人力,并以此提高人力资源对企业的承诺,以更大程度挖掘人力的价值。

基于以上分析,本研究采取了 Delery 和 Doty(1996)对 HRM 系统的分类方法,认为我国企业的 HRM 活动可以分为“内部型”和“市场型”两种类型的 HRM 系统。总体而言,“内部型”HRM 系统倾向对员工进行投资,自行培养员工;“市场型”HRM 系统则将员工视为容易在劳动力市场上取得的商品,不足时只要购买或淘汰更换即可。两者在管理哲学上有很大的差别。相对于“市场型”HRM 系统而言,“内部型”HRM 系统更注重企业的 HRM。

依据最简单的形态观点(Doty, Glick, and Huber, 1993),可以得到关于 HRM“最佳系统”的观点,即:存在着理想的 HRM 系统,而且在任何条件下,这些理想的 HRM 系统都可以给企业带来好的绩效。因此,这种观点认为,组织采用的人力资源系统和理想的人力资源系统越是相似,企业绩效就越高。我们把这种观点称为最佳系统的形态模式,是因为它具有战略人力资源管理理论模式中“最佳实践模式”的特性(张正堂,2005),但是又不同于最佳实践模式的主张,表现在这种模式的观点依赖于系统的观点,强调 HRM 活动的整体结构,而最佳实践模式认为特定的 HRM 系统形态在任何条件下都是有效的。在“内部型”和“市场型”两种类型的 HRM 系统中,由于“内部型”HRM 系统更加强调企业的 HRM 重要性,注重对企业 HRM 的投入和 HRM 的规范性,因此:

假说 1:采取“内部型”HRM 系统的企业的绩效(经营绩效、HRM 效能)高于采取“市场型”HRM 系统的企业。

权变的形态模式认为一个给定的人力资源管理系统仅仅当它和企业战略相适应的时候才能增强企业的绩效。它的一个推论就是,组织采取的人力资源管理系统越是接近其中一种与组织战略相适应的理想的人力资源系统,组织就越有效。当公司的竞争战略不同时,企业的 HRM 系统形态也会有明显差异。本研究以 Porter 的竞争战略类型为例,其基本的两种战略类型是差异化战略和成本领先战略。当企业采用成本领先战略时,尽量以降低公司生产过程中所产生的各种人事/非人事成本,相应地会降低对 HRM 的投资;当企业采用差异化战略时,企业强调产品的设计和品质,人才的创造性和对组织的承诺就显得更为重要,会相应地注重对 HRM 的投资。而整理早期学者的研究(Bae 和 Lawler,2000; Bae,Chen 和 Lawler,2003)也发现,差异化战略以及成本领先战略的公司,在 HRM 活动的使用上会有所差异。因此我们得出以下假说:

假说 2:采用不同竞争战略的公司,在人力资源实践的选择上有明显差异:差异化战略的企业更倾向于采用“内部型”HRM 系统;而成本领先战略的企业更倾向于采用“市场型”HRM 系统。

假说 3:竞争战略与 HRM 系统匹配(差异化—内部型,成本领先—市场型)的企业的组织绩效高于不匹配的企业。

企业所处的外部环境成为人力资源管理活动形成的一个重要影响因素,并影响着 HRM 与企业绩效的关系。外部环境是多层面并且错综复杂的,它有很多因素会对公司的长期成功产生重要的影响。Yu(1996)的研究发现当组织面临不确定性高且快速变化的环境时，组织会倾向高度利用人力资源系统，他们会期望人力资源系统及实务能够更有弹性且更完善。Gomez-Mejia（1995）则认为当公司所面临的环境是不确定程度、易变性、变动性和复杂性均高时，其采用的人力资源管理战略将较具有弹性，倾向利用外部资源取得所需的人力资源，利用变动薪酬制度来与员工共同承担风险；反之，当公司所面临的环境是不确定程度、易变性、变动性和复杂性均低时，所采用的人力资源管理战略将具例行性，并且以秩序为原则来面对可高度预期且稳定的环境，此时倾向于采用内部雇佣原则，强调与工作有关的培训，采用固定的薪酬制度。

在我们的研究中，我们集中考察外部环境中的两个主要因素：①产业技术变革。与企业相关的产业技术发生变革会在很大程度上影响着组织的人力资源管理。企业生产技术的相对稳定在一定程度上对企业员工的技能要求就相应地降低，而生产技术的变革要求企业员工的技能也要有相应的提高。当产业技术变革速度较高时，为了确保雇员具有所要求的技能并实现高生产率，企业对 HRM 的重视程度和投资强度都会有所提高，例如，培训和发展变得更为关键，甚至企业的绩效评估与管理、薪酬管理制度也会发生相应的变化。②劳动力市场竞争。企业人力资源管理活动首先要保证提供企业发展所需要的员工。因此，劳动力市场上人才招聘的难易程度对 HRM 影响是非常明显的。当劳动力市场竞争程度高、人才招聘比较困难的时候，企业通过加大对人力资源和人力资源管理的投资，一方面可以留住现有人才，另一方面依靠企业内部培养来减少对外部劳动力市场的依赖程度。因此本研究得到如下假说：

假说 4：产业技术变革调节了 HRM 系统形态与组织绩效之间的关系。当产业技术变革快时，采取“内部型”HRM 系统形态的企业的组织绩效高于采取“市场型”HRM 系统形态的企业；当产业技术变革慢时，采取“市场型”

HRM 系统形态的企业的组织绩效高于采取“内部型”HRM 系统形态的企业。

假说 5:劳动力市场竞争调节了 HRM 系统与组织绩效之间的关系。当劳动力市场竞争激烈时,采取“内部型”HRM 系统形态的企业的组织绩效高于采取“市场型”HRM 系统形态的企业;当劳动力市场竞争相对不激烈时,采取“市场型”HRM 系统形态的企业的组织绩效高于采取“内部型”HRM 系统形态的企业。

对于大多数的企业而言,推行某些特定的 HRM 活动通常成本是很高的。因此,企业在决定实施什么样的 HRM 活动时,成本因素成为其考虑的主要问题之一。经济学理论则认为,由于许多 HRM 政策和实践的固有成本,企业在采取任何正式和系统的 HRM 实践之前,必须确认是否达到了合理的规模经济范围(Spell 和 Blum,2000)。因此,组织规模以及与其他大企业的相依程度是直接影响可用资源以及实施人力资源实践成本的重要因素,并进而影响 HRM 与企业绩效的关系,例如要采用成本比较高的人力资源实践,如福利制度、培训发展等,大型组织、有很多分支机构的组织通常可以通过规模经济而增加效率。此外,大型组织会因此而倾向于提高各项 HRM 活动的正规性。小型且独立的机构则往往因为背负重大的固定成本而不愿实施这些做法;另一方面,小型或独立的组织在推动一些非官僚式(nonbureaucratic)管理实务时,例如弹性工时、雇佣临时工、立即奖励制度等,则会比较有弹性。除了成本因素的考虑外,制度学派还指出,由于大型企业在社区中更高的可见性,它们更希望采用高级的和具有社会影响的 HRM 实践来获得雇员的认同(Jackson and Schuler,1995)。因此,两种理论都认为企业规模影响 HRM 实践的采用,大型企业和小型企业采取的人力资源体系和实践有很大的不同。实证研究也为以上说法提供了很多支持(Baron 等,1986;Ferris 等,1992; Ng 和 Maki,1993;Wagar,1998;Barber 等人,

1999)。因此,我们有:

假说6:企业规模调节 HRM 系统与企业绩效之间的关系。当企业规模大时,采取"内部型"HRM 系统形态的企业的组织绩效高于采取"市场型"HRM 系统形态的企业;当企业规模小时,采取"市场型"HRM 系统形态的企业的组织绩效高于采取"内部型"HRM 系统形态的企业。

5.4 实证分析

5.4.1 研究设计

(1)资料收集的过程,同 4.3.1 的数据来源过程。

(2)变量测量与问卷设计。本项研究采取了李克特 5 点量表法测量 HRM 活动、企业绩效、竞争战略和环境特征变量,其中 5 代表非常同意,1 代表非常不同意。其中,HRM 活动、人力资源管理效能、经营绩效的测量同 4.3.1的相应内容。环境特征因素(产业技术变革和劳动力市场竞争)的量表由 Huang 和 Uen(1995)的量表修正而来。企业规模是参考 Huselid(1995)的做法,以企业全职员工人数的对数来衡量。

需要特别说明的是竞争战略的测量。在组织竞争战略的类型中,我们选择了 Porter 的竞争战略对企业的竞争战略进行分类。这主要是因为在我国学术界和企业界,此种竞争战略分类法的影响最大,接受程度最高。不过本研究对其分类进行了一定的修正。在 Porter 的原始理论中,成本领先和差异化是两种基本战略选择,并认为公司只能够在两种竞争战略之中选择一个。除了采取集中战略的公司有机会在范围较小的市场中同时使用两种战略之外,他另外提到了在三种情景下,差异化战略及成本领先战略才有可能并存:所有公司都卡在中间(stuck in middle)、成本受到内部关系(interrelationship)影响、公司为市场主要创新者。可是 Porter 同时指出这三种情境下的竞争优势并无法持久。Porter 的这个主张受到许多学者的质疑。White (1986)、Hill(1988)、Hans 和 Thomas(1993)、Helms, Haynes 和 Cappel (1992)、Gopalakrishna 和 Subramanian(2001)以及 Hlavacka 和 Bacharova 等人(2001)的研究结果都说明了成本领先与差异化战略不但可以同时使用,甚至还有可能是最佳的战略组合。因此,本研究认为成本领先战略和差异化战略这两种基本战略倾向并不是完全对立的。因此,公司的竞争战略类型可能包括以下四种:成本领先战略主要在追求"取得整体成本领先地位",而差异化战略在于"使公司的产品与对手形成差异,创造出在产业里独一无二的产品"。如果公司同时追求成本的降低与差异的创造,本研究认为这种战略属于"完整战略";反之,如果公司既不积极降低成本,也不努力创造产品差异的话,则属于"无明显战略"的公司。为了测量公司在四种竞争战略的使用程度(成本领先、差异化、完整或无战略),本研究参考 Bae(2000, 2003)对差异化战略的测量以及成本领先战略的定义,设计出 10 个题目,每个题目都采取李克特 5 点量表法。

参考各变量的测量量表设计出调查问卷。问卷设计是针对企业人力资源管理职能的负责人,并由他们来完成问卷的填写。在问卷初稿编制完成后,研究中通过个案访谈,请 3 家企业的人力资源管理主管对问卷进行了修改,以保证问卷的科学性。

(3)样本特性同 4.3.1 的相应内容。

5.4.2 问卷的效度与信度

各变量的信度和效度分析结果同 4.3.1 的相应内容。新增加的变量中,"竞争战略"变量的分析得到 2 个新的因子,分别命名为成本领先战略活动及差异化战略活动，测量题目分别为3个和4个，信度分别为0.73和0.76；“劳动力市场竞争”测量题目有2个，信度为0.56。在诸多的研究变量中，除了“劳动力市场竞争”之外，所有其他变量测量量表的Alpha系数均大于0.7，是一个很好的结果。考虑到“劳动力市场竞争”变量的重要性，我们接受了这个变量的测量结果。

我们利用差异化战略活动和成本领先战略活动两个因子来确定企业的竞争战略类型，基本规则是：首先，求得全部133家样本公司的两类战略活动平均得分：成本领先战略活动平均得分为3.74；差异战略活动平均得分为3.83分。然后，将133家样本公司在两类战略活动上的得分与整体样本在两类活动的平均得分各自做比较。假定某公司i在两个成本领先和差异化战略活动的得分分别为 $cost_i$、$diff_i$，公司的战略类型为 $strat_i$。则①当 $cost_i > 0.374$、$diff_i < 3.83$ 时，$strat_i$ = 成本领先战略；②当 $cost_i < 0.374$、$diff_i > 3.83$ 时，$strat_i$ = 差异化战略；③当 $cost_i > 0.374$、$diff_i > 3.83$ 时，$strat_i$ = 完整战略；④当 $cost_i < 0.374$、$diff_i < 3.83$ 时，$strat_i$ = 无战略。最后的分类结果如表5-3，属于成本领先战略的公司有19家，差异战略的公司有16家，有53家公司同时注重成本领先战略活动及差异化战略活动，而剩下的44家公司相对于其他样本并没有明显的战略倾向。

表5-3　样本公司战略分类结果

	无明显战略	成本战略	差异化战略	完整战略	总体样本
成本领先战略活动平均得分	3.17	4.19	3.19	4.23	3.74
差异化战略活动平均得分	3.26	3.42	4.11	4.37	3.83
公司数量	44	19	16	53	133
百分比(%)	31.7	13.7	11.5	38.1	100

注：其中7家公司缺失数据。

5.4.3 分析结果

(1)聚类分析

本研究以七项 HRM 活动为变量,采用两阶段聚类分析(Twostep Cluster Analysis)方法对样本数据进行分析。两阶段聚类分析是一个揭示数据集自然分组(分类)的探索性工具。表 5 - 4 表明 132 个样本被聚集成为两个类型(样本数量分别为 55 个和 77 个)。我们还利用判别分析法(Discrimination analysis method)进行第二次分类与鉴别,结果表明正确区别率为 97.7%(第一类型中有 3 个样本被分入第二类型),显示了本研究的分类方式具有良好的区别效果。

表 5 - 4 两个系统形态的 HRM 活动平均值、标准差

	类别 1(N=55)		类别 2(N=77)		总体(N=132)	
	平均值	标准差	平均值	标准差	平均值	标准差
严格的选拔	3.13	0.61	4.04	0.42	3.66	0.67
内部职业机会	2.85	0.54	3.75	0.50	3.38	0.68
培训	2.73	0.86	3.84	0.59	3.38	0.90
严格的绩效评价	3.09	0.55	3.96	0.44	3.59	0.65
高的薪酬水平	2.68	0.71	3.56	0.50	3.20	0.74
员工参与	2.90	0.75	3.60	0.50	3.31	0.70
工作描述	2.82	0.89	3.69	0.63	3.33	0.86

为了进一步检验样本企业被聚类为两个类别是否合适,我们采用独立样本 T 检验的方法对两类 HRM 系统形态的各项 HRM 活动平均值进行比较。结果发现,两种类型 HRM 系统的各项 HRM 活动均值都有显著的差异。本研究根据表 5 - 4 中各 HRM 活动在不同类型形态时的平均值对两种类型进行命名:比较而言,类型 1 低度重视 HRM,命名为“市场型”HRM 系统;类

型2高度重视HRM,命名为"内部型"HRM系统。

(2)HRM系统与组织绩效的关系检验

关于HRM系统形态与组织绩效的关系包括两种不同的假说:其一是采取一般性观点,认为采取"内部型"HRM系统的企业的组织绩效(经营绩效、HRM效能)高于采取市场型HRM系统的企业;其二是采取权变的观点,认为环境特征、企业规模调节了HRM系统与组织绩效之间的关系。

我们采用方差分析检验HRM系统与组织绩效关系的一般性观点,结果如表5-5所示。可以发现,HRM系统形态对于组织绩效,包括经营绩效和三项HRM效能,都达到了显著的差异水平。并且,在每一项组织绩效上,都表现为采取"内部型"HRM系统的企业优于采取"市场型"HRM系统的企业。**因此,假说1得到支持。**

表5-5 不同HRM系统形态对组织绩效影响的方差分析(ANOVA)

	HRM系统形态	N	平均值	标准差	F值
经营绩效	内部型	77	3.81	0.60	26.447**
	市场型	54	3.19	0.77	
人才吸引力	内部型	77	3.59	0.59	55.249**
	市场型	55	2.75	0.70	
技能水平	内部型	77	3.68	0.74	26.184**
	市场型	55	3.01	0.73	
员工动机	内部型	77	3.62	0.56	18.824**
	市场型	55	3.17	0.64	

注:** $p<0.01$。

我们采取多因变量方差分析方法检验假说4、假说5、假说6,结果发现:HRM系统形态与产业技术变革的交互作用对技能水平($p<0.01$)和员工动机($p<0.05$)的影响是显著的,而对于人才吸引力和经营绩效的影响不显

著。HRM 系统形态与劳动力市场竞争的交互作用仅对员工动机($p<0.10$)的影响是显著的,而对于人才吸引力、技能水平和经营绩效的影响不显著。HRM 系统形态与企业规模的交互作用对各项组织绩效变量的影响都不显著。**因此,假说4 和假说5 得到部分支持,假说6 没有得到支持。**

(3)竞争战略与 HRM 系统形态的关系

对于竞争战略与 HRM 系统形态之间关系的检验,本研究将从竞争战略与 HRM 系统形态的关系、不同竞争战略对各项 HRM 活动的影响两个部分进行探讨与比较。首先利用卡方检验方法来分析竞争战略与 HRM 系统形态之间的关系,即当竞争战略不同时,企业采用的 HRM 系统形态是否有显著差异,结果如表5-6 所示,企业所采取的竞争战略不同时,其选择的 HRM 系统形态有显著差异。不过,研究中对竞争战略的分类不仅仅是差异化战略和成本领先战略两种类型,还包括了无明显战略和完整战略两种类型。因此,卡方检验的结果表明了四种竞争战略类型与 HRM 系统的关系,而进一步从频数分配上看,采取成本领先战略和差异化战略的企业在选择 HRM 系统形态上似乎并没有显著的差别,而在无明显战略和完整战略的企业之间,选择何种 HRM 系统形态有明显的差别。

表5-6　竞争战略与 HRM 系统形态之间的关系

		HRM 系统形态		合计
		市场型	内部型	
战略类型	无明显战略	28	16	44
	成本战略	9	10	19
	差异化战略	5	10	15
	完整战略	12	41	53
Total		54	77	132

Pearson Chi-Square = 17.357, *d.f.* = 4, $p = 0.001$

为了进一步了解竞争战略对各项 HRM 活动的影响,使用一般线性模式(GLM)单因子方差分析与 Scheffe 多重比较方法,检验不同竞争战略类型在各项 HRM 活动上的差异,结果如表 5-7。研究发现,在除了工作描述以外的其他六项 HRM 活动上,无明显战略的企业和完整战略的企业都有显著的差异;而另一方面,除了在绩效评估与管理活动上,成本领先战略和完整战略的企业有显著差异之外,在所有的 HRM 活动上,其他类型竞争战略的企业之间并没有表现出显著的差异。因此,我们可以判断,在前面的卡方检验

表 5-7 竞争战略类型与人力资源管理活动的关系

	无明显战略 ($N=44$)	成本领先战略 ($N=19$)	差异化战略 ($N=16$)	完整战略 ($N=53$)	Scheffe 检定
严格选拔	3.30 (0.65)	3.60 (0.80)	3.67 (0.48)	4.00 (0.54)	1-4**
内部职业机会	3.13 (0.67)	3.52 (0.69)	3.20 (0.69)	3.59 (0.62)	1-4*
培训	3.16 (0.78)	3.24 (0.96)	3.13 (0.93)	3.71 (0.88)	1-4*
严格的 绩效评估	3.34 (0.70)	3.38 (0.65)	3.64 (0.59)	3.88 (0.52)	1-4** 2-4*
高的薪酬水平	2.90 (0.77)	3.08 (0.61)	3.31 (0.65)	3.46 (0.69)	1-4*
员工参与	3.04 (0.76)	3.24 (0.71)	3.29 (0.68)	3.59 (0.53)	1-4*
工作描述	3.11 (0.69)	3.33 (0.90)	3.22 (1.22)	3.54 (0.85)	NS

注:N 为样本数,括号内为标准差。** 表示 $p<0.01$,* 表示 $p<0.05$,NS 表示不显著($p>0.1$)。

显著主要体现在无明显战略和完整战略之间的企业在 HRM 活动的选择上表现出显著差异。其他类型竞争战略的企业,尤其在差异化战略和成本领先战略的企业之间在选择 HRM 活动时并没有表现出显著的差异。**因此,假说 2 没有得到支持。**

(4)竞争战略—HRM 系统匹配与组织绩效的关系

假说 3 认为竞争战略与 HRM 系统的匹配(差异化—内部型、成本领先—市场型)的企业在绩效表现上应好于两者不匹配的企业。我们使用方差分析对匹配(fit)和不匹配(nonfit)两类样本企业在各项组织绩效上的比较,结果如表 5-8 所示。从平均值上看,外部匹配的企业与外部不匹配的企业在各项组织绩效变量的表现没有显著差异。**因此,本研究假说 3 没有得到支持。**

表 5-8 HRM 系统与战略类型的外部匹配与企业绩效的关系

企业绩效	1. 匹配(fit)($N=19$)	2. 不匹配(nonfit)($N=15$)	F 值	p 值
经营绩效	3.44	3.46	0.005	0.942
人才吸引力	3.16	3.13	0.008	0.930
企业技能水平	3.51	3.04	2.949	0.096
企业员工动机	3.37	3.47	0.239	0.628

5.5 结论与讨论

5.5.1 结论

本文通过类型学和分类学两条主线回顾了 HRM 系统形态及其对组织绩效的研究,进而提出了 HRM 系统、竞争战略与组织绩效关系的假说。研究中通过两阶段聚类分析法,并配合判别分析法和独立样本T检验方法的检验,我们发现样本企业的HRM可以分为两种不同的类型,分别被命名为"市场型"HRM系统和"内部型"HRM系统。方差分析结果表明采取"内部型"HRM系统的企业的组织绩效(经营绩效、HRM效能)高于采取"市场型"HRM形态的企业,因此假说1得到验证。研究还发现,环境特征(产业技术变革、劳动力市场竞争)对HRM系统形态与组织绩效关系的调节效应仅得到部分支持,而企业规模的调节效用没有得到支持。研究结果也没有支持假说3("差异化—内部型"、"成本领先—市场型"两种匹配关系的企业其绩效高于其他没有匹配的企业),表明了HRM系统形态与竞争战略的匹配与否并没有使得两种类型企业的绩效产生显著的差异。这个结论与理论上流行的HRM与竞争战略的外部匹配观点是不一致的,但是和假说1(即:采取内部型HRM形态的企业的组织绩效高于采取"市场型"HRM形态的企业)是一致的。

对假说1的支持和对假说3的否定,暗含着对于我国企业的HRM而言,强调并加强HRM比注重HRM的外部匹配要更为重要。它表明了注重HRM,加强对HRM的投资在我国企业具有一定的普遍适用的价值。由于我国企业的HRM管理水平还处于相对较低的阶段,相对而言,不管企业规模大小和企业外部的经营环境如何,目前做好HRM管理的内功显得尤为重要。当我们的企业HRM水平提高到一定的程度,在更高的水平上来根据外部环境的变化进行人力资源管理哲学的调整才会更有意义和更有价值。

研究中对竞争战略与HRM系统之间的关系进行了检验。结果发现:在除了工作描述以外的其他六项HRM活动上,无明显战略的企业和完整战略的企业都有显著的差异;而另一方面,除了在绩效评估与管理活动上,成本领先战略和完整战略的企业有显著差异之外,在所有的HRM活动上,其他类型竞争战略的企业之间,尤其在差异化战略和成本领先战略的企业之间,并没有表现出显著的差异。因此,假说2没有得到支持。根据定义,完整战略和无明显战略两种战略类型的企业相比较,完整战略的企业之所以被称为“完整战略”,是因为这种类型的企业在各项战略管理活动上,无论是成本管理、产品开发还是市场竞争,都比较规范。而我们通过比较的这两种战略类型企业各HRM活动变量的值可以发现,完整战略的企业的七项HRM活动平均值都高于无明显战略的企业。这表明完整战略的企业在各项HRM活动上,同样比无明显战略的企业做得更为规范和高质量。这也表明,完整战略企业管理水平高于无明显战略企业是表现在全方位的。相比之下,成本领先战略和差异化战略的企业的各项HRM活动平均值虽然高于无明显战略的企业,但是这种差异并没有达到显著水平,表明这两种战略类型的企业的HRM水平和无明显战略的企业相比,还没有实质性的飞跃。

5.5.2 研究的局限性与未来建议

本文研究的局限性体现在:首先,考虑到调查的困难性,本次调查采取了方便抽样的方法。尽管最后获得的样本也具有一定的随机性和代表性,但是抽样方法对结果的推广有一定的限制;其次,由企业HRM负责人同时填写企业战略、经营环境、HRM活动和经营绩效,可能会产生共同方法方差(common method variance)问题;第三,在HRM系统形态与竞争战略的匹配关系对组织绩效影响的分析中,样本量显得不足(匹配企业和不匹配企业分别为19家和16家),因而研究结论有可能会有偏差。这种影响还需要在未来的研究中深入探讨才能得以发现。

未来的研究中,建议采取随机抽样并扩大样本量,以增加研究结论的外部效度。为了避免共同方法方差的产生,可以考虑将问卷的不同部分由更为熟悉的人员来填写,比如竞争战略、经营环境由企业的高层主管进行填写,企业绩效由财务部门进行填写或者获取客观的数据。此外,还需要针对特定的行业特征,设计出更能体现 HRM 效能、技术效能的业绩变量,并加强对中介变量的开发,实证分析出 HRM 系统对组织绩效影响的作用机理。

6. 企业内部薪酬差距对组织未来绩效影响的实证研究

分配的公平和效率问题一直备受关注。分配包括宏观和微观两个层次的内容，本章的研究关注微观层次上企业内部分配的薪酬差距（compensation dispersion）。企业内部的薪酬差距是薪酬系统设计与管理中的重要议题。传统的计划经济体制下，企业内部平均主义倾向的薪酬设计造成了薪酬分配的不公平，降低了企业员工积极性而引致了企业经营的低效率。随着我国企业改革的深入，企业内部薪酬差距也在逐渐拉大。以高管与员工的薪酬差距为例，根据国务院发展研究中心企业研究所在2004年发布的《转型中国企业人力资源管理》报告，与原来体制下相比，高管与员工的薪酬差距明显拉大：原来1—5倍占74.99%，现在只占52.39%；而8倍以上的比例从原来的不到10%，增长为现在的24.53%。国有企业内部的薪酬差距更是公众普遍关心的问题。国资委披露，央企负责人与员工平均薪酬差距2002年为12倍，而2003年为13.6倍，这种差距在逐渐拉大；大部分行业的央企负责人平均薪酬水平比员工都高出10倍左右，其中，地产行业央企负责人与员工的收入差距最大，为27.6倍，轻工行业23.6倍，冶金行业19.8倍，通讯行业18.5倍等。① 而且这种薪酬差距的扩大并不仅仅体现在高层与全体员工之间，在其他不同职位层级之间也大多如此。薪酬差距的拉大

---

① 数据引自：《市场报》，2005年4月22日第8版。

又引发了人们新的争议:薪酬差距太大合理吗,会不会引起新的不公平?以至于企业内部的薪酬差距再次引起了政府新的关注。① 不同的文化背景下,薪酬差距所产生的影响是有差别的。本研究试图探讨在我国现有的文化背景下,企业内部薪酬差距对组织未来绩效产生的影响,希望对组织内部薪酬设计提供一定的理论建议。

6.1 研究问题的提出

企业内部薪酬差距的大小是我国企业、政府和媒体非常关注的话题,但是相当长的时间里,在薪酬研究中却很少被提及,特别是对薪酬差距的效应进行实证研究更少。薪酬差距大小对员工的态度、组织绩效会产生什么样的影响?这种影响效应在不同的情景下是如何变化的,受到哪些因素的调节?西方学者关于企业内部薪酬差距对员工态度和组织绩效的影响效应存在着激烈的争论,由此形成两种基本的观点:竞赛理论认为加大薪酬差距可以改善态度、创造绩效;行为理论则强调合作创造绩效,认为薪酬差距在一定程度上不利于合作,从而影响组织或团队绩效。每种观点都得到相应实证研究的支持。那么,我国企业内部薪酬差距对组织绩效会产生什么样的影响?显然,在我国经济体制和文化背景下,基于我国企业的数据进行相应的实证研究,寻求这些问题的答案,不仅在理论上推进我国企业薪酬理论的发展,而且也有助于客观地认识和评价我国企业薪酬改革制度,指导企业的

① 时任国资委主任李荣融2004年底曾指出,要处理好收入分配中的各种关系,合理把握央企负责人的薪酬与职工工资的比例关系,防止差距过大。国资委前副主任李毅中更是明确指出:"中央企业负责人的收入不能简单与国际大公司、非国有企业攀比,这种差距不能再扩大了。"(《市场报》,2005年4月22日 第八版)

薪酬决策和员工管理,以合理地利用薪酬差距来改善员工态度、提高个体和企业绩效,从而提升企业人力资源管理水平。林浚清等(2003)发现我国上市公司高管团队内部薪酬差距符合竞赛理论的预测,但是并没有考察薪酬差距的效应。张正堂、李欣(2007)基于竞赛理论和行为理论两种理论得出高层管理团队核心成员之间的薪酬差距与企业绩效之间关系的竞争性假说,并采用绝对薪酬差距和相对薪酬差距两个指标来衡量高层管理团队核心成员之间的薪酬差距。结果发现,两个薪酬差距都对企业绩效有负向的影响关系,符合行为理论的预期。张正堂(2007)又采用两种绝对薪酬差距的衡量方法,探讨整个高层管理团队的薪酬差距与企业绩效之间的关系,研究结果仍然发现,高层管理团队薪酬差距对于企业绩效的影响是负向的,而技术复杂性、企业规模和薪酬差距的交互项对公司绩效有正向影响。不过,在这两项研究中,研究者仅仅探讨了高层管理团队内部的薪酬差距(无论是核心成员之间还是整个团队之间)的效应,而且考察的薪酬差距和公司绩效是同期的。但是,在更多情况下薪酬结果对个体行为和组织绩效产生的影响具有滞后性。仅仅考察薪酬差距与当期企业绩效的关系并没有充分考虑薪酬方案的制订、薪酬结果的形成、薪酬结果的效应三者之间的时间差异,不能完全反映薪酬制度所产生的激励效果。因此,本研究所关心的问题是:企业内部薪酬差距,包括高层管理团队内部薪酬差距、高层管理团队与普通员工之间的薪酬差距,会对企业后续的绩效产生什么样的影响?与以往研究(张正堂、李欣,2007;张正堂,2007)不同的是,本研究关注的薪酬差距体现在高层管理团队内部以及高层管理团队与普通员工之间,而且讨论的是薪酬差距对企业未来绩效的影响,即T年形成的薪酬差距对于T+1年企业业绩的影响作用。

6.2 薪酬差距的效应:两种竞争观点

6.2.1 竞赛理论与薪酬差距

竞赛理论(Tournament Theory)是 Lazear 和 Rosen(1981)提出的,它的产生更多地是解释高层经理薪酬巨额的增加。竞赛理论认为在合作生产和任务相互依存的团队活动条件下,随着监控难度的提高,当市场上的同质劳动者为风险中性时,层级间大的薪酬差距可以降低监控成本,诱使代理人(竞赛者)的努力,为委托人和代理人的利益一致提供强激励,使社会资源达到最适分配,因此加大薪酬差距可以提高竞赛者和公司绩效。随后 Rosen(1986)又以"连续淘汰竞赛"(sequential elimination tournaments)的观念描述公司的内部薪酬结构,说明在排序的经理人薪酬中,经理层级间的薪酬差额会随着职位的升高而增大。Mclaughlin(1988)扩展了竞赛模型,他认为随着竞赛人数或(和)外在不确定程度的增加,为了诱使竞赛者增加投入的成本,薪酬差距(奖金)则必须增加。

后来,竞赛理论被引申到解释企业内部其他职位层级之间的薪酬差距,认为企业内部应该存在较大的薪酬差距,而且层级间大的薪酬差距在激发个人努力以获取高额奖金时是必要的。例如,Bishop(1987)概述了薪酬差距三个主要的好处:提供员工努力的动机、吸引市场上较好的人才、减少表现好的绩效者到处寻找较好工作的损耗。Milkovich 和 Newman(1996)研究认为过小的报酬差距会产生不利效果,它使得高水平工作、高能力人才和较高的业绩得不到恰当补偿。

一些学者的实证结果支持了竞赛理论的观点。在个体层级上展开的研究中,Lallemand,Plasman 和 Rycx(2004)检验了一个比利时大企业中企业内部薪酬差距的效应,结果发现了企业内部薪酬差距和每人利润之间的显著的正向关系。Mitra,Gupta 和 Jenkins 等人(1997)的研究也证实了薪酬差距对个人绩效产生的积极作用。还有两项研究运用体育比赛的成绩来检验竞赛理论。Ehrenberg 和 Bognanno(1990)探讨了不同奖金水平(这些奖金结构看上去符合竞赛模型)对 1987 年 PGA 职业高尔夫巡回赛成绩的影响效应,结果发现控制了参赛者的能力和球场难度后,奖金总额每增加 10 万美元,所对应的比赛成绩要减少 1.1 杆(变好)。Becker 和 Huselid(1992)使用了由全国赛车联合会以及国际跑车协会主持的赛车数据。研究发现,最先达到终点者与落后者可得奖金数的差额与经调整的最终成绩之间存在显著的关联,而且当奖金的差距加大时驾驶者的安全也会跟着改善。

由个体的分析层次(以及体育界的环境)向上移,一些研究运用现场数据来探讨薪酬差距与厂商绩效之间的关系。O'Reilly,Main 和 Wade(1988)以 200 家美国公司高层经营团队为研究对象,发现薪酬差距与资产报酬率是正相关的;另外他以平均薪酬为研究变量,发现其也符合竞赛理论并与组织绩效呈现显著正相关。Eriksson(1999)发现 CEO 薪酬与其次的经理层级平均薪酬的差额确实随后者人数的增加而加大,而且两项变量与利润/销售收入(的对数)正相关。最近,Lee,Lev 和 Yeo(2005)的研究表明薪酬差距和企业绩效正向关联。Tsoua 和 Liu(2005)的研究发现薪酬差距小的企业有较高的员工离职率,都支持了竞赛理论。Heyma(2005)利用瑞典雇主和雇员的配对数据,发现对于白领员工和企业管理人员两个群体而言,企业内部的薪酬差距对利润有正向并且显著的影响。

6.2.2 行为理论与薪酬差距

与竞赛理论不同的是,行为理论则强调合作创造绩效,认为薪酬差距在一定程度上不利于合作。不过对此解释的具体理论依据也不尽相同：

第一，相对剥削理论（Relative Deprivation Theory）。该理论认为：员工会将个人薪酬同组织中较高层级人员的薪酬作比较，如果低层级员工感觉到他们没有得到应该得到的薪酬，就会有被剥削的感觉，从而会导致怠工、罢工等负面行为，也会导致员工对组织目标的漠不关心和企业凝聚力下降现象的产生（Cowherd 和 Levine，1992）。而且，薪酬差距很容易衡量，能力差别却很难衡量，雇员更容易对他们得到了什么而不是贡献了什么做出判断，因此，即使薪酬差距由生产率的不同造成，也有可能招致不满。

第二，组织政治学理论。该理论认为（Milgrom 和 Roberts，1988），激励中非 CEO 高管团队成员一般面临以下选择：①他们总体努力水平的选择；②将他们的总体努力在利己和合作两个极端之间的分配选择；③他们的政治行为选择。薪酬差距会影响行为主体的每一个选择。大的薪酬差距会增加下属的努力水平（选择①），但是他们是通过减少合作的努力、增加利己的努力来实现的（选择②），同时还会增加从事政治阴谋的可能性（选择③）。因此，该理论认为，由于存在晋升竞争和政治行为，为促进有效合作应该相对减小员工间薪酬差距。

第三，分配偏好理论（Allocation Preference Theory）。该理论认为（Leventhal，Karuza，Fry，1980），薪酬应在薪酬设定者和获得者之间的互动中决定，在以下条件下，即使个体绩效存在明显差异，也应该采用相对均等的薪酬：①当维持社会和睦很重要时；②当个人边际贡献难以测算时；③当团队成员之间的竞争会导致在相互依赖的工作中玩弄政治阴谋时；④当团队合作变得重要时。因此薪酬应以"不给领取薪酬的人带来不满"为依据进行设定，原因是"这种不满会给薪酬设定者带来非常严重的负面后果"（Greenberg，1987）。"它可能必须承受来自不满者的指责和压力——这种指责毋庸置疑会影响薪酬设定者的权威和身份"（Leventhal，Karuza，Fry，1980）。

第四,社会比较理论(Social Comparison Theory)。Festinger(1954)基于公平理论提出了社会比较理论,后来 O'Reilly 等(1988)用它来解释高管人员的薪酬水平,强调更少的竞争奖金和更小的薪酬差距,薪酬分配更趋于平均,鼓励员工之间进行更多合作,追求企业业绩。

此外,Akerlof 和 Yellen(1990)以公平理论为基础、Levine(1991)以效率工资理论为基础,都认为差距较小的薪酬结构较能增加组织内相互合作的关系而有助于提升公司绩效。

行为理论的观点得到了一些经验研究的支持。O'Reilly 等(1988)以105 家美国大公司为研究对象,实证结果发现副总经理人数越多的情况下(代表竞赛人数越多),CEO 与副总经理间的薪酬差距并不会越大;CEO 报酬与外部董事报酬水平有关,尤其是那些报酬委员会的成员,因此研究并不支持竞赛理论,而与社会比较理论观点一致。Cowherd 和 Levine(1992)以公平理论和相对剥削理论为基础,假设高层管理者与低层员工间的薪酬差异越大,相应的产品产量也就越差。研究发现薪酬的公平知觉对低层员工的影响更大;不公平的薪酬将产生人际间负面的情绪,伤害组织间的感情联系,进而降低彼此合作的意愿;组织内大幅度的薪酬差距,也会通过晋升竞争的增加而危害到组织的凝聚力;公平的薪酬与产品品质呈现正相关。Pfeffer 和 Langton(1993)以超过 300 家大专院校全体教员为研究样本,研究发现:在学术研究部门工资差距(wage dispersion)越大,个人的满意度和研究生产率就越低,教员之间在研究上的合作可能性就越小。当工资更多地基于经验和学术生产率时,对于那些更坚定于学术研究的人,工资差距对满意度的负向影响在减小。但是,对于那些收入相对较低的人员而言,这种负面影响则是变大的。

此外,Deutsch(1985)、Milgrom 和 Roberts(1988)、Levine(1991)的研究发现,在需要很强相互合作的组织中,组织业绩依赖于共同努力,过大的报酬差距会不利于组织合作，影响组织业绩。Cappolli 和 Sherer(1990)的研究都发现，过大的报酬差距往往与更大的不满情绪和更差的工作质量相联系。Pfeffer 和 Davis-Blake(1992)对大学的研究发现，当工作差距过于大时，低工资的管理者就有更大可能离开他们原来的工作岗位。Greenberg(1993)以实验室为研究对象时指出被低付(underpaid)薪酬的员工会产生挫败和愤怒的感受，这很可能使员工有“市场偷盗”的行为以弥补他们心中不公平的感受。因此，这些结论与行为理论预期相同，均强调组织内薪酬结构与管理目标及合作团队相互配合的重要性。

6.3 理论假说的提出

从以上的总结可以看出，尽管竞赛理论和行为学理论关于薪酬差距效应的观点在一定程度上是对立的，但是两种观点都得到了一些经验研究的支持。为什么会产生这种情况呢？我们认为，这源于两种理论对于薪酬差距激励效应的产生机制的不同理解。竞争理论认为，薪酬差距会更好地体现参与者的贡献，形成更强的竞争性和激励性，从而导致积极的结果；而行为理论认为，薪酬差距的拉大会带来不公平感，破坏了团队的合作，从而导致消极的结果。两种理论分析问题的视角不同，也说明了薪酬差距是个双刃剑。最终对团队的行为和绩效是利大于弊，还是弊大于利，取决于具体的情景。这种情景包括：一是团队或参与者群体工作的性质，即这种工作是否具有良好的团队合作。如果团队工作不需要太多的合作，而需要更多的个人努力，那么可能薪酬差距扩大带来的参与者之间更强的竞争性是更为重要的，而破坏了团队合作带来的负面影响并不重要。二是文化的因素，即参与者如何看待群体之间薪酬差距的扩大。持有集体主义、平均主义价值观的参与者会认为薪酬差距的拉大意味着不公平，从而降低团队合作的意愿；而持有个人主义、非平均主义价值观的参与者则可以接受薪酬差距的拉大。在中国，平均主义作为一种平等观和价值观，可谓渊远流长，而且至今仍在深刻地影响着中国人的思想和观念。因此，行为理论在中国可能具有更强的适用性。

但是需要注意的是，这种薪酬差距效应的产生需要一个过程。从理论上看，企业管理工作主要是决策、计划和人力资源开发，与一般劳动和技术工作相比，管理工作的时效更长，其效益具有滞后性。管理方案或制度的成效可能要经过若干年后才能显现出来。过去的研究中也对管理工作的这种滞后效应特征进行了分析（姚凯、王东民，1999）。而从实践上，并结合大多数上市公司的实际情况，可以发现，绝大多数的公司都是在 T 年底（甚至更早的时间里）确定了 $T+1$ 年公司高管的薪酬方案，其中包括基薪、绩效薪酬与绩效指标。这一薪酬方案在 $T+1$ 年开始实施，经过 1 年的企业经营后，$T+1$年底会根据企业实际运行的绩效对公司高管的薪酬进行最终核算，确定本年度各高管的最终薪酬，也就形成了 $T+1$ 年的薪酬差距。这一薪酬差距的形成会影响公司高管的心理感受和下一年度即 $T+2$ 年的管理行为。也就是说，从时间点的差异上看，T 年底确定了下一年度的薪酬方案，$T+1$ 年形成了薪酬水平的结果和薪酬差距，对 $T+2$ 年的管理行为产生影响。因此从薪酬效应的滞后性角度来看，我们认为：

假说 1：高层管理团队内部薪酬差距对企业未来绩效有负向影响。

假说 2：高层管理团队与员工间薪酬差距对企业未来绩效有负向影响。

那么，企业内部薪酬差距对于企业未来绩效的影响是否会受到其他因素的调节呢？Milgrom 和 Roberts（1988）、Levine（1991）的研究发现，在需要很强相互合作的组织中，组织业绩依赖于共同努力，过大的报酬差距会不利于组织合作，影响组织绩效。Pfeffer 和 Langton（1993）发现社会交互作用调节了薪酬差距和生产率之间的关系。这些研究强调了协作需要对薪酬差距效应的影响。因而 Jones 和 Hill(1988)认为那些更大规模的、更分散经营的,或者通过技术或高层管理团队结构来追求公司总体经济性的企业特别依赖于高层管理团队的协作。在这些企业里,高层管理团队之间较大的薪酬差距可能是有害的,因为决策制定中的协作需要和相对剥削、政治破坏的较大可能发生是相互冲突的。因此,从薪酬效应的滞后性角度来看,我们认为:

假说 3:协作需要对高层管理团队薪酬差距和组织未来绩效关系具有调节效应。协作需要高将增强管理层间的薪酬差距和组织未来绩效之间的负向关系。

由于大多数上市公司的前身是国有企业。在国有企业中,收入分配平均主义的色彩会更重,相应地,政府对于国有企业中高管与员工的收入差距会有一定的限制。比如,北京市国资委规定其企业高管和员工之间的收入差距不能超过 12 倍。国资委前副主任李毅中更是明确指出,"中央企业负责人的收入不能简单与国际大公司、非国有企业攀比,这种差距不能再扩大了。"(《市场报》2005 年 4 月 22 日)国有企业上市后,这种氛围和制度的限制会得到削弱,但是以前的影响仍然会存在。因此,上市公司最终控制人类型(国有还是非国有)会调节高层管理团队/员工薪酬差距对组织未来绩效的影响。对于国有性质上市公司而言,高层管理团队/员工薪酬差距较小反而可以促进组织未来绩效:

假说 4:公司最终控制人类型对高层管理团队/员工薪酬差距和组织未来绩效关系具有调节效应。公司最终控制人类型为国有将增强高层管理团队/员工薪酬差距和组织未来绩效之间的负向关系。

企业的技术复杂性可能会影响高层管理团队/员工薪酬差距和组织未来绩效之间的关系。如果企业技术较为复杂,企业内部的技术人员、研发人员比重相应地会较高，员工整体素质客观上会要求降低管理层与员工之间的薪酬差距。因此，对于技术复杂性较高的企业而言，高层管理团队/员工薪酬差距较小反而可以促进组织未来绩效。

假说5：企业技术复杂性对高层管理团队/员工薪酬差距和组织未来绩效关系具有调节效应。技术复杂性高将增强高层管理团队/员工薪酬差距和组织未来绩效之间的负向关系。

企业规模大小，特别是企业员工数量可能会影响管理层/员工间薪酬差距和组织未来绩效之间的关系。当企业规模较大、员工数量较多时，企业内部层级较多，高层管理者的职位特征在总体上比较小规模的企业要求高得多、严格得多。这种复杂化在许多方面表现出来，例如，技术和系统间的关系增多；产品的多样化；销售渠道和最终客户数量的增加等。规模大的企业要解决的管理问题多，需要更多的专业化部门。同时随着员工人数的增加和事业部门的增加，为了有效地控制，需要增加新的等级层次以避免管理幅度过宽。在大型企业中，由于问题、决策和经营行为的绝对量要大得多，其职责就要相应地复杂得多，而进行决策也要困难得多。管理复杂性的增加、管理层级的增加势必会增加高管团队和普通员工之间的薪酬差距。因此，对于企业规模较大的企业而言，管理层/员工间薪酬差距较大反而可能促进组织未来绩效。

假说6：企业规模（员工数量）对高层管理团队/员工薪酬差距和组织未来绩效关系具有调节效应。企业规模大（员工数量多）将减少高层管理团队/员工薪酬差距和组织未来绩效之间的负向关系。

6.4 研究设计

1.样本选择与资料来源

本文的研究总样本为沪深两市的上市公司,年度为2001年到2005年(由于考察薪酬差距的滞后影响,因此绩效变量涉及年度为2001年到2006年)。样本选择的标准为:①排除金融业的公司;②排除没有披露总经理薪酬水平具体数值的公司;③排除高层管理团队薪酬差距为零和负值(即总经理薪酬等于或低于其他高管人员薪酬水平)的公司;④排除高层管理团队与员工薪酬差距为零和负值(即高层管理团队薪酬水平低于普通员工)的公司;⑤剔除总经理薪酬低于15000元的公司。最后仅获得有效样本235家。部分数据来源于CSMAR数据库,另有部分数据来自于各上市公司年报,由研究者自己摘取整理而获得。

2.变量的测量

因变量为公司后续绩效,采用$T+1$年度的总资产收益率(ROA)衡量。自变量为T年度企业内部薪酬差距。对于薪酬差距的衡量可以采取绝对差距(即两者薪酬差额的自然对数)和相对差距(即两者薪酬的比值)两种方法(Hambrick and Siegel,1997),数值越大表示薪酬差距越大。因此,薪酬差距的测量就形成了以下四个指标:①

高层管理团队相对薪酬差距($TMTGAP_1$)= 总经理薪酬/管理团队平均薪酬

高层管理团队绝对薪酬差距($TMTGAP_2$)= ln(总经理薪酬 - 管理

① 其中薪酬包括公布信息中的年度所有现金收入,不考虑股票权利。

团队平均薪酬)

高层管理团队与员工之间相对薪酬差距($MEGAP_1$) = 管理团队平均薪酬/员工平均薪酬

高层管理团队与员工之间绝对薪酬差距($MEGAP_2$) = ln(管理团队平均薪酬 - 员工平均薪酬)

其中,员工平均薪酬 $EMPCOM = (X_1 + X_2 - X_3)/N$,其中 X_1 表示支付给员工以及为员工支付的现金,X_2 表示 T 年末应付工资总额,X_3 表示 T 年初应付工资总额,N 表示上市公司 T 年员工总数。

根据之前的研究(Henderson 和 Fredrickson,2001;张正堂、李欣,2007;张正堂,2007),高层管理团队协作需要的测量主要采用企业多元化经营业务单元数、财务风险、技术复杂性、企业规模来测量。其中,多元化经营业务单元数(BUSNUM)是以中国国民经济行业分类标准(SIC)为依据,按四位产业计算得出的公司经营业务数目;公司财务风险(FRISK)采用系统风险系数 β 衡量;技术复杂性(TECH)采用企业技术人员(包括研发人员)占员工总数的比重进行测量;企业规模(LNHUM)采用公司当年员工总数的自然对数值来衡量。企业最终控制人类型(CONT)为虚拟变量(国有性质时取值为 1,非国有性质时取值为 0)。

为了排除企业前期绩效、企业规模对未来绩效的影响,我们选择 T 年公司绩效、$T+1$ 年公司规模作为控制变量,考虑到此处公司规模作为未来绩效的控制变量,因而以销售额($SALES_{T+1}$)、资产总额($ASSETS_{T+1}$)的自然对数作为其衡量变量。

6.5 实证分析

表6－1显示了主要研究变量的平均值、标准差以及Pearson相关系数。采用层级回归方法对假说进行检验，对于每个方程的回归分析分为三个步骤（即三个模型），依次加入控制变量、薪酬差距、薪酬差距与调节变量的交互项进入方程，结果如表6－2和6－3所示。表6－2和表6－3分别揭示了两种相对薪酬差距、两种绝对薪酬差距对企业未来绩效的影响。分析中，发现衡量企业资产和企业销售额之间具有共线性，因此，只选择了企业资产作为控制变量。

表6－1　各变量的平均值、标准差和Pearson相关系数

	Mean	S. D	1	2	3	4	5	6	7	8	9	10	11
1. ROA_{T+1}	0.01	0.10											
2. ROA	0.03	0.06	0.60**										
3. $TMTGAP_1$	1.55	0.64	−0.10*	−0.08*									
4. $TMTGAP_2$	9.59	1.55	−0.08*	−0.085	0.61**								
5. $MEGAP_1$	3.42	2.91	0.018	0.066	0.092	0.26**							
6. $MEGAP_2$	10.18	0.99	0.091	0.18	0.18*	0.57**	0.51**						
7. $BUSNUM$	3.90	2.26	0.009	−0.10	0.079	0.20*	0.047	0.19*					
8. $FRISK$	0.99	0.61	−0.071	−0.07	0.020	−0.077	−0.006	0.017	0.072				
9. $TECH$	0.16	0.14	0.040	−0.005	0.015	0.110	0.081	0.140	−0.009	0.019			
10. $LNHUM$	7.63	1.15	0.081	0.18*	−0.055	−0.044	0.037	−0.013	0.023	0.020	−0.47**		
11. $\ln(ASSETS_{T+1})$	20.99	0.89	0.047	0.22**	0.047	0.21*	−0.013	0.25**	−0.013	0.041	−0.19*	0.67**	
12. $\ln(SALES_{T+1})$	20.07	1.21	0.131	0.24**	−0.014	0.21**	−0.044	0.20**	−0.016	−0.003	−0.22**	0.73**	0.87**

注：* $p<0.05$（双尾检验）；** $p<0.01$（双尾检验）。

表 6 – 2 相对薪酬差距与企业未来绩效的关系

预测变量	ROA_{T+1}		
	Model 1	Model 2	Model 3
ROA	0.618***	0.605***	0.582***
$\ln(ASSETS_{t+1})$	−0.087	−0.069	−0.049
$TMTGAP_1$		−0.026*	−0.021*
$MEGAP_1$		0.032	0.091
$TMTGAP_1 \times BUSNUM$			0.016
$TMTGAP_1 \times FRISK$			−0.057
$TMTGAP_1 \times TECH$			0.024**
$TMTGAP_1 \times LNHUM$			0.198*
$MEGAP_1 \times TECH$			0.024*
$MEGAP_1 \times CONT$			−0.142*
$MEGAP_1 \times LNHUM$			0.036*
R^2	0.346	0.367	0.410
F	50.89***	21.92**	8.40**
$\triangle R^2$		0.021*	0.043**

注：* $p<0.05$，** $p<0.01$，*** $p<0.001$。

表 6 – 3 绝对薪酬差距与企业未来绩效的关系

预测变量	ROA_{T+1}		
	Model 4	Model 5	Model 6
ROA	0.628***	0.622***	0.605***
$\ln(ASSETS_{t+1})$	−0.087	−0.064	−0.061
$TMTGAP_2$		−0.045*	−0.038*
$MEGAP_2$		0.010	0.103

续表

$TMTGAP_2 \times BUSNUM$			0.017
$TMTGAP_2 \times FRISK$			-0.019
$TMTGAP_2 \times TECH$			0.027*
$TMTGAP_2 \times LNHUM$			0.178**
$MEGAP_2 \times TECH$			0.071*
$MEGAP_2 \times CONT$			-0.153*
$MEGAP_2 \times LNHUM$			0.032*
R^2	0.366	0.385	0.413
F	50.89**	21.94**	8.15**
$\triangle R^2$		0.019*	0.028*

注：* $p<0.05$，** $p<0.01$，*** $p<0.001$

从模型3和模型6的拟合结果可以看出，无论是绝对薪酬差距还是相对薪酬差距，高层管理团队薪酬差距对组织未来绩效 *ROA* 具有显著的负向影响，而管理层与员工的薪酬差距对于组织未来绩效 *ROA* 具有正向的影响，但是并不显著。因此，假说1得到了支持，而假说2没有得到支持。研究还发现：(1)高层管理团队薪酬差距和企业技术复杂性的交互项、高层管理团队薪酬差距和企业规模的交互项对 ROA_{t+1} 有正向的显著影响，表示企业技术复杂性越高、企业规模越大，高层管理团队薪酬差距对 ROA_{t+1} 有正向的显著影响。这表明企业技术复杂性、企业规模对于高层管理团队薪酬差距和企业未来绩效 *ROA* 具有调节效应，当企业技术复杂性增加、企业规模增大时，高层管理团队薪酬差距的拉大对于组织未来绩效有正向的影响。不过，高管协作需要的其他衡量变量如多元业务数量、企业风险的调节效应并没有得到支持。因此，对于以企业技术复杂性、企业规模为测量指标的高管协作需要而言，假说3得到支持。(2)高层管理团队/员工薪酬差距和国有性质的控制人类型的交互项对 ROA_{t+1} 有负向影响,表示当企业最终控制人类型为国有性质时,高层管管团队/员工薪酬差距对 ROA_{t+1} 有负向影响。也就是说,当企业最终控制人类型为国有性质时会使得高层管理团队与员工薪酬差距和组织未来绩效之间表现出的负向关系。因此,假说 4 得到了支持。(3)高层管理团队/员工薪酬差距和企业技术复杂性的交互项、高层管理团队/员工薪酬差距和企业规模的交互项对 ROA_{t+1} 有正向影响,表示企业技术复杂性越高、企业规模越大,高层管理团队/员工薪酬差距对 ROA_{t+1} 有正向显著的影响。也就是,当企业技术复杂性增加、企业规模增大时,高层管理团队/员工薪酬差距的拉大对于组织未来绩效有正向的影响,因而假说 5 和假说 6 并没有得到支持。

6.6 结论与讨论

本章目的是研究企业内部薪酬差距对企业绩效的滞后影响。与过去研究不同在于:其一,在研究中在测量企业内部薪酬差距时选择了两种不同的比较对象,即高层管理团队成员之间、高层管理团队与员工;其二,讨论薪酬差距对组织未来绩效的影响。研究发现,薪酬差距的滞后效应是存在的。而且,企业内部不同群体之间的薪酬差距对 *ROA* 的滞后影响方向是不同的:高层管理团队之间的薪酬差距对组织未来绩效 *ROA* 具有负向影响,而管理层与员工的薪酬差距对组织未来绩效 *ROA* 的影响是不显著的。研究还对可能影响薪酬差距和组织未来绩效之间关系的调节变量进行了分析。结果表明:第一,企业技术复杂性、企业规模和高层管理团队薪酬差距、管理层/员工间薪酬差距交互项对企业未来绩效具有正向影响,符合竞赛理论的预期。这表明当企业技术复杂性较高、企业规模较大时,拉开高层管理团队的薪酬差距、高层管理团队/员工薪酬差距有助于企业未来绩效 *ROA* 的提升；第二，企业最终控制人类型和管理层/员工间薪酬差距的交互项对企业未来绩效具有负向影响，这表明当企业最终控制人类型为国有性质时，拉大高层管理团队/员工薪酬差距，对组织未来绩效 *ROA* 有负向的影响。

如前文所说，关于企业内部薪酬差距对组织绩效的影响存在两种基本的观点：竞赛理论（Lazear 和 Rosen，1981）认为薪酬差距对组织绩效有正向影响，而行为理论则相反。本项研究的结果表明了现实管理现象的复杂性：总体而言，行为理论更适应我国企业高层管理团队之间的比较，即一般情景下作为特殊的团队，高层管理成员之间的薪酬差距不适宜过大，但是当企业技术变得复杂、企业规模变大时，高层管理团队之间的薪酬差距适当拉大，反而有助于推动企业未来绩效；而对于高层管理团队和普通员工这俩群体之间而言，总体上，高层管理团队/员工薪酬差距对组织未来绩效并没有表现出显著的影响，而调节效应的研究表明，对于不同情景下的企业存在着一定的差异性。显然，过去国有企业中“不患寡而患不均”的思想还在影响着企业的经营。因此对于最终控制人类型为国有性质的企业，并不太适合把高层管理团队/员工之间的薪酬差距拉开太大。而对于企业规模大、技术复杂性高的企业，适当拉大高层管理团队/员工的薪酬差距则是可取的。本研究表明，对于企业内部不同群体之间薪酬差距的设计需要区别对待，而且还需要考虑具体的企业情景。总体上，企业高层管理团队可能更强调压缩薪酬差距，强化团队合作，体现出“集体主义”。对于企业高管和员工而言，当企业人数规模较大、技术复杂性较高时，适当拉大薪酬差距有助于促进企业的未来发展，但是对于最终控制人类型为国有性质时情况则相反，需要适当压缩高管与员工的薪酬差距。

本研究受到年报数据的限制：由于公布总经理薪酬数据的上市公司较少，使得尽管我们收集了 4 年的数据，但是研究样本还是较少；薪酬差距对组织绩效的影响缺乏中介机制的分析;此外对于薪酬的衡量仅仅包括了现金收入,而没有包括福利和股权收入。这些局限性在一定程度上会对研究结果有影响,也是未来研究需要考虑的问题。此外,未来的研究还需要解决以下问题:

(1)薪酬差距的度量。不同的研究者对于企业内部的薪酬差距度量是有差别的,概括起来包括组织内总体工资变动情况(Eriksson,1999;Pfeffer,Langton,1993;Pfeffer, Davis-Blake, 1992;Bloom, 1999)、组织的基尼系数(Bloom,1999)、最高层与最低层的薪酬差距(Cowherd,Levine,1992;Shaw,Gupta,Delery,2002)、最高两级高管人员之间的薪酬差距(O'Reilly,Main,Crystal,1988;Henderson,Fredrickson,2001;Main,O' Reilly,Wade,1993)等方法。测量方法的不同对研究结果会有一定的影响。在我国的研究中采取何种测量方法,或者对不同测量方法进行比较,是未来研究中需要注意的。

(2)过去的研究中忽略了薪酬决策和发放过程的影响,或者说仅仅考虑了薪酬分配的结果公平,而忽略了程序公平对薪酬差距效应的影响。如何向员工解释说明薪酬制度和薪酬差距也会对员工的态度和行为产生重要影响。这就需要未来的研究不能仅仅以上市公司的数据为基础开展实证研究,而需要进行实地调查,获取更为深入的研究数据,推动研究的纵深发展。

(3)过去的研究关注于(不同层级间)薪酬差距对个人态度和组织绩效的影响,但是在某种程度上把这种影响视为固定的,即关注的是“哪种做法是最优的”。在薪酬差距与个人态度(组织绩效)的关系上,或者是竞赛理论成立,或者是行为理论成立,还有一种可能则是这两种理论在不同的情况下都成立,即存在U型或者倒U型关系。但是,薪酬差距的效应往往取决于其他因素的存在与否:不同情景下,薪酬差距与员工态度、组织绩效的关系可能是变化的。Jirjahn和Kraft(2007)认为薪酬差距的影响取决于产业关系体制和激励计划的类型,并且通过德国制造企业为研究样本,结果确认了工资差距、内部晋升、个人与团队的计件工资率、劳动委员会的存在和集体谈判等交互作用。这一结论有力地说明了调节要素在企业内部薪酬差距和劳动效率之间关系中起到很重要的作用。因此,未来的研究中应当结合某些调节变量(例如工作合作性、薪酬沟通、企业性质)和中介变量(例如组织承诺、薪酬满意度)来研究薪酬差距的效应。例如,由于国有企业和非国有企业的经济成分不同、人们的思想观念和组织文化不同,对企业内部薪酬差距的认识也不同,接受程度也会有较大差异。因此,同样度量的薪酬差距在国有企业和非国有企业的所产生效应是不同的。

7. 欠发达地区企业知识员工异地离职动因的实证研究:以苏北地区为例

员工离职的研究引起了广泛的关注,在近十多年里是人力资源管理领域中一个重要的研究课题。和发达地区相比,欠发达地区知识员工离职动因尤其是异地离职具有较大的差异性,而过去的研究并没有对于这种差异性给予特别的关注。本章的研究试图从欠发达地区和知识员工的特点出发,基于相关理论,探讨影响其异地离职动因的因素,并通过问卷调查获取一手研究数据,实证检验并比较影响管理人员和技术人员异地离职意图的动因,从而为保留欠发达地区企业的知识员工提供政策建议。

7.1 研究问题的提出

地区经济和企业的发展越来越取决于各类知识型人才的质量与数量。我国的欠发达地区的经济发展落后于发达地区,并且两者间的差距在不断加大。要想使这些欠发达地区的经济迅速发展,保留这些人才至关重要。但是,地缘因素和企业因素的长期交互作用可能使大量的知识员工从欠发达地区流动到发达地区,并进而可能形成一个恶性循环——欠发达地区留不住优秀人才,人才大量流失到发达地区导致经济社会发展缓慢,而经济社会发展缓慢又无法留住优秀人才。从这个意义上来说,知识员工的流失已经成为这些地区发展过程中不可忽视的重要问题。如何留住这些优秀人才，已经不仅仅是企业自身的事情，同时更是欠发达地区政府的事情，应当引起政府的高度重视。

国内很多学者都对企业员工离职的动因进行讨论（张勉，2001；赵西萍等人，2003；崔勋，2003；叶仁荪等，2005；刘智强等，2006）。不过，这些研究并没有针对欠发达地区，而且对于员工保留政策的建议更多地是从企业的角度出发，强调企业的应对策略。与发达地区相比，欠发达地区企业知识员工的离职更可能是从欠发达地区到发达地区的跨地区流动。因此，由于员工的知识特性和离职的跨地区，与其他地区员工相比，欠发达地区知识员工的离职动因会表现出一定的差异性，相应地，保留知识员工仅仅依靠企业可能是不够的，还需要政府部门的配合。因此，如何结合欠发达地区的具体情况，分析欠发达地区企业知识员工异地离职的动因，并从政府和企业两个层面探索如何保留知识员工，是非常重要的。这也是本文的研究兴趣所在。对于这一问题的研究，可以帮助欠发达地区的企业和政府更为客观地了解与发达地区相比，其知识员工异地离职的真正原因，帮助欠发达地区企业及政府相关部门采取相应的策略对知识员工异地离职问题加以管理。本章以苏北地区为例，展开实证研究，包括四个部分：第一部分为研究问题的提出；第二部分为文献回顾和理论假说的提出；第三部分为实证分析；第四部分为结论与管理启示。

7.2 文献回顾和理论假说的提出

7.2.1 研究文献的简要回顾

离职问题研究可以追溯到20世纪初期。早期主导这一研究领域的是经济学家,主要考察工资、劳动力市场结构、失业率等宏观因素对员工离职的影响。其中,影响力较大的员工离职模型是由 March 和 Simon(1958)提出的“参与者决定”模型。这个模型在员工理性决定的假设基础上,提出两个离职决定量:一个是离职意愿(感觉到的从企业中离职的合理性);另外一个是离职可能性(感觉到的从企业中离职的容易性)。20 世纪 70 年代,离职动因模型得到了进一步的发展。Price(1977)的模型把工作满意度看作外生变量与离职行为之间的中介变量,可供选择的工作机会在工作态度和离职行为之间起着调节作用。Mobley(1977)提出了中介链模型,通过一系列中介变量描述了雇员进行离职决策的心理变化过程,并于 1979 年提出更多构想概念的扩展中介链模型。80 年代之后,离职模型更加复杂了。Muchinsky 和 Morrow(1980)对离职影响因素进行了概括,他们将离职影响要素分为三个维度:工作关系要素(work-related factors)、经济机会要素(economic opportunity factors)和个人因素(individual factors)。其中工作关系因素包括三个方面:组织因素、组织因素导致的个人因素和态度导致的行为。Steers 和 Mowday(1981)在 Price(1977)、Mobley(1977)模型的基础上建立了一个动因模型,在这个模型中组织承诺是重要的中介变量。Sheridan 和 Abelson(1983)从非线性突变论的角度出发,提出了一个“尖峰突变”(Cusp-catastrophe)模型,该模型认为雇员只要有可能,就会努力保持当前的雇佣状态,但当员工对工作的满意度下降到某一特定的阈值时,会从保持状态突变到离职状态。该模型的主要贡献在于它把员工向离职点发展的退出过程不再视为预测变量的线性函数,并将工作行为变量分为绩效和出勤率。Williams 和 Hazer(1986)用组织承诺预测离职,并指出组织承诺反映了对组织的全部态度,而工作满意度仅反映了工作这一特定因素的影响。组织承诺更为稳定,所以比工作满意度更具有预测力。到 90 年代,研究中考虑的因素更全面,也更复杂。Hom 和 Griffeth(1991)依据退出认知理论,建立了一个动因模型。这个模型认为工作态度变量引起退出认知，进而导致不同的退出行为（如缺勤、迟到和离职）。后来，Griffeth 和 Hom（2000）进行的元分析中发现工作满意度能很好地预测离职，相关系数为 -0.19；迟到是最温和的一种退出行为，与离职的相关系数为 0.06；缺席是比较中间的，与离职的相关系数为 0.02；在元分析中还发现绩效与离职的相关系数为 -0.15，表明高绩效员工对比低绩效员工可能更不愿意离开组织。Lee 和 Mitchell（1994）以 Beach（1990）的映像理论（Imagine Theory）为基础建立了员工离职“展开”（Unfolding）模型，他们认为导致员工离职的途径是多条的，“系统震撼”（shock to system）可以直接导致员工产生离职意图甚至是离职行为。这一展开模型后来得到了实证的检验（Lee，Mitchell，Holton，McDaniel 和 Hill，1999）。后来，Mitchell 等人（2001）又从留职的角度引入了“工作嵌入”（job embeddedness）的新概念作为展开模型的补充。引入这一概念的基本思想是：个体是“社会网”中的一个节点，和网中的其他节点密切相关。“工作嵌入”反映了某个接点被“束缚”的程度，这一概念三个维度，分别是联系（links）、匹配（fit）和损失（sacrifice）。这个模型的最大贡献在突破了传统的离职研究视角，指出了一些离职的决策是独立于工作满意度的。而 Price（2001）则在 1977 年模型的基础上吸收了社会学、心理学和经济学对离职的研究成果，进一步完善其模型。

国内对员工流动的研究也于 20 世纪 90 年代中期逐渐展开，最初的研究包括对职业流动、人才流动的分析和对国外离职理论的介绍。例如，最早开始系统研究的是谢晋宇等（1999）在其著作中对 80 年代以前的国外雇员流失模型和研究状况进行了较为全面的介绍和评价。但这些都属于初步性的探索分析，缺乏系统、定量的研究。近年来，国内一些学者对我国员工离职问题开展了较为深入的实证研究。例如，时勘等（2001）从心理学角度建立了高科技企业人员离职行为的预测模型。张勉（2001）以西安市 15 家 IT 企业的742名雇员为样本,研究了我国IT行业员工离职动因的影响因素。蒋春燕、赵曙明(2001)对知识员工流动的特点、原因与对策进行了分析,指出影响科技人才流动的体制因素。赵西萍等人(2003)以西安地区企业为调查对象,主要研究个体的工作态度对员工离职意图的影响,并对不同性质企业员工的离职意图及影响因素进行了比较分析。对工作本身的满意感、对晋升机会的满意感、事业生涯开发压力、感情承诺和对报酬的满意感是影响员工离职意图的关键因素。崔勋(2003)通过在北京、上海、山东、广东、辽宁、山西、内蒙古等地区的国有企业和外商投资企业进行员工问卷调查,实证研究的结果显示,员工的组织承诺越高,员工希望工作年限越长,离职意愿越低。组织承诺与离职意愿负相关,组织承诺越高,离职意愿越低。叶仁荪等(2005)以铁路运输企业为研究对象,研究表明,工作满意度和组织承诺与员工离职显著负相关,而且工作满意度对员工离职意向具有更大的解释性;制度约束、上级行为、工作报酬、工作激励是影响员工离职意向的主要变量。刘智强、廖建桥、李震(2006)以武汉市国有企业为研究对象,得出了影响国企员工离职意图的五大关键性影响因素包括工作内容、升迁制度、薪酬、可选择工作机会的主观感知和情感性承诺。显然,这些研究对于解释企业员工离职的原因有着重要的作用。但是,这些研究并没有考虑到不同地区中员工离职动因的差异性,尤其是发达地区和欠发达地区之间的差异。因此,其研究结论对于欠发达地区的指导作用也就是有限的。

7.2.2 理论假说的提出

彼得·德鲁克于1959年提出了知识员工(Knowledge Worker)的概念,认为知识员工是指,一方面能充分利用现代科学技术知识提高工作的效率;另一方面知识员工本身具备较强的学习知识和创新知识的能力。知识创新能力是知识员工最主要的特点。此外,知识员工的工作主要是一种思维性活动,知识的更新和发展往往随环境条件的变化而有所适应,具有很大的灵活性。所以,知识员工兼具知识性、创造性、灵活性、个性化、成就性等方面的特征。他们更多追求来自工作本身的满足,更在意实现自身价值,并强烈期望得到社会的承认与尊重,并不满足于被动地完成一般性事务,而是尽力追求完美的结果。双因素理论把影响员工工作态度的因素分为激励因素和保健因素两类,并认为工作认可、工作自身、责任感和发展等与工作内容有关的因素更多地表现为激励因素,更可能会影响有员工的工作态度。工作特征模型(Hackman 和 Oldham,1975)也认为工作特征会对员工的工作态度、工作绩效产生影响。我们基于双因素理论和工作特征模型,并考虑知识员工的特性,提出了以下理论假说。

(1)子女教育责任与异地离职意图

在 Price 和 Mueller(1986)的研究中强调了员工对于亲属的责任,并把这种亲属责任的对象主要集中在员工的父母、配偶和孩子。在国外对亲属责任的早期研究中,大多数研究表明亲属责任会增加离职。受我国的传统文化和思想的影响,大多数家长期望在有能力的情况下尽可能地为子女未来发展创造良好的教育机会和环境。相对于其他类型的员工,知识员工一般为专业人才或管理人才,通常会有较高的学历,受过较高的教育,更为重视子女的教育和发展。在更多人看来,由于我国教育资源分配的不均衡,发展程度不同的地区在教育机会和环境上有显著的差异。发达地区有着优质的教育资源,甚至较低升学门槛,其城市发展和文化底蕴也会影响孩子的未来发展。对于大多数知识员工而言,其具有在发达地区获得一份比较理想工作的能力。因此,为了子女未来的发展,大多数知识员工可能会从长远的角度选择一份地理位置、经济具有长远发展、文化氛围较好、教育资源更丰富的城市作为其自身发展的立足之地。即使这里的工作待遇不如地理位置不好、发展缓慢的城市的工作待遇。也就是说,由于具有较强的子女教育责任感，知识员工可能会为了孩子有更好的发展和受教育的环境而产生异地离职意图，到发达地区寻找新的工作。因此我们提出：

假说1：对于欠发达地区的知识员工而言，子女教育责任与异地离职意图之间存在着正相关关系，员工为子女受教育的设想越多，异地离职意图就越明显。

(2)绩效可观测性与异地离职意图

绩效可观测性是指对于外界而言，特定的工作可以观察或明确绩效的水平。绩效的可观测性可能会由于工作或职业而有所不同。如某些性质工作的员工（如研发人员、销售人员）可能有很强的可观测性，相反其他类型的工作员工（如行政管理人员、办事员）可能就有相对较低的可观测性。绩效可观测性越高，意味着在劳动力市场上，组织外部的其他人员可以更好地、更直接看到其价值，那么其市场价值就越大，由此导致比其他员工能获得更多的就业机会。Schwab(1991)认为大学教授的绩效可观测性很高，具有很强的可视性，因为他们的出版记录很容易明确；他还认为绩效的可观测性与离职之间存在正相关关系。知识员工的绩效可观测程度越高，越容易向外界传递其过去的工作业绩，就会增加知识员工的“资本”，这就可能会增强其离职的意图。而特别地，本地离职者绩效信息即使可观测性较低，但是本地用人单位还是可以通过其他方式（比如熟人打听）来获取离职者的绩效信息；而对于异地流动，异地用人单位往往不方便采取这些方式来获取外地求职者较为隐藏性的绩效信息。因而如果绩效可观测性强，知识员工的工作绩效可以被异地用人单位更容易获取到，从而有利于其异地流动。因此我们提出：

假说2：对于欠发达地区的知识员工而言，绩效的可测量性与异地离职意图之间存在正相关关系。

(3)关系与异地离职意图

关系在华人社会里受到普遍的重视。对中国大陆和港台地区，以及新加坡和其他海外华人社会的实证研究表明，关系网络是华人社会里普遍存在的现象，发挥着重要的作用（边燕杰、张文宏，2001）。员工在组织中势必要受到关系这样的社会网络的影响。如果员工在具有强关系的组织中工作，员工本身具有很好的社会网络，具有强关系，那么员工工作和办事会相对比较得心应手、效率高，在条件相同的情况下，可能会得到优先晋升的机会，这样必然会导致公平向着部分群体倾斜，从而增加了这部分员工的工作满意度；相反，员工如果没有较好的社会网络，在这样的组织中势必会遭受到程序上的不公平，从而导致这部分员工工作满意度下降，从而产生离职的倾向。因此，关系变量反映了中国传统文化对员工离职意图影响的一个可能性变量。虽然张勉（2001）并没有发现关系对离职的影响。但是，对于欠发达地区而言，关系的作用可能更为重要。相对于发达地区，欠发达地区官本位的思想比较严重，市场经济机制相对不完善，关系网络的重要性得以凸现，使得很多人非常重视关系，知识员工也会受此影响。因此当知识员工在组织中的关系越弱，可能在企业中越难有更长远的发展，于是为了长远的发展而选择思想更加开放、竞争更加公平的经济发达地区。而当其关系强时，而且这种关系往往更多集中于本地，其异地跳槽往往意味着舍弃本地的关系网络，离职成本会变得更高，其异地离职的意图就会变弱。因此我们提出：

假说3：对于欠发达地区的知识员工而言，工作满意度是关系与异地离职意图的中介变量，关系与工作满意度存在着正相关关系，与异地离职意图之间存在着负相关关系。

（4）工作自主权与异地离职意图

工作自主权（Job Autonomy）是指工作者对于工作计划、选择使用的设备、决定工作的程序所享有权力的程度。这一特性越显著，工作者越容易感受到自己工作的成果;反之,工作的成败则被认为是主管或其他人的功过。工作自主权被认为通过工作满意度对离职意图起到作用,以下的中介过程是可能的:自主权高的工作可以导致员工产生内生的满意感,并且使员工感到工作的挑战性和受到内激(Hackman and Oldham,1976)。相对于其他类型的员工,知识员工更为追求自主权,认为保持工作相对的自主权是企业和领导对自己的尊重和能力的认可。受地方经济社会文化的影响,相对于发达地区,欠发达地区企业的管理可能相对比较集中化,强调等级制度。当知识员工的工作自主权较低时,会激发寻找"氛围宽松民主"的工作场所,其异地离职意图会增强。因此我们提出:

假说4:对于欠发达地区的知识员工而言,工作满意度是工作自主权与异地离职意图的中介变量,工作自主权与工作满意度存在着正相关关系,与异地离职意图之间存在着负相关关系。

(5)职业成长度与异地离职意图

职业成长度是指由组织提供的可增加相关知识和技能的机会。由于Mangelsdorff(1989)强调个人的成长和发展即职业成长度对军队成员的重要性,Kim等人(1996)在对Texas一家空军基地医务工作者进行留职意图的研究中,尝试在模型的结构化变量中加入职业成长度,但是实证研究的结果表明:职业成长度这一变量在模型中的表现并不理想,它没有对工作满意度和组织承诺度产生显著性的影响。不过,与其他性质员工不同的是,知识员工可能非常看重自己"受雇佣的能力",渴望得到与相关工作领域新动向保持一致的机会,这样才能保持自己"受雇佣的能力",从而免遭淘汰。和发达地区相比,欠发达地区总体的发展机会相对较少。当企业为知识员工提供很好的职业发展空间,让其感受到未来成长的方向,知识员工对企业和自己的未来充满期待时,其工作满意度就会增加,离职的倾向就会降低。如果企业没有给知识员工提供良好的职业发展空间,让其无法对企业充满期待,对自己的未来发展方向感到迷茫,知识员工的工作满意度就会下降,并且因为感受到欠发达地区的发展机会相对较少,而产生异地离职的倾向。因此我们提出:

假说5:对于欠发达地区的知识员工而言,工作满意度是职业发展度与异地离职意图的中介变量,职业发展度与工作满意度存在正相关关系,与异地离职意图之间存在负相关关系。

(6)程序公平性与异地离职意图

程序公平性是指权力普遍应用到组织中各个成员的程度,反映组织内部管理的具体操作程序应该体现出公平性。越来越多的员工在进入组织后希望得到公平的待遇和公平的机会,这样他们感受到一种被尊重的感觉。因此,这样的程序上公平使得他们有种"在同一起跑线"的感觉,这对他们非常重要。和发达地区相比,欠发达地区企业传统的管理方法和氛围比较重,企业内制度公开、结果公开、程序公开、民主参与的氛围相对较弱,"领导说了算,官僚作风重"可能更为严重。知识员工大多数是接受过高等教育,会更加重视程序的公平性,一旦出现了不公平的现象,知识员工感觉到自己没有得到相应的尊重,感觉到这样的组织不符合他们的预期,就会导致员工的工作满意度下降,从而可能产生异地离职的意图。因此我们提出:

假说6:对于欠发达地区的知识员工而言,工作满意度是程序公平性与异地离职意图的中介变量,程序公平性与工作满意度存在着正相关关系,与异地离职意图之间存在着负相关关系。

(7)感知的人与组织匹配和异地离职意图

个人—组织匹配度是指员工个人与其服务的组织之间的在价值观方面的相容性程度(Kristof,1996)。个人—组织匹配可以建立在个人与组织之间信仰的一致性(Netemeyer,Boles,Mckee 和 McMurrian,1997;O' Reilly,Chatman 和 Caldwell,1991)或个人与组织之间目标的一致性(Kristof,1996;Vancouver,Millsap 和 Peters,1994)基础上。因此,双方价值观的相容性有助于提高个人—组织匹配度。以往研究发现人与组织匹配对于个体水平的结果变量有正面效应,如匹配水平高的员工有更高的工作满意感、更高的工作绩效以及更低的离职意图等(Cable 和 Judge,1996)。我国学者张勉、张德和于丹等人(2003)以西安的742名企业雇员为样本,研究发现期望匹配度对工作满意度、组织承诺度存在显著正向影响,而对离职意向存在着显著负向影响。与其他性质的员工相比,知识员工更多地忠诚于自己的专业而不是雇主,更在意自身价值的实现。他们工作的目的不仅仅是"做工作"而是在"做事业",更多的是把工作当成是自己价值的实现,是自我发展的需要,是得到组织认可的途径。因此,对于知识员工而言,感知的人与组织匹配就显得更为重要。而且,和发达地区相比,欠发达地区企业的传统管理方法和氛围可能并不是很符合知识员工的追求和实现自我的价值观,知识员工会因为和本企业价值观存在冲突而产生到异地谋求价值观更为融合的企业的想法。个人—组织匹配度应该对欠发达地区的知识员工异地离职意图具有解释能力。因此有:

假说7:对于欠发达地区的知识员工而言,工作满意度是感知的人与组织匹配和异地离职意图的中介变量,感知的人与组织匹配与工作满意度存在着正相关关系,和异地离职意图之间存在着负相关关系。

根据前面的分析,本研究构建了欠发达地区知识员工异地离职动因的概念模型如图7-1所示。

7.3 实证分析

从全国经济发展程度来看,江苏属于发达地区,但是苏北(包括徐州、连

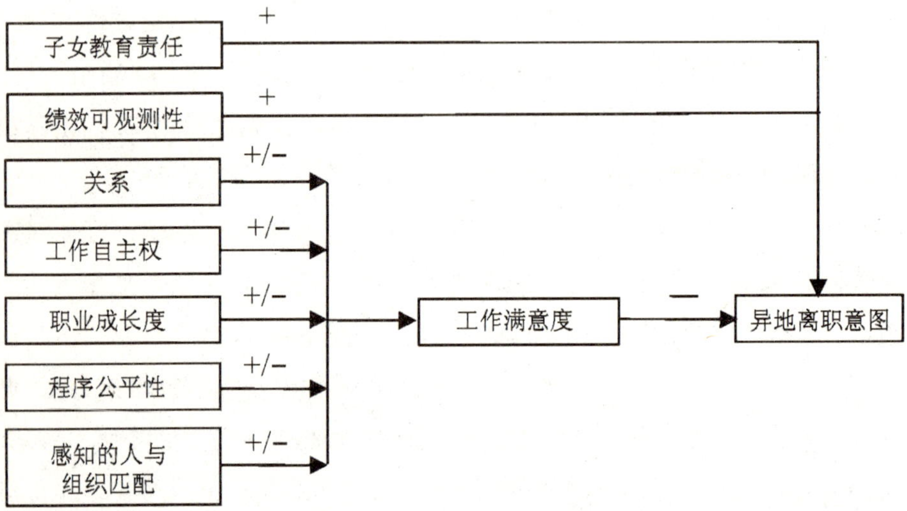

注：+表示的是自变量与因变量之间存在着正相关关系；-表示的是自变量与因变量之间存在着负相关关系；+/-表示的是自变量与工作满意度存在着正相关关系，与离职意图存在着负相关关系。

图7-1 欠发达地区企业知识型员工异地离职动因的概念模型

云港、淮安、盐城和宿迁5市）经济发展相对落后，属于典型的欠发达地区。"孔雀东南飞"，苏北地区企业中大量的核心人才流动到苏南和沪浙地区，已经成为制约地区和企业发展的重要因素。因此，本研究选择了苏北地区作为欠发达地区的代表。过去的研究中，研究者对于知识员工的定义是抽象的，在现实中的范围往往难以确定。本研究把知识员工界定为具有本科以上学历、在企业中具有核心作用的企业技术人员和中层管理人员，而且调查范围限定在苏北地区支柱产业中骨干企业。这一群体的人才是苏北地区外流人才的主要成分。

7.3.1 资料收集的过程和样本特征

本次调查采取方便抽样的方法，首先利用研究者的社会关系获得21家苏北地区支持产业中大中型骨干企业（其中国有企业13家，民营企业5家，外资企业 3 家)负责人对本次研究的配合和支持,然后和该企业人力资源部或总经办或行政部的负责人一起确定具有本科以上学历、在企业中具有核心作用的企业技术人员和中层管理人员名单,再从名单中随意抽取 2/3 数量的人员作为调查对象,由研究者到企业现场发放调查问卷。2005 年 10 月中旬到 12 月底共发出调查问卷 600 份,返回问卷 541 份,回收率为 90%,剔除其中离职意图在本地的问卷(33 份),以及填写随意不认真的问卷(9 份),最后得到有效问卷 499 份,有效回收率为 83.17%。样本特征信息如表 7-1 所示。

表 7-1　样本特征信息

特征		样本数	比例	特征		样本数	比例
性别：	男	381	76.5%	公司性质：	国有企业	395	79.2%
	女	118	23.5%		民营企业	59	11.8%
婚否：	单身	103	20.7%		外资企业	45	9.0%
	已婚	396	79.3%			平均值	标准差
类别：	技术人员	194	38.9%	年龄		36.00	8.47
	管理人员	305	61.1%	企业工龄		12.62	10.38

7.3.2　变量的测量

工作自主权、程序公平性、感知的人与组织匹配、工作满意度、离职意图等变量的测量量表都来自于 Price(2001)。为了区别离职意图是否异地(从欠发达地区到发达地区),研究者在调查中设置了一个选择题,询问被调查者的离职意图是本地还是到发达地区。职业成长度和关系变量的测量量表来自于张勉(2001)。子女教育责任的测量题目是研究者根据 Price(2001)中的亲属责任的题目,在访谈了 5 位已经有孩子的管理人员和技术人员后确定下来的。绩效可观测性的测量量表来自于 Schwab(1991)。此外,根据过去的研究，本研究将利用个人特征作为控制变量，包括性别、年龄、公司工作年限、婚姻状况四项。

为了确保测量题目含义的精确性，研究者采用了焦点问题讨论组（Focus Group）的方式，邀请了江苏某大学的十名 MBA 学员分别填写了问卷，随后就发现的问题进行了深入的讨论。经过上述过程，最终确定了问卷的内容。在本研究中，问卷中各概念的测量均为 1—5 的五点评价刻度，1 表示“完全不同意”，5 表示“完全同意”。

表 7－2　各研究变量的验证性因子分析结果

	χ^2/df	*GFI*	*CFI*	*RMSEA*	*TLI*
子女教育责任	2.86	0.90	0.93	0.076	0.90
绩效可测量性	2.79	0.91	0.93	0.067	0.93
关　　系	2.93	0.90	0.92	0.079	0.92
工作自主权	2.32	0.94	0.93	0.058	0.96
职业成长度	2.56	0.92	0.91	0.071	0.93
程序公平性	2.66	0.93	0.92	0.062	0.95
感知的人与组织匹配	2.51	0.96	0.95	0.060	0.93
工作满意度	2.19	0.97	0.96	0.051	0.97
异地离职意图	2.38	0.95	0.97	0.057	0.94

由于子女教育责任是新开发的量表。因此，对于子女教育责任量表的效度检验，我们把 499 个样本数据随机分成两部分：第一半 250 个样本数据用于其探索性因子分析，结果发现，3 个条目的 *MSA*（Measures of Sampling Adequacy，取样合适性测度）均大于 0.7，*KMO*（Kaiser-Meyer-Olkin）系数 = 0.72，总体 Bartlett 球形检验 χ^2 值为 124.129（$df = 3, p < 0.01$），3 个条目间均在 0.01水平上显著相关，满足因子分析的条件。而且因子模型解释总方差的 59.53%，并且各题目的因子负荷都大于 0.6。第二半 249 个样本数据用于

对子女教育责任的验证性因子分析，而全部499个样本数据用于对其他各变量的验证性因子分析，结果如表7-2所示。各指标值表明各概念的验证性因子分析的各项指标均符合最基本的要求（Kelloway，1998）。这说明进行下一步的各概念间的关系分析是可行的。研究者还利用SPSS11.5软件计算了各个变量的内部一致性系数。结果表明，所有变量测量量表的Alpha系数均大于0.7（见表7-3相关矩阵中的对角线）是一个很好的结果。

7.3.3 数据分析与讨论

我们首先进行了各研究变量的相关关系分析，如表7-3所示。可以看出，工作自主权、职业成长度、程序公平、感知的人与组织匹配和工作满意度之间有正的相关关系，和异地离职意图之间有负的相关关系；子女教育责任和异地离职意图有正的相关关系；工作满意度和异地离职意图有负的相关关系。

表7-3 研究变量的Pearson相关系数矩阵

	均值	标准差	1	2	3	4	5	6	7	8	9
1. 异地离职意图	2.83	0.87	(0.82)								
2. 工作满意度	3.47	0.70	-0.61**	(0.87)							
3. 子女教育责任	3.50	0.55	0.16*	0.03	(0.70)						
4. 绩效可测性	2.83	0.78	0.21**	0.29*	0.04	(0.75)					
5. 关系	2.91	0.69	0.19	-0.083	0.06	0.13*	(0.71)				
6. 工作自主权	3.32	0.61	-0.26**	0.36**	0.04	0.13*	0.05	(0.85)			
7. 职业成长度	3.20	0.91	-0.36**	0.48**	0.02	0.29**	0.03	0.23**	(0.77)		
8. 程序公平	3.17	0.83	-0.41**	0.47**	0.02	0.32**	-0.09*	0.21**	0.52**	(0.81)	
9. 人与组织匹配	3.12	0.66	-0.31**	0.39**	0.03	0.20**	-0.02	0.16**	0.33**	0.39**	(0.73)

注：** $p<0.01$（双尾），* $p<0.05$（双尾）。
对角线的括号里为各变量的信度。

为了检验本研究所假定的含有中介关系的理论框架，我们用嵌套模型（nested model）对数据进行了拟合，用于检验关于模型参数的不同假说。我们将本研究提出的假设模型与其他合理替代模型相比较,以证明它是对数据最佳的解释方法,这种比较被认为是模型拟合度评估(assessing model fit)的重要部分(Bollen,1989;Kelloway,1998)。采用的方法是通过比较理论模型和替代模型之间的卡方值的差异度(Bentler and Bonett,1980)。本研究模型中,工作满意度作为关系、工作自主权、职业成长度、程序公平性以及感知的人与组织匹配和异地离职意图的中介变量。本研究的替代模型为部分中介变量(partially mediated)和无中介变量的模型(nonmediated models)。我们用部分中介变量来评估我们假设的五个自变量(关系、工作自主权、职业发展度、程序公平性、感知的人与组织匹配)和因变量异地离职意图之间的直接和间接作用。部分中介变量模型用来检验假设中介作用(mediated effect)是否可以更好地解释为直接和非直接作用。我们还研究一种无中介的模型以评估上述五个自变量对异地离职意图的作用是否只是直接的,而不是通过工作满意度的非直接作用。所有这些替代模型都包含控制变量路径。利用卡方检验的变化,把本研究的假设模型与嵌套模型进行了比较。如表 7-4 所示,结果发现,无中介模型的拟合指数较差,模型拟合效果较差。而部分中介模型的拟合效果也不如假说模型。因此,通过嵌套模型的比较,本研究的假设模型得到支持。

表 7-4 结构方程模型间的比较

结构模型	χ^2	df	$\Delta\chi^2(\Delta df)$	*GFI*	*RMSEA*	*CFI*	*TLI*
假设模型	1673.03	586		0.97	0.067	0.97	0.96
部分中介模型	1557.82	581	115.21** (5)	0.90	0.082	0.89	0.89
无中介模型	1618.16	585	54.87** (1)	0.80	0.097	0.79	0.78

注: ** $p < 0.01$。

实证检验后通过的有效模型如图 7-2 所示。检验的结果表明,理论提出的假设关系中只有关系和工作满意度的关系没有得到支持,其他的变量之间的路径关系是显著的,而且与预测的方向一致。我们同时对技术人员、管理人员两个不同的群体进行了分别的估计,实证结果如图 7 –3 所示。表 7 –5 则比较了不同群体离职动因对异地离职意图的影响程度的差异性。

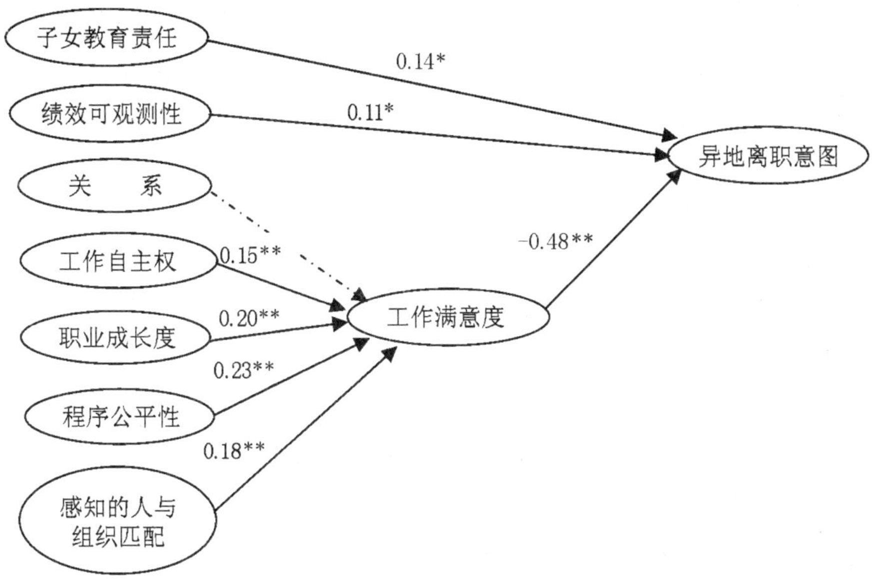

注:图中数字为标准化路径系数,虚线为理论假说认为存在的关系,实证检验未获得支持的路线

图 7 –2　实证检验的结果:样本的总体估计

研究结果表明:

第一,从总体上看,工作自主权、职业成长度、程序公平性、感知的人与组织匹配通过工作满意度对异地离职意图有负向的显著影响,而子女教育责任、绩效可测量性对异地离职意图有正向的显著影响,而关系并没有对异地离职意图产生显著的影响。因此,7 个假说中,只有假说 3 没有得到支持,其他假说都得到了支持。但是,从技术人员、管理人员两个不同群体的估计结果看,两个群体在假说 3 上表现出差异性:管理人员的关系通过工作满意

度对异地离职意图有显著的负向影响,而对于技术人员来说仍然是不显著的。因此,对于管理人员而言假说3得到了支持,而对于技术人员假说3仍然没有得到支持。

第二,比较各路径的系数,我们发现,无论对于技术人员还是管理人员,在七个动机因素中,子女教育责任对知识员工异地离职意图的影响是最大的,其次是程序公平和绩效的可观测性。显然,这也表现出了欠发达地区和知识员工的特性对于员工个体异地离职意图影响的特殊性。

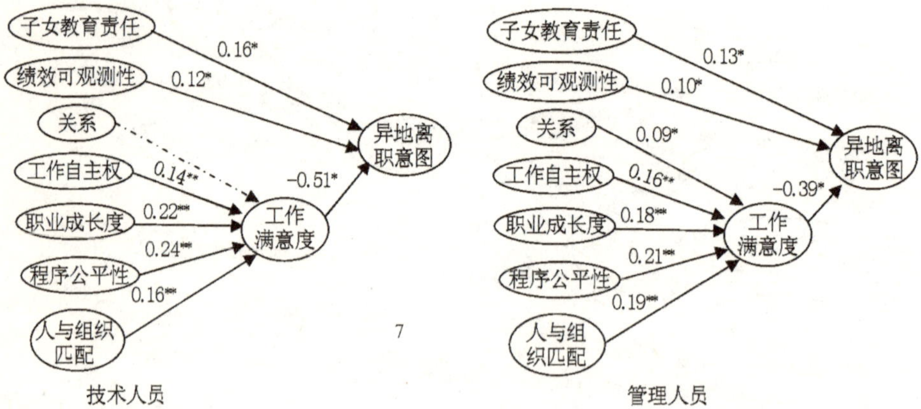

注:图中数字为标准化路径系数,虚线为理论假说认为存在的关系,实证检验未获得支持的路线。

图7-3 实证检验的结果:技术人员、管理人员的分别估计

表7-5 离职动因对异地离职意图的影响系数:不同样本群体的比较

变量关系路径	总体	技术人员	管理人员
子女教育责任→异地离职意图	0.14	0.16	0.13
绩效可测量性→异地离职意图	0.11	0.12	0.10
关系→工作满意度→异地离职意图	—	—	0.09×(-0.39)=-0.035

续表

工作自主权→工作满意度→异地离职意图	0.15×(−0.48)=−0.072	0.14×(−0.51)=−0.071	0.16×(−0.39)=−0.062
职业成长度→工作满意度→异地离职意图	0.20×(−0.48)=−0.096	0.22×(−0.51)=−0.112	0.18×(−0.39)=−0.070
程序公平性→工作满意度→异地离职意图	0.23×(−0.48)=−0.110	0.24×(−0.51)=−0.122	0.21×(−0.39)=−0.082
人与组织匹配→工作满意度→异地离职意图	0.18×(−0.48)=−0.086	0.16×(−0.51)=−0.082	0.19×(−0.39)=−0.074

那么,为什么关系因素在管理人员、技术人员的离职意图中起到不同的作用呢?我们认为,这可能是由于两个群体的工作性质差异导致的。相比较技术人员而言,管理人员在组织中承上启下、联结内外的作用决定了他们有着相对丰富的人际网络和关系,无论组织内部还是组织外部。Luthans, Hodgetts 和 Rosenkrantz(1988)通过对 450 位管理者研究,发现管理人员都从事以下四种活动:传统管理(包括决策、计划和控制)、沟通(包括交流例行信息和处理文书工作)、人力资源管理(包括激励、惩戒、调解冲突、人员配备和培训)和网络联系(包括社交活动、政治活动和与外界交往)。他们的研究表明,成功的管理者(用在组织中晋升的速度作为标志)花费 48% 的时间在人际网络联系上,而且比他们的竞争对手多花 70% 的时间在人际网络活动上,多花 10% 的时间在日常的交流沟通活动中。Carroll 和 Teo(1996)考察了管理人员和非管理人员社会网络的特征。研究表明,管理人员比非管理人员更有可能参加俱乐部和社团,接触到更多不同类型的人。因此,由于工作的特殊性质使得管理人员具有丰富的人际关系网络,而且这种关系对于其个人的职业发展有着非常重要的作用(石秀印,1998;刘宁,2007)。所以,对于管理人员而言,其在原单位、原地区的关系可能更会影响其职业发展的趋向。而技术人员的关系网络相对较小,而且关系对其职业发展的影响可能较小,因此,关系在其离职意图中的作用也相对不太重要。

7.4 结论与讨论

7.4.1 结论

考虑到欠发达地区知识员工离职动因和发达地区相比,可能具有一定的特殊性,而过去的研究并没有对于欠发达地区给予特别的关注,因此,本研究以欠发达地区企业的知识员工为研究对象,实证检验其离职的动因。结果发现,子女教育责任、绩效可观测性对异地离职意图有正向的显著影响,而工作自主权、职业发展度、程序公平性、感知的人与组织匹配通过工作满意度对异地离职意图有负向的显著影响。不过对于技术人员和管理人员,关系因素在其离职意图中起到不同的作用:关系会对管理人员的异地离职意图产生显著的负向影响,但是对于技术人员异地离职意图并没有显著的影响。这个结果表明,和其他地区的员工相比,影响欠发达地区的知识员工异地离职意图的因素不仅仅包括常见的工作自主权、职业成长度、程序公平性、感知的人与组织匹配,知识员工本身工作绩效的可观测性对员工异地离职意图有显著的影响,它表明当知识员工工作成绩对于外界组织而言很容易观测到时,其在人才市场上的价值很容易被发现,因而离职的意图更强烈。此外,一个非常显著的特点是,由于知识员工更为重视子女未来的发展和教育问题,为子女教育的考虑会促使知识员工产生更强的异地离职意图。

7.4.2 管理启示

通过对欠发达地区知识员工离职动因的实证研究,我们很容易发现,保留知识员工不仅仅需要企业自身努力,还需要当地政府做很多工作:①从企业角度来看，由于工作自主权、程序公平性、职业成长度、人与组织匹配等因素都会通过工作满意度而对知识员工的异地离职意图产生负向的影响。因此，企业为了留住知识员工，应当通过人力资源管理制度的设计改变员工对这些因素的认知。例如通过工作设计、授权增强知识员工的工作自主权；通过完善企业内部管理、促进员工参与和增加制度制定的透明度来增强组织的程序公平；通过增加专业培训机会、实施职业生涯规划和管理来拓展员工的职业成长空间；通过基于人与组织匹配的招聘、培训以及建立崇尚知识的企业文化来增加知识员工和组织的匹配度。此外，实证研究发现绩效可观测性与异地离职意图之间存在着显著的正向关系。这表明对于那些工作绩效可观测性较高的知识员工，欠发达地区的企业要给予更为特别的关注，通过差异性管理活动、柔性的福利制度等增强其工作满意度，以保留这种类型的人才。②从政府角度来看，实证研究发现子女教育责任能在某种程度上解释苏北地区知识员工异地离职意图。很多案例也表明，相对多的知识员工离职并不是因为对于工作单位不满意，而是由于欠发达地区教育质量和环境较差导致其子女得不到良好的教育。在这方面，企业特别是中小型的企业能够做的努力是非常有限的。所以需要政府部门强化地方整体的教育质量，营造良好的教育软环境。特别地，在政策上可以对为地方经济和企业发展做出特别贡献的人才给予子女教育上的优惠。

7.4.3 研究局限性和未来研究建议

本文的研究局限性体现在：首先，考虑到调查的困难性，本次调查采取了方便抽样的方法。尽管最后获得的样本也具有一定的随机性和代表性，但是抽样方法对结果的推广有一定的限制；其次，由企业知识员工同时填写各研究变量的状况，可能会产生同源方差(common method variance)问题。未来的研究中，建议采取随机抽样并扩大样本量，以增加研究结论的外部效度。为了避免共同方法方差的产生，可以考虑将问卷的不同部分由不同的人员来填写，比如绩效可观测性由员工的上司来填写。此外，还可以针对特定行业的知识人才研究其异地离职的动因。

8. 异地复制式快速成长企业的高绩效人力资源实践：基于苏宁和万科的案例研究

高绩效人力资源实践的研究是战略人力资源管理领域的一个重要议题，但是在关于哪些 HRM 活动构成高绩效实践的问题上，研究者并没有形成普遍的一致看法。目前不同研究使用的高绩效实践的测量标准不同，得到的高绩效实践活动也相互矛盾。高绩效人力资源实践的范围会随着行业性质或企业特征而发生变化。本章将选择具有“异地复制”和“快速成长”两个共同特征的企业“苏宁”与“万科”，采用跨案例的研究方法，探索高绩效人力资源实践的内容，分析其对企业发展的价值，并和国外相关研究结论做比较分析。

8.1 研究背景与目的

“高绩效人力资源实践”概念是美国产业关系和人力资源学界于 20 世纪 80 年代中后期在检讨美国企业、特别是制造业企业工作场所组织模式的过程中提出的。当时，美国制造业的劳动生产率在工业化国家中处于落后水平，而日本的劳动生产率却高居首位。美国企业在工作场所组织和人力资源管理方面明显落后和不适应形势了。为迅速提高生产率，恢复昔日的竞争力，必须对工作场所的组织加以改造和革新，形成一套“高绩效”（High-Performance）管理体系和实践。美国学术界开始关注日本企业的管理模式，重视其员工高度参与的培训、工作保障和团队合作等人力资源管理措施对组织绩效的影响（Cappelli 和 Neumark，2001）。Huselid 于 1995 年提出了被后人称为具有“通用性”的人力资源管理研究方法。该方法假定存在最佳的人力资源管理实践有助于企业绩效的最大化。后来，越来越多的其他国家的学者也加入了构建“最佳实践模式”的研究，使得当今国际人力资源管理的大多数研究都集中在“高绩效人力资源实践”或“最佳实践”上（赵曙明，2001）。总体上，学者们对高绩效人力资源实践内涵的理解是一致的，都强调这些人力资源实践能够以一种逐项可加的方式帮助企业经营绩效的提高（Pfeffer，1994）。如果真的存在一组普遍适用的高绩效人力资源实践能够帮助企业实现高的绩效水平，那么人力资源管理的实践工作和研究工作都可以简化为寻找这样一组人力资源最佳实践的政策内容或者说是一套高绩效人力资源实践的内容（张一弛、黄涛、李琦，2004）。目前对高绩效人力资源实践并没有形成严格的定义，甚至是多种提法并存，如高绩效工作系统（Huselid，1995）、高参与工作系统（Lawler，1993）、高承诺工作系统（Wood，1995）、最佳人力资源实践（Pfeffer 和 Veiga，1996）和弹性工作系统（Buren 和 Werner，1996）。即使我们接受人力资源管理最佳实践的概念，无论在理论上还是在实践中仍然存在着疑问，因为在哪些人力资源管理的政策措施构成这一套人力资源管理最佳实践的问题上存在着最大的争议（孔繁敏，2004）。例如，被很多企业推崇备至的变动报酬、内部晋升和员工抱怨程序等一系列人力资源管理的政策措施到底是否应该被认为是最佳实践的问题在学术界存在很大的争议（Becker 和 Gerhart，1996）。

本文认为，所谓的高绩效人力资源实践，其高绩效的效果并不具有完全意义上的“普遍性”，这种“普遍性”往往也具有范围的限制，如限定于某种特定行业或具有某种共同特征的某些企业。因而,高绩效人力资源实践的内容也应该随着行业或企业特征而变化。本文感兴趣的是,具有某种共同特征的企业是否存在所谓的高绩效人力资源实践?如果存在,应该包括哪些内容?这些内容和西方文献研究中发现的高绩效人力资源实践是否有所差别?为此,本研究选择具有“异地复制”和“快速成长”两个共同特征的两个高绩效企业展开案例研究。本文接下来的内容包括:对国外关于高绩效人力资源实践的争论进行回顾;采取跨案例研究方法,分析案例企业人力资源实践的内容和特点;剖析这两个高绩效的案例企业人力资源实践的共同特征和对组织发展的贡献,并和相关研究进行比较分析。

8.2 高绩效人力资源实践的研究回顾

对高绩效人力资源实践的研究可以分为单个人力资源管理活动的最佳实践和人力资源管理系统的最佳实践两个不同的阶段。早期研究中,一些学者采取了所谓“最佳实践观点”,认为存在既定的人力资源管理活动来帮助组织获得市场上的竞争优势。他们认为,这些人力资源实践与组织绩效间有直接的正向关系,但同时提出只有当运用“最佳的”人力资源政策时效果最优,而不用特别考虑产品市场、经营目标和组织外部环境等。许多研究者都已经识别了几种最佳实践或高绩效实践。最突出的研究是 Pfeffer(1998)七种人力资源实践在其提高公司绩效的能力上几乎是普遍的:①就业保障;②对新人员的选择性雇佣;③以自我管理的团队和决策的分权化作为组织设计的基本原则;④按组织绩效决定的相对较高的报酬;⑤广泛的培训;⑥减少地位的差别和壁垒,包括服装、语言、办公室安排和跨层次的工资差别;⑦在整个组织中广泛地分享财务和绩效的信息。Arthur(1992)也认为利用广泛定义工作、员工参与公司所有权、授权及薪资报酬等方式可以提高组织绩效。Delery 与 Doty(1996)则发现利润分享、结果取向性的评估和雇佣保障这三种人力资源实践企业会计绩效有相对强有力的普遍性关系。

上述单个实践的研究视角突出了单个的人力资源管理与企业绩效的关系,其隐含的假设是:这些人力资源的实务具有相加性,只要找出各个实务的最佳做法,加以实施便能增加组织绩效。但是这种观点受到了质疑:一方面,从方法论上看,单个的人力资源实践趋向于高度相互关联,结果会使得人们易于高估它们对企业绩效的实际影响。Delaney 和 Huselid(1996)的研究就发现,单个人力资源实践与公司绩效度量之间的简单关系夸大了它们的贡献,因为当其他实践被加入多重回归方程时,它们的系数大小在减少,甚至可能变得在统计学上不显著;另一方面,依据资源基础理论,单个 HRM 实践的探讨对于建立资源基础的竞争优势效益不大,因为单个的 HRM 实践通常容易模仿。也就是说人力资源管理活动必须整合成为一个有效的系统,对企业维持长久的竞争优势才有帮助(Barney,1995)。系统观点认为,HRM 活动之间会通过相互补充和支持形成有效的人力资源管理系统,人力资源管理系统作为一个整体会影响着企业。

因此,上述研究模式都在一定程度上简化了人力资源系统的复杂性。“最佳实践”的研究由单个的高绩效人力资源实践演变为系统化的高绩效人力资源系统,认为存在着理想的 HRM 系统。而且在任何条件下,这些理想的 HRM 系统都可以给企业带来好的绩效。相应地,组织采用的人力资源系统和理想的人力资源系统越是相似,企业绩效就越高。这种最佳系统的观点强调 HRM 活动的整体结构,还包括了“殊途同归”(Equifinality)的假设,即暗示多种 HRM 系统在相同的条件下可能具有同等效果。一些学者实证探讨了不同人力资源管理系统对企业绩效所产生的影响,试图寻找最佳的人力资源管理实践系统。Ichniowski,Shaw 和 Prennushi(1997)以 17 个公司中的36条相似的钢铁生产线为研究样本，采取七个关键的HRM活动，即激励薪酬计划、广泛的招聘和选拔、团队工作、雇佣安全、工作柔性、培训、劳资沟通。通过经验分析把企业人力资源系统分为四个类型，发现相对于传统的人力资源系统（狭窄的工作定义、严格的工作规程、严格监督下的计时薪酬），创新性的工作系统（Innovative Work System）（激励性薪酬、团队、柔性工作任务、雇佣安全、培训）对于公司的绩效有正面的影响。Ichniowski和Shaw（1999）又着手研究41条美日钢铁生产线，发现在没有采用日式管理模式的时候，美国钢铁生产线的绩效比日本生产线平均低5%，引入参与式创新性人力资源管理模式变革后的美国企业比采用传统方式管理的企业，生产绩效平均高出7%。因而研究表明日本式的参与式创新人力资源管理实践普遍对企业生产率和质量具有正面影响。Arthur（1992，1994）把这些人力资源管理系统划分为两个更大的类别，命名为追求员工"承诺最大化"与追求"降低成本"（或控制型）的人力资源管理系统。"承诺最大化"的人力资源管理系统指连接组织与员工的目标来塑造员工的行为与态度，即员工在与组织目标一致时，让员工的工作具有自主性，以提高员工对组织的承诺。"降低成本"的人力资源管理系统则指组织用规则及过程或产出衡量标准来降低员工的直接成本或提高效率。以美国30家小型钢铁厂为样本的实证研究发现承诺取向型的人力资源实践系统与更高的劳动生产率及更低的废品率相联系。最近，Clint Chadwick（2007）对3167个组织进行的研究结果也表明，承诺型人力资源管理模式更能显著提高组织绩效。原因可能是对于组织绩效来说，员工自由发挥能力、员工技能的培养和较高的员工积极性等都是非常重要的因素，而这些正是承诺型人力资源管理模式所致力于解决的问题。因此，基于承诺的人力资源管理模式实质上就是一种高绩效工作系统。

虽然高绩效人力资源实践的研究在国内外成为热点，但是研究者对于高绩效人力资源实践的构成并没有形成普遍的一致看法。Becker 等(1996)回顾了在20世纪90年代中期美国关于高绩效工作体系研究的最具影响的论著,发现在高绩效工作体系应该包括哪些人力资源管理措施的问题上,不同的研究得出了明显不同的结论。例如,有人认为内部晋升是一种高绩效工作体系的措施(Huselid,1995),也有人认为内部晋升不是一种高绩效工作体系的措施(Arthur,1994)。在这些作者检验的近30种高绩效的人力资源管理措施中,没有一项被文中涵盖的五项著名的研究普遍证实。其中,得到四个研究肯定的人力资源管理措施只有"自我管理的工作团队"和"难题攻关小组";得到三项研究肯定的措施只有"按照业绩支付报酬"和"员工培训";得到两项研究肯定的措施只有"工作轮换"、"全面质量管理"、"冲突解决方案";其余的20多项人力资源管理都只得到了一项研究的认可。一些学者试图对这些高绩效人力资源实践活动进行总结,例如,Bailey 和 Merritt (1992)认为的观点:高绩效工作系统的结构由员工能力、员工激励和员工参与决策的机会三部分组成。MacDuffie(1995)人力资源管理实践系统要能改善组织绩效,必须具备三个要素:①员工必须具备相当的知识和技能;②人力资源管理实践活动必须能激励员工充分发挥他们的知识和技能;③必须能让员工自主地帮助组织实现目标。Youndt 等人(1996)则提供了以下关于高绩效人力资源实践的尝试性描述:①通过选择性的人员配备、培训和开发去提高雇员技能;②通过工作再设计的机制、基于群体的激励的使用来提高团队精神、授权范围和员工涉入问题解决的程度。但是这些尝试性描述同样需要得到进一步的检验。

总体而言,对于高绩效人力资源实践的政策内容还没有达成共识,一个相对而言被普遍接受的看法是这种工作体系的基本内容包括员工的职业保障、授权、尊重员工、利益分享、严格录用、全面培训和按照业绩支付报酬等几个方面(Pfeffer,1998)。我国学者张一弛等(2004)在对 Beck 等(1996)提到的30种可能构成高绩效的人力资源管理的政策措施进行了调查,考察这些措施的实际应用程度。研究认为:在本质上,高绩效工作体系针对的企业是大机器生产的制造业企业,同时在政策措施上沿袭了员工参与和授权的观念。高绩效人力资源管理措施在理论上包括很多种类。在这些可能的高绩效人力资源管理措施中,有一些措施比其他措施更可能具有普遍的适应性。

8.3 案例研究

持有“高绩效人力资源实践”观点的研究者认为存在所谓的“最佳人力资源实践”可以帮助企业实现绩效的最大化,并且这种效用具有“普遍性”。我们认为,所谓的“高绩效人力资源实践”强调“最佳实践”具有有限范围内的“普遍性”。具有某种共同特征的企业,往往具有某些共同特征的“高绩效人力资源实践”。为此,我们选择了具有“异地复制”、“快速发展”的两家企业进行跨案例研究。采用跨案例研究使案例研究成为一种更严格、更科学、更加具有理论验证能力的研究方法。

8.3.1 研究设计

(1)案例选择

所谓“快速发展”是指公司发展速度超过行业发展速度;“异地复制”是指公司在不同地区的产品和发展模式是相近的,甚至是完全相同的。“快速发展”和“异地复制”两者往往又是交织在一起,成为公司发展的特征。本案例之所以选择苏宁电器股份有限公司(简称“苏宁”)和万科企业股份有限公司(简称“万科”)作为案例研究对象,除了两者知名度高之外,更重要的是两个企业符合本研究要求样本企业具有的两个共同特征"异地复制"和"快速发展",如表8-1所示。这种"快速发展"、"异地复制"模式已经成为房地产和连锁业异地扩张的法宝。他们往往利用在某座城市成功的项目案例,进行全国范围的复制,在投资的城市中发展同样名称、规模相似、运作模式相似,甚至消费者定位都保持一致的项目。这种发展模式降低了经营的成本,如开发成本、设计成本、运营成本,而且容易被异地的消费者接受。

表8-1 苏宁与万科的发展特征

	苏宁	万科
企业概况	苏宁创办于1990年,是我国最大的家电连锁企业之一。截至2009年12月,公司已在全国200个地级以上城市拥有连锁店941家(含自有物业店面17家),连锁店面积达399.26万平方米,公司母公司共有在册员工5383名。[a]	万科创办于1984年,是我国最大的专业住宅开发企业。公司于1988年介入房地产领域,1992年正式确定大众住宅开发为核心业务,已进入深圳、上海、北京、天津、沈阳、成都、武汉、南京等近20个大中城市,基本覆盖全国大部分经济发达地区。截至2009年12月31日,公司共有在册员工17616人。[b]
发展速度	上市近四年,苏宁电器始终保持着稳健的增长,近五年净利润年复合增长率超过90%,主营业务年复合增长率超过70%。苏宁的开店周期从2003年的20天、2004年的15天、2004年的6天、2005年的2.2天已经发展到2006年的2天。	1992年至2007年,是万科持续快速发展的黄金25年,公司的主营业务年增长超过26%,净利润年增长超过34%;自2004年起,更是连续3年增长速度超过50%,2004年增长61.91%,2005年增长53.80%,2006年增长59.56%。万科已连续26年持续高速增长,主营业务年复利增长超过26%,净利润年复利增长超过34%。
发展模式	首先苏宁组织庞大的选址团对跨地区的开店进行密集排查,在短期内就积累起足够多的优秀备选址;然后,利用组织管理、人力资源、信息系统、物流平台建设等后台体系上的强大实力做好开店的后台基础工作;之后,在本地区实施快速同质化的开店。	在不同城市的郊区大规模地拷贝,产品单一化,目标客户准确,体制上采取一个总部强势控制,有计划地在郊区连锁开店。万科开发的城市中心区域外围的"城市花园"、城郊结合部的"四季花城"和城市中心区的"金色家园"等都在不同城市实现了成功复制,属于典型的沃尔玛模式。

资料来源:a.苏宁电器2009年度报告;b.万科2009年度报告。其他是作者根据访谈资料和媒体报道信息整理而成。

(2)资料来源

本案例研究的资料来源主要包括:一方面是研究团队深入企业进行实

地访谈,其中对苏宁的调查主要集中在2007年12月到2008年6月,苏宁的访谈对象包括公司副总裁孟祥胜、发展规划部和人力资源管理部的管理人员,研究者还通过实地走访苏宁电器的门店,和有关门店的负责人、员工交谈了解企业情况。对万科的调研主要集中于2008年3月31日到4月3日,期间对万科的高、中、基层的管理者和员工进行了详细的访谈,访谈对象包括总裁郁亮、原人力资源总监(现担任公司副总裁)解冻、人力资源各个部门的经理和公司一般职员;另一方面是利用二手文献资料获取企业相关信息,其中包括公司管理层接受各种媒体、研究者访谈的讲话,有关人员通过调查形成的资料,以及两家公司在本文研究者调研过程中提供的书面和电子材料。多样化的研究信息来源有助于使案例研究基础坚实有效,从而提高研究的构建效度(Yin,1989)。

8.3.2 苏宁的人力资源实践

(1)"利益共享、责任共当"的企业价值观

"做百年苏宁,国家、企业、员工,利益共享;树家庭氛围,沟通、指导、协助,责任共当"是苏宁电器的"企业价值观"。董事长张近东说:"苏宁电器从创业第一天起就将责任和信誉作为企业不可动摇的使命。"苏宁总裁孙为民强调:"对人的管理,思想方面的管理是最重要的……苏宁从2000年就着手开展这方面的工作,这就是关于企业文化的强行灌输。一个人作为苏宁的员工,就必须认同我们苏宁的价值观。如果不认同,哪怕你再有能力也不行,我们苏宁不允许企业内有杂音,有不和谐的声音。"①苏宁自成立以来,累计向社会公益事业捐助了上亿元资金,2006年创造了中国第一个企业社工

① 来源于《新营销》记者苏东对苏宁总裁孙为民的访谈"孙为民:苏宁打造国际化管理平台 高管不宜本土化",2005年12月6日。

服务品牌"1+1阳光行——苏宁社工志愿者行动",苏宁通过启动"1200工程"、"4045再就业工程"和"蓝领工程",先后接纳吸收了6000多名应届毕业生、数千名下岗工人和两万多名蓝领技师,被评为"最具有社会责任感企业"和"十大慈善企业"。所有这些,都在践行着公司的价值观。

(2)制度重于权力的管理理念

"制度重于权力,同事重于亲朋"是苏宁的管理理念。在苏宁,企业的日常管理制度是高于一切的东西,任何人不能凌驾于制度之上。这种对于制度的严格遵守,张近东等苏宁高层也一直身体力行。在招聘过程中,通常会出现一些"关系户"的条子从他那里转到人力资源管理中心,但他绝对不会说"你们把这个人招进来吧",而只是把应聘者的资料转给人力资源管理中心,然后人力资源管理中心按照程序进行考察(彭长桂,2006)。与此同时,苏宁特别强调制度建设。苏宁任何制度、政策或流程的出台,都要经过三次以上自下而上的意见征集和反复论证,才能最终形成制度性文本;一旦公布实施,则每一位相关人员必须严格遵守。当然,苏宁也会随着市场、企业的发展变化对制度及时进行修订和完善。总部人力资源管理中心的定位是制定标准,即负责人力资源管理制度和工作流程的制定与完善,目前已形成了厚达200余页的《人力资源管理手册》,内容非常完善,并且符合苏宁管理的"四化"(制度化、简单化、标准化和信息化)要求,以便成功地进行"又快又好的标准化复制"。在苏宁,制度建设是一个持续而不间断的过程:面对在实际操作过程中反映出的大量问题,每一位苏宁人都会想到针对这些问题怎样形成制度化的解决方案,这已经成为一种思维习惯。所以,大区和子公司可以随时提出建议,但是绝不允许随意改动公司制度,因为制定和完善制度和作业标准的最终权限必须掌握在总部人力资源管理中心,否则执行的效率容易出现问题。

(3)HRM的战略地位

人力资源在苏宁的重要性可以通过张近东的话来反映出来。“我什么东西都可以放，但是有一样东西不能放，那就是人力资源，人力资源是比货币资源更为重要的资源。因此，人为先，策为后。”人力资源的重要性也提升了人力资源管理的重要程度。2004年苏宁将人力资源体系的工作使命定位为：“传承企业文化、创造良好业绩。”在此基础上提出了人力资源工作的七大目标：①为每一位员工安排一个适合的岗位，充分发挥其激情、能力和价值；②树立企业与员工共同成长的观念，增强员工的企业荣誉感，并提高员工稳定性；③塑造家庭式氛围，通过沟通与指导，在部门之间和员工之间建立深厚的感情，提高凝聚力，共同打造优秀团队；④根据岗位职责与业绩为员工提供具有市场竞争力的薪酬福利；⑤在员工做出突出业绩时及时给予激励与认同，以保持其工作激情；⑥在员工能力与经验增长时给予认同和合理晋升，以使其承担更大的工作责任；⑦为员工提供必要的工作条件。这浑然一体的七大目标，不仅将苏宁经营战略以及人力资源战略的要求逐一落到了实处，同时也有效统一了人力资源管理人员对工作目标的认识，提高了相互之间配合与沟通的效果。

（4）人力资源管理的信息化建设

十多年来，苏宁对信息化建设投入巨资，管理信息化水平不断升级。特别是SAP系统的成功实施，有助于苏宁实现一体化管理、跨公司管理和跨地区运营三大管理突破，支持公司未来发展目标。而在人力资源管理方面，随着公司的迅速发展，苏宁管理层开始意识到，过去以考勤、档案、资料管理为主的记录型人力资源管理系统已不能胜任企业发展需求，只有以实现企业人才成长为主线进行全面系统管理的现代人力资源管理系统，才能对苏宁的长远发展起到推动和提升作用。苏宁耗资近3000万元，在SAP核心系统的基础上针对苏宁个性化管理需要，和IBM共同开发了SAP－HR系统。SAP－HR是基于“以个人为成本效益单元”管理的人力资源系统，包括基础管理层面的组织模块、档案模块、时间管理模块、薪酬模块；员工职业生涯设计层面的招聘模块、培养模块、晋升模块、职业生涯模块。它使苏宁 HR 部门的行政性事务实现规范化和无纸化，为苏宁 HR 部门实现数据的标准化、自动化集中管理、共享，优化人力资源流程，提高工作效率，提升业务水平提供了强有力的支持，让 HR 部门人员从烦琐的日常事务处理中摆脱出来，专注于战略决策层面，从而实现了在中国家电行业和被称为"劳动密集型"的商业两大领域内的管理平台大飞跃。

(5)自主培养各类人才

苏宁的高速发展使得各个部门均感到人力资源(尤其是管理人员)不足。2002 年苏宁经过讨论一致否决了业界普遍的"招之能来、来之能战"的功利观念，提出了"自主培养、内部提拔"的用人方针，表现在三个方面：①苏宁已经建立了一套独特而系统的、极富个性的快速人才培养机制，其培训类型包括：一是所有新员工必须接受的上岗培训，比如新入职部长级以上员工和"1200 工程"员工标准化的 15 天封闭培训，其特点是大规模、批量化、同质性和标准化；二是针对在职人员的绩效提升培训，比如终端员工技能比武、四大终端人员联合演习、部门双周培训等，主要围绕改善工作业绩、提高操作熟练度等问题，其特点是定期化、常规化、形式多样、途径丰富；三是晋升培训，也就是梯队培训，最具特色的是"1200 工程"、"千名维修技术蓝领工程"、"百名店长工程"、"中层管理梯队工程"等系列品牌工程。苏宁还在清华大学和南京大学成立教育和发展基金，用于人才培育和发展战略研究。②其培训特色还体现在很少直接采用外面的培训教材，而是由人力资源管理中心下属的培训管理部和各业务单元的资深员工一起自主开发并不断修订和完善。从而使培训课程非常切合苏宁的工作实际，不仅分享和传递了讲师丰富的工作经验，使学员将学到的知识经验迅速运用到工作中，而且让各级管理人员和资深员工对自己的工作进行及时的总结和理论提升，有效地推动和加强了苏宁的知识管理。③花费巨资改善培训的硬件设施。苏宁已建成龙江培训中心和杭州培训中心以及区域性大型物流基地的培训场所。苏宁还将会建成直属于总部的两个 A 类培训机构:承担集团中高层管理人员培训的连锁商学院和针对基层员工的大型现代培训中心。

(6)稳定、团结、敬业的高层管理团队

为了企业未来发展,张近东主动稀释自己的股份,分给了跟随其多年的老部下。而对于苏宁各分公司高管,张近东则将各地分公司 10%—40% 左右的股份赠与他们。苏宁还曾尝试通过股票期权计划来激励高管团队。股权激励为管理团队打造了一副成色十足的"金手铐",让这些高管对苏宁由衷地产生了归属感和主人翁精神,使得苏宁众多"职业经理人"转变成"事业经理人",稳定苏宁各地分公司的管理团队,从未出现高层频繁流动的现象。

(7)企业内部信息沟通

苏宁电器的人力资源管理架构包括总部、大区和子公司三级管理体系。总部的人力资源管理中心直属苏宁最高管理机构——总裁办公室,并设立人力资源总监办公室,协助总监开展工作,同时按照专业化分工的原则设有招聘管理部、培训管理部、薪酬绩效部、人事管理部、企业文化部。大区设人力资源部,子公司设人事部,人力资源职能基本上与总部对应,每一个终端(店面、物流和售后)都配有相应的人事专员,这便形成了完善的人力资源管理网络。随着公司规模及经营范围的扩大,不同层级的人力资源管理部门之间的沟通和配合就显得尤为重要。目前,苏宁主要建立了这样几个沟通渠道:一是制度化沟通机制,比如各大区人力资源部负责人必须亲自完成的日报、周报和月报等;二是利用电话、邮件等随机沟通;三是每个月人力资源系统都召开电视视频会议,各大区人力资源经理每季度都要回总部开会;四是不断加强总部与大区的人员互调,主要是为了防止一直在区域工作的人可能会存在的心理障碍——担心总部领导很忙,不愿轻易打扰,而这可能会影响解决问题的速度与效果；与之相反，从总部派出去的人和总部之间是没有隔阂的，遇到困难时，很容易想到马上就给总部打电话寻求支持。

(8)反对家族管理，提倡家庭氛围

“同事重于亲朋”也是苏宁的管理理念之一，强调的是一种团队至上的平等、协作和尊重的关系。苏宁是一家原生性的民营企业，但一向坚决反对家族式管理，提倡家庭式氛围。所谓家庭式氛围就是分工不分家，每个人在忠于岗位职责的同时，还要积极支持同事的工作，为共同事业、共同价值而努力。因此，同事之间既是共同事业的合作伙伴，更是共同拼搏的战友。苏宁与员工之间不提倡简单的雇佣关系，同事之间不仅有利益的纽带，更有感情的纽带。同事之间默契配合，是心有灵犀一点通的意会，是无需言表的领悟。

8.3.3 万科的人力资源实践

(1)“阳光照亮的”企业价值观

上海万科工程部发生集体受贿事件后，万科确定了“阳光底下无罪恶”的企业文化，认为超过25%净利润的几乎没有，如果有，也是违法的。与此企业文化相对应，在万科的核心价值观中强调“阳光照亮的体制”，其含义是万科对内平等，对外开放，致力于建设“阳光照亮的体制”，认为“专业化+规范化+透明度=万科化”；规范、诚信、进取是万科的经营之道；公司鼓励各种形式的沟通，提倡信息共享，反对“黑箱”操作；反对任何形式的官僚主义。万科努力把企业价值观渗透到各项具体工作中去：第一是公司不会逼你去做你不想做的事情，比如逼着销售人员去行贿、做桌面下的交易等等；第二是公司能让你去做你想做的事情，比如设计人员能够将自己的设计理念应用到实践中去等。因而在与万科员工的交流中，不难发现他们对万科公司理念和价值观的高度认同和激赏。

(2)一票否决制的人力资源管理战略地位

2001 年 5 月万科希望人力资源部门从行政职能部门转变为战略管理和知识管理部门,因此把其使命重新定位为管理层战略合作伙伴、公司变革推动者和方法论专家,要求 HR 部门服务于职员能力、职员有效满意度和组织效率的提升,服务于人力资本的产出最大化。这种定位将人力资源部提升到战略合作伙伴的层次,表现在:第一,人力资源部门负责人成为最高管理层的核心人物之一,人力资源总监拥有对项目的一票否决权,这也是公司唯一的一票否决权;第二,万科集团对下属公司的绩效考核指标体系包括员工满意度、骨干人员价值流失率、人均效能,后来又增加了团队更新指数、员工学习指数等关键指标;第三,非常强调非人事经理的人力资源管理,认为每一位直线经理人首先必须是一位人力资源经理。

(3)流程规范、制度至上

遵循制度,严格执行制度,在制度面前人人平等,已经成为万科的文化。在万科,任何一项制度、一项决策,一定决定下来,就必须坚决执行贯彻下去。为了确保总部和一线公司的人力资源管理不走样,公司的主要做法包括:其一,总部人力资源部在人力资源管理上就是研究和制定战略、政策、制度,并提供方法和工具,一线公司负责执行;一线公司的人力资源经理都是从总部派出去的,一线公司的人力资源管理员工到总部人力资源部轮岗;通过各种沟通渠道事前沟通、事后跟踪。其二,万科有一道“高压线”,触碰“高压线”,任何人都会受到严厉惩处。万科制定了《职员职务行为准则》,在万科与合作伙伴合作之前,都要主动把《职员职务行为准则》送给他们,让合作伙伴了解万科是怎样要求员工的。《职员职务行为准则》对职员的职业行为有着严格的规定,如不得利用职务之便为个人谋利;不得泄露公司机密;个人投资不能与公司利益相冲突;用人不得举贤唯亲等。在万科,其他的错误都可以谅解,唯独在员工的职业道德方面绝不姑息迁就,违反了职务行为准则是不可原谅的。

(4)信息化人力资源管理的建立

万科早在1997年就已经开始着手企业管理信息化建设和开发基于部门应用的人力资源管理系统。2001年9月,万科开始实施SAP-HR系统。2002年6月,万科引进的SAP-HR正式上线。SAP-HR项目已经为万科建立起一个统一、稳定、准确的人力资源信息平台,实现了跨地域、跨硬件平台的人力资源管理系统。员工的人事信息、组织结构管理、考勤管理、工资核算形成有机的集成和统一,提高了企业的运作效率,为企业提供了及时、准确的人力资源信息。时任万科集团副总经理、人力资源总监的解冻认为:"SAP-HR项目的成功实施,为万科在全国房地产业务的持续拓展打造了一个全新的人力资源管理平台,从技术上保障了我们的人力资源管理水平的发挥,从而使万科的核心竞争力得以持续领先。"SAP-HR项目使得万科人力资源管理由"行政事务导向"转变为"战略业务导向"、由"秘书"角色成功转型为"业务伙伴"角色。

(5)培养和保留一支专业化、规范化和强调合作的职业经理人团队

万科是一家以职业经理资源为企业核心竞争力的企业,公司有一种模式让职业经理人层出不穷。这一模式包括:①职业经理人标准的制定。公司在2001年时确立了职业经理人资质模型,要求其具备管理自己、管理他人和团队、管理任务三项核心素质。之后,每过两三年都会对职业经理人资质模型进行修订。2007年对中高层管理者的资质进行了调整,使其针对性更强一些,包括修身、齐家、平天下。其中,修身指个人修为,如整合性思维、学习改进;齐家更多的是针对团队,强调团队领导、发展他人、塑造组织能力;平天下,指外界的方方面面的合作和沟通,素质有股东视角、客户导向、伙伴意识、先锋一致,不光带好你的团队,还要和外界的利益相关搞好合作,能够确保公司的使命和目标的达成。②个人发展计划(Personal Development

Planning,PDP)。为培养职业经理人后备力量和提高现任职业经理人水平,公司积极给经理后备人选提供并创造条件和机会:首先,要求每个管理者的上级和他本人对他的资质情况制定一个当年度的发展计划,而其本人必须完成发展计划的项目;其次,建立了完善的制度,设计各种培训以提高职业经理人的自身素质,安排其到有声望的专业院校进行高级培训或专业研修,以提高他们在管理和专业技能方面的水平。再次,公司对于职业经理人普遍寄予较高期望,公司为职业经理人每一次设立比上一个更高的目标,根据计划授权体系给予相应程度的授权,为那些在工作中表现出色的职业经理人提供了广阔的发展空间,帮助他们逐步提高自己,并藉此开发经理人的潜在能力,在实践中让他们经受磨炼以尽快地成长起来。③人才库的构建。万科有三层人才库,最基层的叫 TPP(Talent Promotion Program)为基层干部做储备,培养已在单位获得良好工作业绩并具有持续成长潜力,期望在万科寻求进一步发展的高级人才;再往上的人才库叫 MPP(Management Promotion Program),为中层干部做储备,会对这部分人投入更多资源,通过给予机会参加高级研讨会,体验一些任职经历等方式促进他们不断成长;最高的一个叫 LPP(Leader Promotion Program),为公司高层领导人做储备,从担任部门经理以上的人员中选拔,公司给予这些人以高规格培训,包括出国培训、提供商学院课程学习等。公司采用"优化组合、优胜劣汰、能上能下"原则,每年都对职业经理人的工作和能力进行检验,对这三层的人才库进行梳理和解释,一旦进入人才库,本人要承诺有什么义务,以及会得到什么,参与到 PDP 的计划中来。④有效的管理层股权激励。万科推出了限制性股票激励计划,激励对象包括在公司受薪的董事会和监事会成员、高层管理人员、中层管理人员,以及由总经理提名的业务骨干和卓越贡献人员。这些激励措施对于稳定、激励职业经理人团队是相当重要的。

(6)重视职员的长期培训

万科对员工培训的重视还表现在培训成为万科各级管理人员的一项重要工作。老总亲自带头,言传身教,将开会、交谈、工作交流等方式均视为培训员工的机会,不遗余力地向下属传授经营管理思想和经验。为了更好地培养后备管理人才,公司将一批思想活跃、素质优良的年轻的业务骨干集中起来,成立"管理研讨班",对公司发展战略和经营管理问题进行经常性探讨,并提出可行性方案供决策层参考。万科的招聘更青睐于高素质的应届毕业生,并强调对新职员实施"新动力培训"。为期大约21天新动力培训目的在于让新人从校园平稳过渡到社会,减少心理振荡,传承万科的价值观。重视人才培训使得70%以上的管理人员是内部培养的,这批人既熟悉公司情况,对公司非常忠诚,又具有良好的素质、较高的业务能力和市场经济的观念,成为公司一支非常重要的力量。

(7)举贤避亲与任人唯贤

万科提倡"举贤避亲"。公司老总带头这样做,同时也要求下属遵照执行。为了避免造成裙带关系,公司不提倡夫妇双方同时在万科工作。由于最大限度地削弱了血缘、宗亲关系的影响,因此,在万科公司内部,人际关系相对比较简单,为公司的规范化管理创造了一个良好的环境。与举贤避亲相对应,万科在用人上把任人唯贤做到了比较彻底的地步。万科强调能力主义,以能力、作用、表现作为对职员定级的主要标准,不分年龄、性别、学历和资历。职员进万科前的经历全部被冻结在档案里,以往的成绩和地位只作为定级的参考,更主要考察的是实际工作能力。在这种原则下,出现了一批资历虽浅,但实际工作能力强的年轻的中层管理人员和一批自学成才的经营管理骨干,为公司发展发挥了重要作用。

(8)企业内部信息沟通与分享

20世纪90年代初,万科通过各种会议来实现信息沟通:一月一次总经理办公会,三次展会,员工开读报会和畅所欲言的"神仙会"。目的都在于帮助经理和员工们分享信息。随着公司规模的成长,信息传递的过程更加文字化和格式化。在这个基础上,万科的周报、月报、旬报、业务通报以及名声在外的《万科周刊》、"王石 online"、"投诉万科"先后诞生,并且形成制度,沉淀为文化。在员工手册中,可以见到万科的"十二条沟通渠道",包括上级经理的门户开放政策、我与总经理有个约会、E-MAIL 给任何人、网上论坛、职员申诉通道、员工满意度调查等等。保证了员工在企业内部上下左右职位之间的沟通畅通,使得任何不公正、不合理的活动都无法瞒天过海"黑箱"操作。

8.4 案例讨论

8.4.1 苏宁和万科人力资源管理实践的比较

以上对苏宁和万科公司的人力资源实践进行了介绍和概括。表 8-2 总结了两家公司的人力资源实践,并比较其共同特征。

表 8-2 苏宁、万科的人力资源实践总结表

	苏宁	万科	共同点
企业价值观	利润共享、责任共担的企业价值观	阳光照亮、不求高额回报的价值观	利益分享的企业价值观
HRM 理念	制度重于权力	流程规范、制度至上	尊重制度的 HR 管理理念
HRM 的地位	战略地位	一票否决的战略地位	战略地位的人力资源管理
HRM 信息化建设	基于 SAP-HR 的信息化管理	基于 SAP-HR 的信息化管理	HRM 高度信息化

续表

培训	自主培养各类人才	重视职员的长期培训	高度重视企业内部培训
管理团队	稳定、团结、敬业的高层管理团队	专业化、规范化和强调合作的职业经理人团队	稳定、高效的职业经理人团队
家族用人	反对家族管理,提倡家庭氛围	举贤避亲与任人唯贤	用人标准市场化
内部信息沟通与分享	畅通的信息沟通	高度的信息沟通与分享	内部信息沟通与分享

8.4.2 苏宁和万科人力资源实践对组织贡献的价值分析

苏宁、万科都是“异地复制、快速成长”企业。异地经营的企业都会遇到同一个矛盾——如何处理集团总部与各分公司之间的关系?如何保证各分公司的步伐和总部保持一致?中国人具有情景主义的特点,管理者往往会根据每件事的特别价值来分别对待,以寻求某种公平,而放弃了原则立场,即所谓的“将在外,军令有所不受”。虽然这种情景主义的管理文化可以增加各分公司的灵活性,但是却使得总部对各分公司的控制能力降低了很多,最终可能导致公司运营的失败。正如万科解冻所说:“一个优秀的公司,一旦跨地域经营,就是它噩梦的开始。”而企业的高速发展,一方面会加速“异地复制”企业面临的组织控制问题;另一方面会使得企业面临着更多的人才短缺以及如何留住人才的问题。“异地复制”和“快速成长”两者交织、叠加在一起,对企业的管理提出了新的挑战。万科解冻就指出:“万科现在仍在大幅度扩张,而我们人力资源管理要做的,就是未雨绸缪,不让噩梦发生。”那么,苏宁、万科的人力资源管理实践是如何应对公司的“异地复制”和“快速成长”带来的组织控制和人才短缺两大难题，支持公司发展的呢？

(1)组织控制与人力资源实践

苏宁、万科在异地管理和控制中首先要处理好差异化和标准化的关系。不难看出，两家公司选择了先公司化、后差异化。这可以看出公司异地管理与控制的基本定位。相应地，人力资源实践也对这一异地管理控制模式起到了巨大的支持作用：

第一，制度至上的文化。由于特殊的文化背景，中国人通常强调情景中心，不太重视制度程序，注重的是人治，可以为了眼前的效率而违反既定的程序和预定的规则，可以变通。但是万科、苏宁则认识到这种传统的文化可能会给企业经营带来的问题，所以建立了制度至上、不可超越的企业文化，而企业则通过不断完善制度来巩固这一文化的优势。特别地，万科的这种企业文化是强势的，万科在进行跨地域的扩张时，首先考虑的是企业文化的移植和复制，如果企业文化不能得到保证，那干脆就不做了。这种制度至上的文化同样体现在公司关于家族用人上：苏宁公司反对家族管理、提倡家庭氛围；而万科则举贤避亲与任人唯贤。这种用人制度对于企业落实制度至上的文化也是很重要的。

第二，组织内部信息的有效沟通。如何消除标准化管控可能对各地差异化产生的负面影响？组织内部有效的、坦诚沟通是一个有效的途径。苏宁建立了四条高效的内部信息沟通渠道；万科 BBS 管理让所有员工，包括王石，都可以在这个平台上进行双向的、平等的、坦诚的沟通。人和人之间坦诚而有效的沟通，可以减少不同地区的差异，形成一个学习的过程。

第三，职业经理人团队的稳定。经理人制度的建立避免了许多民营企业创始合伙人之间的冲突和震荡，使管理团队得以长期稳定，并且养成了系统的经理人文化，理性的创业者和优秀的职业经理人团队使公司在管理上能够集中精力，做细做深做透，不仅能在本地区积聚优势，而且建成了跨地区管理的高效体系。“我们提出要建立一支队伍、一个平台、一种语言，只有这样我们才能保持良好的沟通，与企业文化的高度一致。”解冻说，“万科已经进入18个城市，到目前为止，绝大多数主管人事的干部，全部是由我的人力资源部培训出去的。”但是这些员工和当地的同事必然会面对一个挑战：如何和当地的亚文化结合；如何跟当地的同事和谐相处。万科要求外派人员在尊重当地文化的同时，要让所有的同事认同万科的文化、万科做事的原则。

第四，HRM高度信息化。如果没有这些信息系统，想要指挥大兵团作战，简直不可想象。苏宁和万科基于ERP系统开发了SAP－HR系统，对组织控制至少起到了两个方面的作用：一是减少人力资源部门花在日常行政事务上的时间，而把更多精力投入在战略人力资源管理上，有助于实现人力资源管理的控制；二是使得HRM规范化，减少各地分公司的随意性，有助于实现公司的总体控制。

(2)人才短缺和人力资源实践

企业的快速发展首先遇到的“瓶颈”就是人才的短缺。如何获取企业快速发展需要的人才，并且留住人才尤其是骨干人才是苏宁、万科遇到的共同问题。而人力资源实践的有效设计可以帮助企业克服这一困难。

第一，利益分享的企业价值观。一个企业的价值观对于吸引、留住什么样的人才具有重要的作用。苏宁公司强调利润共享、责任共担，对社会具有高度的责任感；而万科强调“阳光照亮”的价值观，基于行业的特殊性，特别强调不能以牺牲员工的利益来谋求企业的发展。无论苏宁还是万科，其价值观都强调了对社会责任和员工利益的重视，树立良好的企业形象，赢得社会和员工的认同，更可以吸引并留住持有类似价值观的核心人才。

第二，HRM的战略地位。万科董事长王石说：“再好的合作伙伴，再好的条件，自己说了不算，不做！再好的机会，人力资源没准备好，不做！”万科的 HR 一票否决和苏宁确定人力资源工作的七大目标,使得 HRM 的战略地位更加凸显,明确了人才在企业中的重要贡献,有助于从根本上解决人才的短缺。

第三,高度重视企业内部培训。快速成长企业对人才的需求有很强的动机,因此,需要有系统地培训、复制人才。苏宁和万科对企业员工培训的高度重视,在很大程度上保证了企业快速发展所需要的人才。苏宁的四大人才培养工程为公司超高速发展提供了各类人才储备:"1200 工程"员工已补充了苏宁 30% 以上的管理岗位;"千名维修技术蓝领工程"促使服务维修技术队伍成熟化,提升了苏宁的服务能力和服务品牌;"百名店长工程"每年培养储备 100—200 名优秀的连锁店长;"中层管理梯队工程"是苏宁为未来培养储备干部的重要人才战略,以确保苏宁持续发展的后劲。万科的"新动力"为企业提供了源源不断的高素质人材,不少中层骨干都是由"新动力"成长起来的。

第四,稳定的职业经理人团队。企业快速发展对于核心管理人才的需求显得格外重要,拥有稳定的职业经理人团队就可以保障企业快速发展,可以保持企业文化的一致性,有利于企业跨地区发展。苏宁和万科在这方面表现出很强的共同特点:强调建立高效、稳定的管理团队,强调利用股权激励方式激励和留住在企业快速发展中起到关键作用的高层管理团队和核心人才。正如苏宁董事长张近东的财富观:"当你赚 1000 万的时候,那是你自己的;当你赚更多钱的时候,就是属于社会的。苏宁是社会的,不是我个人的。我张近东只是管理者和责任者"(段传敏,2008)。

公司的这些人力资源实践的设计也取得了很好的效应。以万科为例,万科连续多年获得"中国大学生最佳雇主"和"中国卓越雇主"称号。2005 年,万科首次参加盖洛普员工敬业度调查,万科员工满意度及敬业度均值分别位于盖洛普全球数据库 82% 分位和 59% 分位,在全球首次监测数据库

(首次参加调查的公司)位于70%分位;2006年员工敬业度调查中,万科员工满意度及敬业度大均值上升至盖洛普全球数据库87%分位和76% 分位。而从人才流失情况来看,万科曾经号称房地产界的"黄埔军校",万科同样面临流失率非常高的难题。最近三年,万科完全扭转了这个局面,骨干员工流失率不断降低,现在的人才流失率维持在8%左右(行业平均流失率在20%左右),甚至过去流出去的人才如今又出现回流。苏宁、万科人力资源实践对组织发展的价值贡献如图8-1所示。

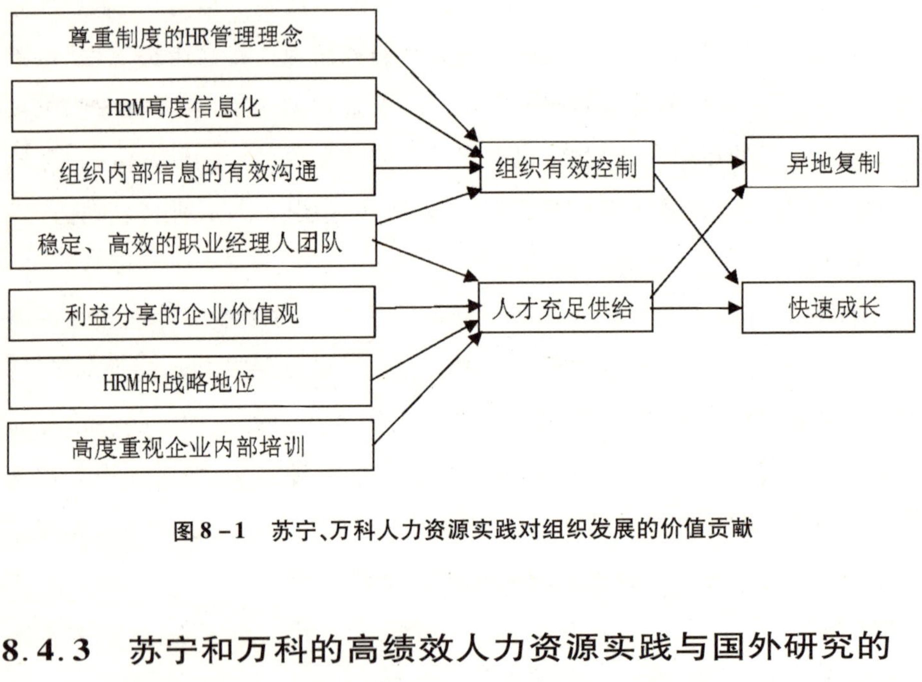

图8-1 苏宁、万科人力资源实践对组织发展的价值贡献

8.4.3 苏宁和万科的高绩效人力资源实践与国外研究的对比分析

我们总结了苏宁和万科的人力资源实践的共同特征,并分析了这些共同特征的人力资源实践如何对组织发展产生贡献。不难得出,这些人力资源实践具有高绩效的特征。那么,基于"异地复制"和"快速成长"的苏宁和

万科,总结出来的这些高绩效人力资源实践和国外相关研究的结论有什么差异呢? 由于国外的相关研究并没有形成统一的结论,和国外研究中得到最为广泛认可的 Pfeffer(1998)总结出来的七种人力资源实践相比较,我们发现:

(1)本案例得出了七项人力资源实践更为注重企业人力资源管理的基础工作,强调企业树立尊重制度、制度至上的 HR 管理理念,塑造关注社会和员工利益的企业价值观,确定 HRM 的战略地位,并提升 HRM 的信息化水平。这一点显然和国外同类研究的结论有所差异。我们认为可能来自于两个方面的原因:一方面由于我国企业的人力资源管理水平还处于相对较低的阶段,很多企业人力资源管理工作还不够规范,相对而言,不管企业规模大小和企业外部的经营环境如何,目前做好人力资源管理的内功显得尤为重要(张正堂、张伶、刘宁,2008)。树立促进企业发展、赢得社会和人才认可的价值观,形成制度规范化、制度至上的企业文化,加强人力资源管理的基础工作,真正在公司战略的层面上重视人力资源管理工作才是最重要的。另一方面,和本案例研究选择的企业特征有关系,由于两个案例企业具有"异地复制"、"快速成长"的特征,这样的企业对人力资源管理基础工作的要求会更高。

(2)核心管理团队的重要性。两家案例企业特别强调核心管理团队的重要性,而这一点在国外同类研究中并不多见。正是由于我国企业人力资源管理基础相对薄弱,更加凸显了核心管理团队在企业人力资源管理中的重要性。一个优秀的企业家加上稳定、团结、高效的职业经理人团队,对于我国企业的发展起到了至关重要的作用。

(3)和国外研究结论类似的是,高绩效企业都强调对员工的培训和企业内部信息的沟通。在大多数国外的同类研究中,都强调了企业重视员工培训、加强企业内部信息的沟通对企业绩效具有重要的促进作用。本案例研究也发现对于“异地复制”和“快速成长”的公司，这两项人力资源实践的重要性。相对而言，对于本案例所选择的企业，这两项人力资源实践的高绩效特征显得更为明显。

8.5 结论

高绩效人力资源实践的研究是当前人力资源管理领域的一个重要议题，引起了诸多学者的关注。但是，在关于哪些 HRM 活动构成高绩效实践的问题上，研究者并没有形成普遍的一致看法。战略人力资源管理的权变性观点和普遍性观点在本质上并不矛盾：普遍性强调一些人力资源管理实践对组织的贡献具有一般性、普遍适用性，但是并不能简单理解为具有高绩效特征的人力资源管理实践“放之四海而皆准”，其贡献价值大小往往也和企业特征、行业范围有一定关系，只是在相对更广泛的情景中能够促进企业绩效的提升。相应地，高绩效人力资源实践的范围和行业或企业的特征有关。本研究选择具有“异地复制”和“快速成长”两个共同特征的企业“苏宁”与“万科”，采用跨案例的研究方法，探索高绩效人力资源实践的内容，结果发现：尊重制度的 HR 管理理念、HRM 高度信息化、组织内部信息的有效沟通、稳定而高效的职业经理人团队、利益分享的企业价值观、HRM 的战略地位、高度重视企业内部培训等 HRM 实践对案例企业具有重要的贡献价值，表现出高绩效的特征。和国外相关研究结论相比，案例企业的高绩效人力资源实践更强调人力资源管理的基础工作、强调核心管理团队的重要性，而在员工培训、企业内部信息沟通两个方面则和国外的研究结论保持相对一致性。

本研究的局限性表现在：仅仅通过两家案例企业展开，诸如甄选、利润共享、公正考核等因素在这两家公司中并没有得到突出的体现，结论的推广还需要进一步扩大样本，实证检验本研究的观点。

9. 企业并购后人力资源整合策略的案例研究[①]

近年来,随着企业并购的加剧,并购后人力资源整合得到企业界和学界越来越多的重视。国内外相关研究发现,许多并购的成败因素都与并购前后人力资源管理措施有关。麦肯锡咨询公司抽样调查1998年以前《财富》500强、《金融时报》20强中的并购案例,发现成功率仅达39%,并购整合过程失败的可能性占并购失败可能性的53%。一项调查表明,来自巴西、中国、中国香港、菲律宾、新加坡、韩国和美国的高级经理们中,有75%以上的人认为,人力资源整合是并购整合成功的关键。并购中的人力资源整合包括人员整合和人力资源管理整合两个方面(颜士梅、王重鸣,2006:15)。严格地看,人员整合(People Integration)是指并购组织在人员方面所作的变革,具体包括员工在留任、岗位和升迁上的变革;而人力资源管理整合(Human Resource Management Integration)则指并购组织在人力资源管理实践上所作的变革,即在岗位设计、招聘与甄选、培训开发、薪酬管理、员工关系上所体现出的人力资源管理实践的变革。两者之间既有联系又有区别,而人们往往会把人员整合和人力资源管理整合混为一谈。在人力资源管理整合的众多要素中,薪酬整合无疑是最受企业和员工关注的。由于并购过程中没有做好薪酬整合而导致并购失败的例子不胜枚举:如1996年思科收购Strata.

① 本案例研究由张正堂、宋劼共同完成。

Com 后,由于佣金政策的改变造成了原 Strata. Com 销售人员大批离职,使业务陷入瘫痪;2006 年日本东京三菱银行购并日本日联银行在中国的业务时,由于并购方强硬要求削减日联银行的福利计划而导致了有 150 多名中方雇员参与的罢工事件。因此,如何做好薪酬整合是人力资源管理整合中非常重要的现实难题。本文以 A、B 两家跨国公司并购后其中国区子公司 D、E 为对象,对其人力资源整合中的两个关键环节(人员整合和薪酬整合)开展案例研究,在总结其并购后整合的策略和措施的基础上,分析其经验和不足,为公司并购后人力资源整合提供借鉴。

9.1 两家公司的并购动因与人力资源整合规划

9.1.1 两家公司的背景与并购动因

A 公司是一家总部位于美国的制药公司,在全球 20 多个国家建有工厂,40 多个国家设立了分公司,拥有 33500 名员工,产品畅销 120 多个国家和地区。A 公司 2007 年全球销售额为 100 多亿美元,在全球制药公司中排名前 20 位内。公司将全球业务分为两大块:一是全球制药业务(Global Pharmaceutical Business,GPB),主要负责公司产品的推广、渠道和销售业务;二是全球供应链和质量运营业务(Global Supply Chain & Global Quality Operations,GSC/GQO),负责与产品生产、供应、质量有关的一系列业务。A 公司在中国投资 3700 万美元设立子公司 D,总部设在上海,在北京、广州、成都设立了销售办事处。

B 公司是一家全球性生物制药公司,由财富 500 强企业 C 公司全资所有，主要致力于在人用药品的针对性的治疗领域进行开发、制造和销售，并在动物保健方面拥有众多品种。B公司在中国投资1500万美元，设立子公司E，销售总部设在上海，工厂位于南京，在北京、广州、成都设立了销售办事处。

A公司与C公司于2007年3月正式签约，约定A公司将以144亿美元现金收购C公司旗下的B公司。此次收购直接影响到B公司中国地区的业务，并购后都将归于A公司中国子公司的旗下。两家公司在战略、科研及财务都相当吻合。双方在产品线上并无重叠，合并将加强A公司在大众药品方面的增长优势，并使公司得以迅速进入中枢神经系统和女性护理产品市场。同时，B公司将带来多种处于三期临床实验的化合物和许多处于二期临床实验的有前景的项目，弥补了A公司在药品后期产品线上的断层。除此之外，合并增强了A公司在人用药品和动物保健药品领域的实力，包括开发人用疫苗的巨大潜力。通过合并获得的生物制药的能力，将使A成为领先的动物保健公司。

9.1.2 并购后中国区公司的人力资源整合规划

在并购之初，双方公司都认识到高素质、经验丰富的人力资源是一个组织中最重要的资源，对于保留员工的重要性都给予了肯定。D公司制订了一些措施，以留住双方公司的关键人员。因为交易重大，正式合并的那一天定义为"Day 1"。在Day 1之前，由于反托拉斯法案和欧盟并购法案的相关限制，双方公司的员工不得以任何形式进行接触、交换信息。Day 1后不久，D公司内部即制定出了中国区并购后的人员整合规划（图9－1）。根据规划，D公司管理团队在Day 1后，将首先展开与E公司员工的全面接触和整合沟通，向员工传递有关公司并购整合的信息，听取员工的想法和意见。其次，着手对比双方公司的组织架构，根据整合后公司发展战略，制定新的组织架构，同时展开人才测评，对E公司人员分别加以必要的裁减和整合。在人员整合的同时，也对比并购双方薪酬体系的差异，制定出薪酬整合计划，先行进行薪资整合，福利整合作为补充方案将稍微滞后。最后，对绩效考评体系加以整合，完善薪酬体系的基础，从2009年1月起采用新的考评体系。

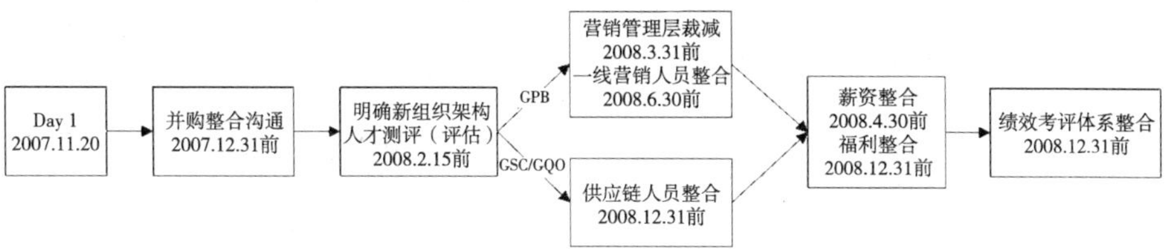

图9－1 并购后D、E公司的人力资源整合规划

9.2 两家公司人员结构与薪酬福利制度的对比

9.2.1 D、E公司人员结构对比

(1)D公司人员结构

D公司拥有员工约800人，其中GPB人数约630人(约560人属于营销团队)，GSC/GQO人数约170人(参见图9－2)。总经理总体负责市场销售业务，其下设有市场部(产品推广、策划)、销售部、销售效率部(对销售数据进行监测分析，负责销售培训)、商务部(产品定价、招投标)、医学部(提供医学专业支持)、注册部(新产品上市注册)、政府事务部(维持与政府的关系)，HR、财务、IT、法务、公关、合规等支持部门既有向总部职能部门的汇报关系(比如HR总监直线汇报给亚太区GPB的HR总监)，又有汇报给总经

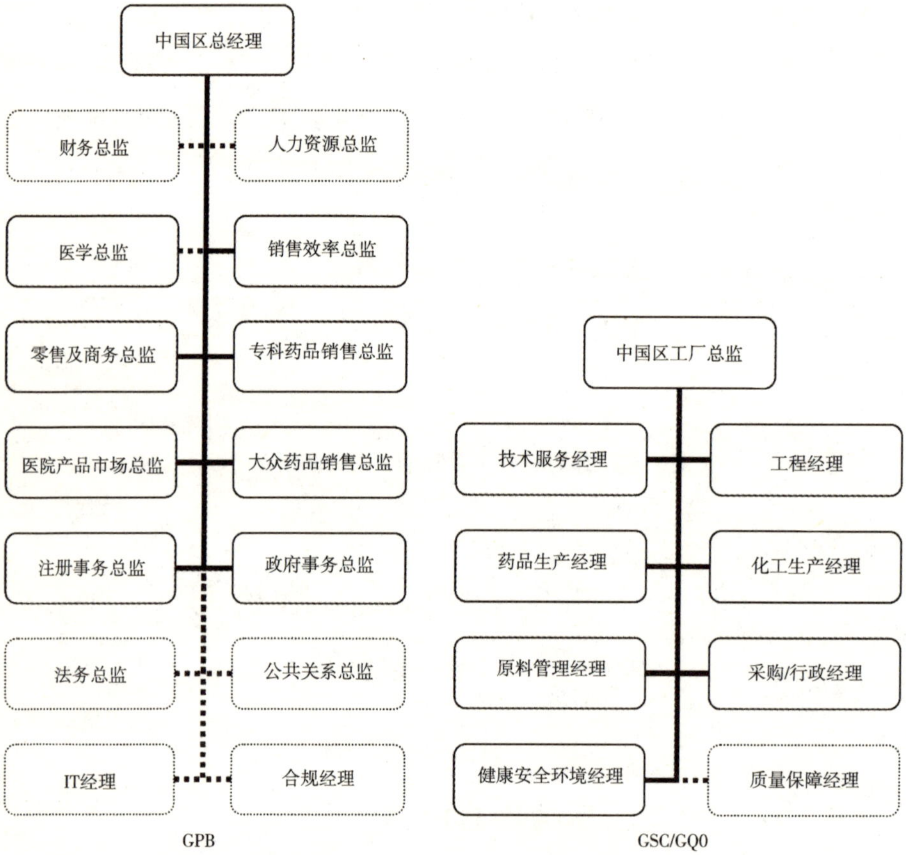

图9－2　D公司人员结构图

理的职责(用虚线来表示)。与总经理同级的是负责生产业务的工厂总监,其下设有制药部、化工部、技术服务部、工程部、原料管理部、健康安全环境部等,虚线汇报对象还包括HR(直线汇报对象为亚太区GSC/GQO的HR总监,虚线汇报对象为工厂总监和HR总监)、财务和质量保障部(直线汇报给亚太区GQO运营总监,虚线汇报对象为工厂总监)。因此,D公司采取的是当前较为流行的多头矩阵式(Matrix)汇报线路,即一个岗位可能向一个以上的对象汇报。

(2)E 公司的人员结构

与 D 公司的销售、供应链分开及矩阵式汇报不同,E 公司采用的还是传统的单线汇报模式(参见图 9－3)。总经理总体负责中国区的所有业务,并负责对销售和生产绩效的考核,因而能更好地协调和分配区域内的资源。

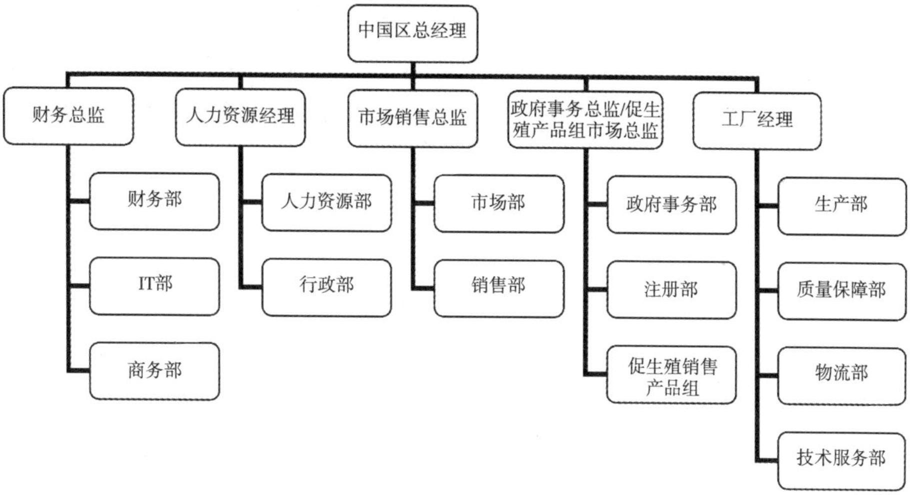

图 9－3　E 公司人员结构图

9.2.2 人力资源部组织架构对比

(1)D 公司 HR 的人员配置情况

HR 总监下面共有 7 位 HR 经理,包括 1 名专职负责薪酬福利的经理、5 名分大区负责营销人员管理的 HR 经理和 1 名负责工厂的 HR 经理。HR 经理根据需要又配置了若干 HR 助理,负责协助 HR 经理的日常工作。整个 HR 团队的人数达到 14 人,而员工总数为 800 人,配比值为1∶57,HR 的人员配置可谓相当充足(行业均值为1∶100左右)。

(2)E 公司 HR 的人员配置情况

与 D 公司相比,E 公司 HR 的架构显得非常单薄,1 名 HR 经理负责公司整个中国区的 HR 业务,有时还要涉及一些行政方面的工作,其下有 1 名 HR 专员辅助日常工作,另有 1 名负责工厂的 HR 主管。整个 HR 团队共 3 人,员工总数为 350 人,配比值为1∶116。

D 公司 HR 人员与员工总数的配比值是 E 公司的两倍,他们有更多的时间和精力将 HR 工作想得更周到、做得更细致,同时也有机会花更多的时间用于员工沟通,及时倾听、了解员工的想法,并把这些信息反馈给管理层,为公司业务的良性运作服务。而 E 公司由于人员紧张,HR 管理工作还停留在维持基本的合规合法阶段,与公司"战略伙伴"的目标还有一定差距。这也反映出两家公司对于人力资源管理的不同重视程度。

9.2.3 两家公司的薪酬、福利制度对比

(1)薪酬文化

D 公司薪酬文化更注重激励员工的高绩效,强调高激励、高待遇;而 E 公司则偏重稳定,总体激励力度较小。

(2)底薪或基薪项目

D 公司和 E 公司同属制药行业,并购前,对于相同地区的相似职位,D 公司员工的基本工资约是 E 公司员工的两倍;如果与市场标准值进行匹配,D 公司员工的基本工资平均大约是市场标准值的 120%,而 E 公司只有 70% 左右。另外,考虑到财务和税收的合规性,双方公司都没有现金形式的津贴,而更多的是采取报销形式。

(3)可变薪酬

可变奖金项目是与员工绩效表现相关的可变薪酬,主要包括浮动奖金和销售奖金两部分。浮动奖金与员工的绩效表现挂钩,一般按年度支付。对于 D 公司员工来说,浮动奖金还与公司的年度整体业绩挂钩。比如,公司规定了某年全体员工的最低浮动奖金为 14 薪(即 12 个月基本工资 + 第 13

个月工资 + 相当于1个月工资的奖金），最高浮动奖金为18薪（13薪 + 相当于5个月工资的奖金），那么，根据员工个人的绩效，可以获得最低1个月、最高5个月不等的浮动奖金，弹性很大，对员工的激励作用明显。相较之下，E公司的浮动奖金就很少了，封顶为14薪，而且仅适用于市场、财务、人力资源等少数支持型部门。销售激励奖金用于激励销售人员（超额）完成既定的销售目标，一般为按季度发放。总体上看，D公司的销售奖金制度比E公司的稍微宽松一些，前者最低需达到80%而后者最低需达到85%的目标销量，方可拿到相应的奖金，且前者的奖金基数也略高于后者。表9－1对两家公司的薪酬制度进行了对比。

表9－1　两家公司薪酬制度比照表

类别		D公司	E公司
薪酬制度	薪资政策	按员工的学历、经验、岗位、职责及工作业绩，同时比照同行业薪资标准值，给予具有竞争力和吸引力的工资；公司实行保密工资制	按员工的学历、经验、岗位、职责及工作业绩给予相应合理的工资；公司实行保密工资制
	薪资结构	12个月基薪 + 季度销售奖金（适用于销售人员）+ 第13个月工资 +1至5个月年终评估奖金（根据个人绩效）	12个月基薪 + 季度销售奖金（适用于销售人员）+ 第13个月工资 +1个月年终评估奖金（适用于小部分管理职位）
	工资的结算和发放	每月底结算并发放当月工资（如12月31日发放12月1日至31日的工资）	每月底结算并发放当月工资
	薪资调整	每年4月，根据公司效益状况、社会物价水平、市场工资水平和员工个人绩效进行调薪；公司会设定每个评估等级的工资指导线，涨幅需在一定范围内操作	每年4月，根据公司效益状况、社会物价水平、市场工资水平和员工个人绩效进行调薪；没有设定具体的指导线，只要整体涨幅不超预算即可

(4)福利项目

并购双方由于各自的企业文化和价值观的不同,在福利政策和具体项目上的差异在所难免(参见表9-2)。

表9-2 两家公司福利项目比较

福利项目	D公司	E公司
补充养老和住房	2006年1月1日开始实施(包括2006年1月1日前已有的服务年限),按年支付	无
补充医疗险	员工及子女(16周岁以下)均为100%报销(医保范畴内),无免赔额	员工按90%,子女(18周岁以下)按50%报销(医保范畴内),免赔额300
人身意外险	有	有
免除社保个人承担部分	法定的社保及公积金个人应承担部分,由公司全额负担(适用于营销部门及相关支持部门)	无
员工体检	一年一次,每名员工可带一名直系亲属参加体检	一年一次,仅限员工本人参加
子女托费	学龄前子女,50元/人/月	学龄前子女,男员工逢单年、女员工逢双年享受,按员工级别分50、80、100元/人/月
办公用品租用	手机、笔记本电脑、传真机、打印机等办公用品可通过公司指定的渠道进行租用,费用由公司承担	无
个人轿车补助	根据员工级别,对其驾驶私车的油费、停车费、养护费给予相应报销	无

从中可以发现,两家公司的薪酬福利制度有着相当高的相似度,但D公司的福利政策优于E公司。D公司在E公司的较为基础的薪酬福利制度

上,具备了更多的激励政策(如具有竞争力和吸引力的工资、多个月的年终评估奖金)以及更优越的补充福利政策(如补充养老和住房、免除社保个人承担部分等)。

9.3 人力资源整合的困境

9.3.1 核心人才流失

企业并购对员工会产生很大的影响和冲击。Schweiger 和 Ivancevich (1987)对被并购公司的管理者与员工进行调查,归纳了员工所表现出的四种后果:①认同感的失落:并购使员工原先在组织中的地位发生了改变,对组织的忠诚、认同感和未来的期望都变得模糊。②焦虑情绪的增加:关心未来工作展望、薪酬制度、角色改变、可能的工作地理位置改变、生涯规划、工作性质改变、组织文化等改变。③留任员工的恶性竞争。受到谣言影响,员工只关心能否留任并保有现在的地位、职权、影响力和职业,造成了在员工间破坏性的竞争,并导致转移了组织目标。④人才流失。并购导致许多人失去工作,许多员工也因而选择离开。而留任员工对于他们的离职,常会表现出生气、愤慨、沮丧等情绪。Hunsaker 和 Coombs(1988)认为大多数被并购公司员工通常都会经历一些情绪的转折,称之为合并的情绪症候群(The Merger-Emotion Syndrome)。即从听到合并新闻后开始有抗拒、害怕、气愤、悲伤等各种情绪,逐渐转为接受、获得慰藉、开心、喜欢、享受到认同新的情况。当然会因个别差异,也就是一般的个别情绪类型而有不同,急躁型的可能经历整个过程;冷淡型的可能就不太在意;乐观型的可能很快地移动到接受阶段,然后经历其他的正面情绪;悲观型可能会持续很久的负面情绪。

通过数据统计(参见图 9－4)发现,在宣布并购(2007 年 2 季度)到 Day 1 之前(2007 年 4 季度),E 公司员工的离职率表现得较为平稳,表明员工在并购初期还处于观望状态。到了 4 季度末离职率甚至呈现了迅速下降的态势,这是由于年底有年终奖金的发放,因此每年末的离职率通常是一年之中最低的。到了次年初,离职率又开始上升,这时整合已经全面展开,到了 2008 年 2 季度,离职率达到顶峰,这其中包括了整合裁员的离职因素,但非主动离职仅限于销售人员,非销售和生产人员并不受其影响,说明这一时期的整合造成了大量非销售人员的主动离职,这部分人员主要由市场、财务、HR、注册、政府事务等支持型部门的人员构成,包含了诸多关键人员。之后,离职率又开始逐渐回落。整体来看,非销售人员 2007 年、2008 年的年离职率分别为 40%、69%,远高于市场的平均水平,说明并购使得核心人员的流失率较大。销售人员的离职率分别为 16.5%、45%,2008 年数据包含了整合裁员的因素。生产人员的年离职率基本维持在 6% 左右,波动不大,受并购整合的影响较小。

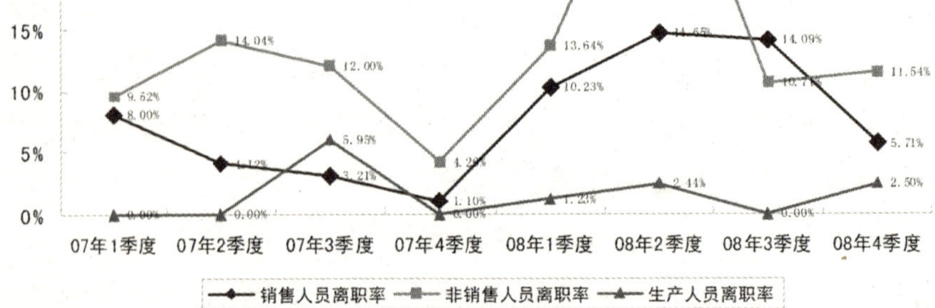

图 9－4　E 公司 2007—2008 年季度员工离职率

核心人才的流失造成很多关键岗位空缺。然而公司又存在招聘冻结的限制，无法通过招聘来填补这些空缺，出现人力资源短缺的情况，一些重要业务被搁置了，公司的利益受到了损害。

9.3.2 裁员

在人力资源的整合过程中不可避免地出现了裁员，由于并购公司只打算对销售管理层进行裁减，涉及人员较少，因此没有向全体员工公开裁员标准。但操作过程中的一些负面细节给公司造成了不良影响，给被并购方的员工留下了裁员缺乏公平性的印象。且后来还出现了对待双方裁员采取不同补偿标准的事件，进一步滋生了员工对管理层的不信任感以及对自身未来的不确定感。

9.3.3 薪酬体系整合的主要困境

(1)同工不同酬的风险

显然，以上的对比表明 D、E 公司的薪酬体系有差别较大，总体而言，D 公司的薪酬体系比 E 公司更具激励性和竞争性。由于双方总体上仍旧保持了各自原有的薪酬体系，而双方员工在整合后已经开始一起工作，且双方有些员工的工作职责基本相同，而薪资却相差一倍。员工互相对比后必然难以平衡。员工一旦离开公司，诉讼公司同工不同酬的风险很高。

(2)薪酬整合缺乏财力支持

并购后，两个公司的员工原有的内部公平和自我公平就遭到了破坏，如何缩小薪酬体系的差距成为急迫的问题。然而，由于美国制药业总体环境面临的严峻压力以及 D 公司在经营上遇到的巨大挑战，在并购发生后不久，D 公司开始在全球实施“效率提升计划(Productivity Transformation Program，PTP 计划)”。这一计划的目标是通过节约和协同，减少 15 亿美元的费用，这一目标包括了此前合并E公司计划实现的协同增效，以期到2010年底实现80%以上的节约与协同指标。效率提升计划使得薪酬整合缺少公司足够的财力支持。

9.4 人力资源整合的措施与方案

9.4.1 人员整合的总体措施

(1)并购服务奖

在宣布并购时，D公司即承诺一年内不会对E公司的销售和生产人员进行裁减。同时，D公司也承诺，将设立一项“并购服务奖”，对那些在宣布并购之前加入公司的、并留任至Day 1那一天的E公司员工，将于Day 1当月给予相当于员工一个月基本工资的奖金，作为对员工忠于职守、对并购做出贡献的奖励。

(2)招聘冻结

考虑到双方公司经营业务相近，兼并后必然会产生岗位重叠和人员冗余，为避免今后大量裁员带来的种种负面影响，D公司采取了冻结双方公司招聘程序的策略，从并购宣布当天开始实施，以期达到在整合前人员自然消耗、整合后尽可能保留员工的目的。对于E公司，实行招聘完全冻结，人员只出不进；对于D公司，实行招聘部分冻结，如果医药代表和生产操作工中有人离职，可以招聘替补人员，其余职位也一概只出不进。

(3)多渠道与员工积极沟通

在Day 1之后，D公司随即展开了与E公司员工的全面接触与沟通：

①D公司给每位E公司员工发放了一个存有CEO发表的关于整合计划和公司未来展望的视频的U盘,还有一本印有公司简介、行为规范的小册子,让E公司员工对D公司有了一个初步的了解;②包括总经理、人力资源总监、各产品组的全国销售总监、工厂总监在内的D公司管理层,先后对E公司设立在各地的办事处和南京工厂进行了访问,把当地员工聚集在一起,向他们介绍、传递有关公司并购整合的时间表、整合团队,以及D的公司文化、商业准则等信息,同时也就员工最为关心的一些问题做出解答;③D公司的HR团队和管理者们开始参与到与E公司员工的沟通中来,与核心员工交谈,听取他们的想法,为保留核心员工做准备;④D公司在内部建立了ACHINA的内部网站,与员工在第一时间分享各项资讯。所有员工(包括原E公司员工)都可以随时登录该网站,读取最新的整合进程、组织架构及人事变动信息,以及有关D公司的政策、人力资源制度、财务制度、培训信息、医学信息、在线课程。

(4)人员的具体整合

1)整合步骤

并购双方人员整合的主要对象是营销人员和生产人员。受篇幅限制,我们这里介绍营销人员的整合。两家公司原有的营销渠道也有所不同,D公司采取的是零售+医院销售+代理三类渠道相结合的模式(其中,零售渠道负责非处方药,医院销售负责处方药,进口药品通过代理商负责),E公司采取的是医院销售+代理的模式(非处方药是全进口药品,通过代理商承销)。渠道整合过程需要对岗位重叠的员工进行整合。D公司美国总部对于重叠岗位的裁员做出了明确的规定:双方员工必须遵循“公平竞争、择优留用”的原则,杜绝直接对并购方冗员进行裁减的情况发生;在公司财务状况允许的情况下,为被裁减员工提供优厚的补偿金。营销人员的整合计划分两步进行：

第一，对区域销售经理及以上职位的营销管理人员的整合。由于双方公司产品领域不同，因此相似岗位较难放在同一水平上进行对比。比如，同样是分管北区的销售经理，D公司的一方负责的是肿瘤产品组，E公司一方负责的是麻醉产品组。双方都有近10年的产品销售、团队管理经验，且销售业绩都很出色。并购公司更倾向于留用所谓的“熟手”来管理重组后的团队。为了遵守总部“公平竞争，择优留用”的规定，并购后对销售管理岗位采取了竞聘的方式。D公司HR人员提前通知目标对象做好竞聘上岗准备（一般是提前一天通知），并约定时间、地点（一般是在酒店租用的场地，以保持私密性）。HR经理们每三人组成一个评估小组，竞聘上岗的流程大致如下：首先，竞聘双方结合事先做好的幻灯片来介绍自己和所领导的团队，回顾整体业绩；随后HR会有一系列类似于面试的问答和情境模拟测试，综合评估后，以此来决定员工最终的去留。如果评估结果比较满意，则HR会对员工进行挽留；相反，则接下来将与员工讨论协商解除劳动合同及补偿事宜。

第二，对一线营销人员的整合。根据目标整合渠道，对E公司一线销售人员采取以下整合方法：①将非处方药销售人员并入D公司的零售部；②将更年期产品销售人员并入大众药品部；③将抗抑郁和麻醉产品销售人员并入专科药品部；④建立独立的促生殖药品部。由于两家公司的销售汇报层级相似度很高（图9-5），因此在裁减了E公司营销管理层后（余下的人员主要为医药代表和销售主管）。将根据上述方法进行重新划分，并入D公司现有的业务单元（Business Unit，BU）中，由D公司的管理者进行统一管理。对于那些汇报对象、负责产品或区域有所变动的员工，HR会先与员工进行沟通，然后书面通知员工，变动正式生效。

D 公司的销售汇报层级：

E 公司的销售汇报层级：

图 9－5　两家公司营销团队汇报层级对比

2）补偿方案

根据《中华人民共和国劳动合同法》的相关政策和总部规定，D 公司制订出针对市场营销管理团队的第一轮并购裁员补偿方案和整体预算，报总部核定批准后实施。补偿标准如表 9－3 所示。

表 9－3　补偿标准表

<table>
<tr><th>本公司工作年限</th><th>补偿月数</th><th>补偿基数</th><th>补偿总额</th></tr>
<tr><td>1 年以内</td><td>本公司工作年限＋2</td><td rowspan="6">员工被裁减当月 12 个月前的税前平均收入，包含工资、销售奖金、年终奖金等收入项</td><td rowspan="6">补偿总额：补偿基数 × 补偿月数</td></tr>
<tr><td>1～3 年</td><td>本公司工作年限＋3</td></tr>
<tr><td>3～5 年</td><td>本公司工作年限＋4</td></tr>
<tr><td>5～8 年</td><td>本公司工作年限＋5</td></tr>
<tr><td>8～10 年</td><td>本公司工作年限＋6</td></tr>
<tr><td>10 年以上</td><td>本公司工作年限＋7</td></tr>
</table>

9.4.2　薪酬整合的策略与措施

（1）薪酬整合策略

一般来说，根据并购的战略目标和双方的实际情况，薪酬整合具有三种基本模式:①A + B = A。当 A 为强势企业、B 为弱势企业时,A 对 B 进行薪酬甚至文化等的同化。②A + B = C。当 A 与 B 势均力敌时,它们的融合会导致第三种结果。③A + B = A + B。当 A 为蛇、B 为象,或者出于其他考虑时,采取并行之势。在本并购案例中,A 公司与 B 公司的薪酬整合,考虑到公司的财务状况和报酬支付环境的差异,采取的是上述模式①和模式③相结合的方式,不同范围内实行不同策略,或同化或并行。

并购后,D 公司明确了薪资调整的有关政策。工资报酬的整合需要在 D 公司原有的调薪政策下进行,工资调整分为三种:①普通性调整,指每年 4 月,针对全体员工的薪资调整,并将参考公司经济效益状况、社会物价水平、市场工资水平和最为关键的员工个人的工作绩效。②公平性调整,指员工所处职位的薪酬远远低于市场标准值的 80%,基于公平性的调薪;也可用于公司核心人才的保留加薪。由于没有规定上限,因此需向总部报批。③升职调薪,指员工职位升迁时伴随的加薪,上限为 15%,无需报批。

(2)固定薪酬的整合

1)职位匹配

两家公司的一些职位在不同的公司中有着不同的岗位名称,同样是普通销售人员,D 公司称之为"销售代表",而 E 公司称为"销售专员",等等。由于这种岗位名称之间的不统一,造成公司做出有关薪酬制度方面的决策时,无法确定基准岗位与公司内部岗位的对应关系,无法查到准确的岗位薪酬数据,因此,公司需要先进行职位匹配工作,目的就是帮助企业将自己特有的职位名称纳入到一个统一的职位框架中。

2)缩小双方薪酬差距

考虑到双方薪酬差距较大,难以一次性填补,公司决定在 2008 年 4 月进行的薪资普调中(中国区调薪总预算为 6%),对于 E 公司员工中基本工资低于市场中值 90% 的,按公司制定的规则(参见表 9 - 4),结合员工上年度绩效表现,给予相对较大幅度的调整,以逐渐缩小差距。比如,一位E公司销售人员的基本工资为市场中值的70%,其2007年底的表现评分为"合格",按照规则,其普调范围为2%—6%,最终涨幅为6%;同样为"合格"的A公司销售人员,基本工资为市场中值的115%,其普调范围为0—4%,最终涨幅为3%。

表9-4 合并公司2008年薪资普调指导方针与规则

上年度表现评分	指导方针			规则
	基本工资≤市场中值的90%	市场中值的90% < 基本工资 < 市场中值的110%	基本工资≥市场中值的110%	
极优秀	不超过12%	不超过10%	不超过9%	封顶为12%
优秀	不超过9%	不超过7.5%	不超过6%	封顶为9%
合格	不超过6%	不超过5%	不超过4%	封顶为6%
较差	不超过2%	0%	0%	封顶为2%
不合格	0%	0%	0%	0%

3)提高被并购方关键人才的薪酬

为保留E公司的关键人才,D公司计划在薪资普调的同时,还要将E公司关键岗位人员的薪资通过"公平性调整",提高到至少等于市场中值90%的水平,以增加薪资的竞争力,维持内部平衡。总体预算方案报批总部后,却遭驳回,理由是现阶段由于PTP计划的限制和财务预算问题,全球的"公平性调整"暂缓施行。由于之前在与关键员工的沟通、挽留中,事先已透露了提高工资待遇的承诺,总部对于这一方案的驳回无疑使中国区管理层陷入了尴尬的境地。为兑现对员工的承诺,公司运用了一个变通的方法,即通过"升职调薪"来避开总部的报批程序,以此提高目标人才的薪酬。

(3)可变薪酬的整合

由于并购双方的绩效评估体系尚未合并，因此，与之密切相关的浮动奖金体系也暂时未加整合，保持并行状态。考虑到销售是公司业务的重中之重，首先展开了销售奖金制度的整合，总体上沿用了D公司现有的奖金制度（参见表9－5）。通过整合，E公司的一线销售人员在同等条件下，将可以得到更多的销售奖金。另外，销售奖金按季度计算，分三个月发放的方式，帮助员工合理避税，增加了净收入。

(4)福利整合的措施

由于D公司的总体福利措施优于E公司，因此，合并公司决定向E公司引入几项更优的福利计划，同时保留其原有的一些福利措施，以变相弥补、缓解员工因调薪引发的不满和消极情绪。

1)引入“补充养老和住房津贴”福利

为配合公司的“人才保留”战略，D公司决定向E公司引入其已于2006

表9－5　两家公司销售奖金制度的整合

奖金制度	D公司	E公司	并购后
奖金基数（季度）	RMB 12000	RMB 10000	采用公司的奖金制度
目标销量	至少完成目标销量的80%，方可拿到既定奖金基数的80%；上不封顶	至少完成目标销量的85%，方可拿到既定奖金基数的85%；上不封顶	
	＊销售产品的总量达到目标销量即可	＊销售的各类产品均需达到目标销量	
奖金分配权重	75%为销量权重，25%为平时表现权重	70%为销量权重，30%为平时表现权重	
发放频率及方式	按季度计算，但分为三个月发放，合理避税	季发，与当月工资一起缴税	

年1月1日面向全体中国员工实行的“员工可选补充福利计划——补充养老和住房津贴”,公司增加相当于员工个人基本工资15%的金额,作为每位员工的可选补充福利计划——补充养老和住房津贴,由补充养老金账户和住房津贴账户两部分组成。其中,相当于员工个人基本工资5%的金额,将统一放入补充养老金账户;相当于员工个人基本工资10%的金额,由员工自己选择分配比例放入补充养老金账户或是住房津贴账户。

2)免除社保个人承担部分

根据中国相关法律规定,法定的社会保险和公积金分别由企业和员工按相应比例承担。E公司之前即按法规为员工代缴社保、公积金,并从每月工资中扣除个人应承担部分,而在D公司这部分费用由公司全额负担(仅适用于营销部门及相关支持部门)。由于社保加公积金的个人负担比例约为21%(各地区比例有所差异),这部分费用的免除无疑将使员工拿到手的净工资提高一大截。经计算,目前所有E公司营销人员每月的社保公积金个人承担部分的总额约为23万元,考虑到每年社保基数和比例的增长因素,这笔费用的年预算约为300万元。

3)优化员工体检措施

出于制药行业的特殊要求,D公司和E公司每年都要安排员工进行体检,而原先D公司比E公司做得更人性化的是,不仅关注了员工的健康,还将员工的家属也囊括进了体检的范畴。现在,合并公司决定对E公司也施行相同的体检措施,具体方案如下:员工的一位直系亲属(如父母、配偶或子女)每年可到居住地当地二级或二级以上公立医院体检,体检项目自定,费用上限为350元。员工填写《直系亲属体检费用报销单》,并随附发票原件及可证明相关身份的复印件交人力资源部审核,即可报销费用。

4)保持E公司其余福利措施暂时不变

对于双方都已有的一些福利项目,如补充医疗险、人身意外险、子女托费及带薪休假政策，虽然具体细节有所不同，但都处于正常的运行状态，因此并不急于对其加以整合，暂时保持现有状态。

9.5 人力资源整合的经验与问题

9.5.1 人员整合的经验与问题

(1)人员整合的成功经验与实现条件

1)多渠道的正式沟通

并购常常意味着会有大幅的人事变动，因此在并购前，任何风吹草动都将使员工群体敏感、躁动和不安，尤其在初期计划和公开宣布并购后，员工的焦躁情绪将达到最高点。因此，并购整合过程中沟通的完善与否对组织目标的完成与员工态度的影响很大。DeVoge 和 Shiraki(2000)、Davy 等人(1988)都认为在并购过程中应重点关注的焦点是沟通，才能使整个并购能顺利推动。在本案例中，D 公司多渠道的沟通和信息共享对于那些分散在全国各地的销售人员和一线生产工人们显得尤为重要，因为这些员工的消息相对闭塞，有了这样一个平台，通过了解新公司的愿景和核心价值观，开始让员工参与公司愿景和核心价值观的讨论，从而加速融入企业并产生文化认同感，进而形成对组织的归属感。企业并购整合中无论多强调沟通都不过分，而且有效的沟通包含沟通的速度、频率、内容和方式。一个成功的并购沟通过程是：与领导者面对面的谈话、快速响应技巧和公司正式的倡导，进而让员工了解改变的理由并厘清新的价值观。在并购前，沟通工作最好着重在工作保障和福利，而当并购继续进行时，沟通议题则转向未来。Davy 等人(1988)建议沟通的信息应该是定期的；信息应该要广泛，但不超出已知的范围;信息应该尽量在公司的各种媒体中重复出现(报纸、会议);沟通应该要能取信予员工,信任基础在于告诉事实;组织的一些原则改变需要沟通;沟通计划必须妥善规划,并能持续整个过程。需要注意的是,这种沟通大多是通过组织正式渠道展开的,而且是非常必要的,因此,并购方企业高层管理人员的充分重视和身体力行是非常关键的。

2)高额的补偿

在人员裁减中,D 公司制订了一套优于法律规定的补偿方案。经理层中本企业工龄最长且收入相对较高的人的补偿金额高达 38 万元,工龄最短的也将获得近 10 万元的补偿金。通过这种较为优厚的补偿方案,在与 E 公司员工协商一致解除合同时,能够比较容易被员工接受,从而避免可能发生的诉讼风险。裁员过程中的高额补偿从来都是一种有效的途径,在某种程度上,高额补偿会弥补员工的心理落差,减少可能发生的劳动纠纷。这也是诸多企业尤其是跨国公司一贯采用的手法。显然,这种措施需要裁员企业有相当强的经济实力才可能实施。

(2)人员整合的突出问题与改进思路

1)沟通滞后引发核心人才流失

Manuel(1990)建议并购前就应先建立整合的策略,在合理的范围内,提供员工有关人力资源管理的信息,使其了解可能面临的影响,关心并协助员工渡过此尴尬期。一般地,并购过程中员工最想知道的往往是工作变化对员工个人权益的影响,如果组织早一点回答员工这些问题,将奠定成功的整合基础。通过沟通,员工将清楚地知道被要求什么,如此他们可以快速地集中其努力以适应改变的企业环境。除此之外,员工可以知道要如何做才能达到个人目标,进而达到组织目标。

在沟通内容方面,对一般非管理层而言,着重在公司并购的理由、公司名称改变、福利改变、工作保障、工作流程改变等。但是,并购公司双方由于相关法案的约束，要求在 Day 1 之前双方员工不得以任何形式进行接触，因此，有关整合的沟通只有在 Day 1 之后才开始进行。由于双方员工在宣布并购到 Day 1 这段近 8 个月的时间内对于并购的进程、双方公司的具体情况一无所知，E 公司员工会试图寻找信息来减少不确定性，这个时候沟通往往最需要但是通常也最缺乏。当无法通过正式途径获取信息时，E 公司员工将会自己找寻问题的答案，而结果就是谣言充塞，反而增加员工不必要的焦虑，引起消极怠工。更严重的是造成了核心员工的流失，因为并购公司没有任何人与他们进行接触沟通，且猎头公司与这些员工接触频繁，一旦有合适的机会就会选择走人。由于沟通的滞后，使得核心人员的流失率较大。核心人才的流失造成很多关键岗位空缺。然而公司又存在招聘冻结的限制，无法通过招聘来填补这些空缺，出现人力资源短缺的情况，一些重要业务被搁置了，公司的利益受到了损害。因此，D 公司应提早建立实施整合沟通计划，在合理的范围内，尽早向员工提供有关人力资源管理的信息，使其了解可能面临的影响，关心并协助员工度过此尴尬期。

并购后的沟通也非常重要，在进行沟通前，并购公司必须了解：员工为了什么在这家公司工作？钱或其他因素使员工产生忠诚性？哪些人员是公司营运绩效的主要贡献者？人员间有什么派系，其冲突性如何？了解内部人员的特性，才能整合并取得认同感，同时通过沟通还能了解公司营运上可能出现的问题，采取必要的补救措施。与并购前沟通工作最好着重在工作保障和福利不同的是，当并购继续进行时，沟通议题则应该转向未来。

2）人力资源整合进程缓慢

根据整合规划，D 公司需在 2008 年 3 月底前完成对营销管理层的整合，6 月底前完成对一线销售团队的整合，12 月底前完成对生产、供应人员的整合。然而，D 公司并购后对人力资源采用了比较缓慢的整合方式，仅在 3 月底完成了对营销管理层的裁减，其后对一线销售团队的整合并未按照预期的6月底完成,对生产供应人员的整合甚至处于停滞状态。其主要目的是并购公司管理层希望通过更长的时间来了解被并购公司的人员情况,以利于并购后公司的人员安排。这种缓慢的整合造成并购公司组织结构不明确,一些人变得无所事事,而另一些人又在做不该做的事。因权限不明、责任不清而在部门之间、员工之间造成了摩擦和冲突。对未来的不确定性给员工带来极度的不安全感。根据E公司员工的描述,这种感觉就像"死刑犯在行刑前的等待",十分煎熬。且整合的时间拖得越长,管理层的不表态、不作为,也使各种对于并购公司的猜测和负面传闻纷纷冒出来,造成人心更加动荡。同时,长期存在角色模糊感的员工,对工作的满意度和工作努力水平降低了,工作绩效也随之下降。因此,并购公司应该采取有力措施,加快整合过程,尽快明确每个员工在新企业中的角色、责任和工作关系,以缓解员工心理压力,使其能安心工作,这也是并购公司能够保持整体绩效、平稳过渡的基础。

3)裁员公平性遭质疑

在人员整合过程中不可避免地出现了裁员。D公司在裁员的操作过程中也存在一些突出的问题:

首先,人才标准和裁员标准不明确。尽管D公司一直在强调要留住关键人才,但哪些员工才是真正的"关键人才"呢?对此,公司并未给出明确的定义,也没有配合科学的人才测评方法来进行人才的评估和选拔,而仅是以岗位的重要性或是人员的可替代性来决定哪些员工是关键人才。由于D公司只打算对销售管理层进行裁减,涉及人员较少,因此没有向全体员工公开裁员标准。裁员之前也没有进行科学的人才测评,且裁员标准未公开,欠缺公开公平性。

其次,竞争上岗流于形式。虽然公司制定并实行了"对重叠岗位的裁员,双方员工必须遵循公平竞争,择优留用"的原则,但是竞争上岗在执行过程中流于形式。据一些 E 公司的销售经理参加完竞聘后反映:“我正在台上做演讲时,他们(指 HR)却在下面开始讨论我的补偿方案,根本没有在听我说,感觉就是在走过场,结果都是事先就决定好的。我觉得自己辛苦准备的讲稿全白费了,根本就没有得到起码的尊重。”裁员执行者在裁员过程中没有充分注重细节、给予被裁员工足够的尊重,给员工留下“走过场”的印象。HR 的面试态度以极快的速度在公司内部传开了,导致后面几场的竞聘草草收场,原本还有心参加竞聘一搏的员工,最终统统选择了放弃竞聘。

第三,差别待遇的“裁员补偿方案”。公司合并后曾初步计划裁掉 E 公司某生产车间 70% 的人员,而上级公司认为只有由于并购造成的结构性裁员才能使用公司制定的补偿标准,而 E 公司现在是由于产量下降造成的生产人员裁员,属自身内部原因,只能按国家规定的补偿标准操作。相对应的是,公司在关闭缺乏竞争力的 D 公司化工车间时,对相应人员采用了优厚的公司补偿方案。这种不公正的差别待遇造成 E 公司的员工对管理层的信任度大大降低了,在新公司更加缺乏归属感,担心将来工厂一旦裁员,自己是否会得到公正的待遇。

最后,裁员决策的主体单一。在整个的裁员过程中,基本上都是并购方 D 公司的管理层主导着裁员过程,仅在了解 E 公司员工表现时才会询问其上级主管或经理的意见,除此之外,B 公司的管理层很少参与到裁员决策中。在裁员程序缺乏科学依据且不公开的情况下,这样做使得被并购公司员工认为“自己人”得到了不公正的待遇。

这些问题使得裁员公平性备受质疑。显然,避免这一问题的发生,需要 D 公司首先要明确对人才的态度和标准以及裁员标准,统一裁员补偿方案,改进裁员程序,让被并购方管理人员参与裁员决策,提高裁员程序公平性 。

4)未经协商沟通对员工进行变相降级,产生法律纠纷

在销售人员整合的过程中,由于两家公司对于“地区销售经理”的不同

定位。E 公司不仅设立了区域销售经理分管东西南北四个大区，还在认为必要的地区设立了地区销售经理（比如一些经济发达地区或市场挖掘潜力大的地区），前者侧重“面”，后者更注重“点”，但同时向全国销售经理汇报。而 D 公司没有这样一个“点”的职位，在做裁员规划时，就将 E 公司的地区销售经理划为与销售主管同级，所以这部分员工并没有在营销管理层裁减的范围内，现在准备将他们调整为向 D 公司的区域销售经理汇报，维持原工资待遇不变。结果导致 E 公司的地区销售经理原本是向全国销售经理汇报的，现在却让他们向区域销售经理汇报，员工认为这是把他们变相降级为销售主管。同时，这部分员工看到和自己平级的区域销售经理们拿到了优厚的裁员补偿金，而自己虽然留任了，却遭遇了降级待遇，对于在新公司未来的前景很不看好，也想拿到补偿金后离开。因此，在收到人力资源部的书面调整通知后，E 公司的几位地区销售经理委托律师联名提请了劳动仲裁，理由是合并公司未经与员工协商一致即擅自调整员工岗位、变相降级，员工拒绝接受此变动，要求终止与公司的劳动关系，且公司应参照之前的裁员补偿方案给予员工相应的补偿金。仲裁结果部分支持了员工的诉讼请求，最后，公司与员工双方经调解，协商一致终止劳动关系，公司按相关法律规定给予员工补偿金。

并购后人员整合中，双方人员的职位或职级调整不可避免。调整员工岗位应本着与员工协商一致的原则，尤其是涉及“降级”这一敏感话题。这就要求 HR 花费更多的时间与目标员工耐心地沟通，让员工清楚地了解职位变动的具体原因以及将对员工自身产生的影响等与员工切身利益相关的问题，如果员工能够接受自然最好，如不能协商一致，也应给予员工相应合理的补偿以解除劳动合同。

9.5.2 薪酬整合的经验与问题

(1)薪酬整合的成功经验与实现条件

纵观薪酬整合的过程,两家公司并购后在以下方面的做法有效地促进了薪酬制度的整合:

1)薪酬整合始于对双方薪酬体系的比较

构造工资报酬基本组成要素表是确认两种薪酬制度之间差异的有效方法。Datta(1991)认为可以从以下几个方面来衡量两个公司绩效评价与奖励机制之间的差异,包括:绩效考核的时间导向(长期 VS 短期);绩效指标类型(最终结果 VS 中间绩效);绩效指标特征(目标管理 VS 上司评价);集体绩效指标(部门绩效 VS 组织绩效);奖励的形式(现金、期权或其他);奖励发放的频繁程度;奖励与战略风险关联的程度;各部门间奖励的一致程度。D、E 公司的薪酬体系总体上存在一定的类似性,这为薪酬的整合提供了很好的条件,但是其存在的差异也带来潜在的整合风险。D 公司在薪酬整合之初就详细分析了两家公司的薪酬差异,进而确定了薪酬整合的策略,为薪酬有效整合奠定了基础。

2)薪酬整合符合薪酬刚性的原则

新合并公司应合理满足员工的基本薪酬福利要求,同时这种满足程度应适应于新合并公司的整体薪酬整合战略。考虑到薪酬福利政策的刚性特征,Sloan(1988)提出,在成本有限的情况下,可以通过为关键员工提供特殊的薪酬福利计划来实现低成本的人才保留策略,对于一般员工,可以暂时提供不低于先前水平的薪酬福利政策,但轻易不要降低原先的福利水平。由于 D 公司总体经济实力较强,这为薪酬整合过程中提升被并购企业员工的薪酬福利待遇提供了经济保障。

(2)薪酬整合存在的问题与改进思路

1)缺乏持续、有效的薪酬沟通

并购整合过程中,D公司总部和中国区HR、HR与员工之间关于关键人员公平性调薪的沟通都出现了问题,D公司在设计好调薪方案后,在方案还没有得到批准的情况下,就先承诺了员工,最后造成失信于员工的局面。在调薪过程中,采用升职调薪取代E公司关键员工的公平性调薪,但由于升职调薪存在15%的封顶限制,与之前公司的承诺和员工的心理期待相差较大,也引起了员工的不满。而对于何时才能再次开放公平性调薪,HP经理的回答也是含糊的"等待总部通知",与员工缺乏有效的沟通。Overton(1991)指出新的薪酬体系的实施必须有相应的预算计划来支持,否则只能是一纸空谈,言而无信的薪酬许诺会引发员工更激烈的反应。

薪酬整合乃至整个并购整合目标的实现,在很大程度上依赖于企业与员工间的有效沟通。Yates(1993),Schweiger和Denisi(1991)都强调了沟通的重要性,并认为薪酬整合计划中必须包含完整可行的沟通方案。Yates(1993)指出,要时刻保持与员工的信息通畅,让员工了解整合的进展,及时宣布已经确定的政策、尚未确定正在讨论的政策,以及未尽事宜的确定日期;在推行新方案的过程中,要通过各种宣传手段强化员工对新制度的认识,明确新制度与旧制度的区别,并且尽量从正面进行宣传和比较。Buchanan(2002)则着重强调信息发布和沟通的正式性,通过正式沟通渠道如公司政策、文件和会议等进行沟通可以避免小道消息散布带来的恐慌情绪。因此,D公司应该在薪酬整合的开始就制定详细的进程表,并向员工公示,让员工清楚地知道什么时间薪酬整合进行到了哪一步,并保证每一步都能按期施行,保证薪酬整合的公开透明,让员工能够安心工作,而非无止境的等待、猜测,直到失去耐心。

2)依然存在的薪酬差距带来员工的不满

虽然公司为缩小双方的薪酬差距做了一些努力,但由于调薪幅度很小,难以从根本上解决问题,实际上双方还是沿用了各自原本的薪资标准,包括在为E公司招聘新的一线员工时,也还是使用了E公司薪酬标准。随着并购后双方员工开始一起工作,同样的工作薪酬却相差一倍,公司面临"同工不同酬"的风险,进而导致E公司员工公平感下降,工作缺乏热情和积极性。因此,如何在后续的整合中逐步减少薪酬差距,仍然是非常重要的。我们建议:第一,在受到财务预算限制的情况下,应该避免采用简单加薪的方法来缩小薪酬差距。Overton(1991)认为在两个公司薪酬制度差异较大的情况下,更大程度上使用与绩效挂钩的薪酬制度,并使用综合的绩效指标体系是减少薪酬体系差异,同时也是避免形成只涨不跌的刚性薪酬文化的有效手段。第二,科学合理地设计薪酬体系。识别和尊重双方薪酬体系的差异,认真制订一个切实可行的而不是拼凑的方案。Buchanan(2002)指出,职位体系的重建是进行薪酬整合工作的前提,但是确认新的职务、头衔只是一种手段,整合职位体系的真正的目的是让员工了解新的组织体系的意义以及在新组织架构下自身的价值和职责。因此,参照D公司对E公司的职位体系进行重新梳理,以此为基础整合薪酬结构体系,才是最根本的措施。

3)薪酬福利整合中的细节问题处理不善

Overton(1991)指出关注细节和执行是薪酬整合成功的关键。即使在薪酬整合过程中确定了有效的整合策略、整合方案,但是在一些薪酬和福利计算的细节上出问题也会大大影响薪酬整合的效果。以本案例来看,福利方案的融合就存在着若干细节问题。

首先,"补充养老保险和住房津贴"福利中的工龄计算问题。D公司承诺原E公司员工将从2009年1月开始享受"补充养老保险和住房津贴"福利,但员工对其中的工龄应该如何计算存在疑问:是从实施日期2009年1月1日开始计算本企业工龄?或是从并购之日起计算在D公司的工龄?还是应将之前E公司的工龄也计算在内?对此,HR部门并未给出明确答复。按照中国相关法律规定,在一定条件下,员工之前在被并购公司的工龄也应该视为新公司的连续工龄。因此,公司如果从2009年1月1开始计算本企业工龄,就存在被员工诉讼、要求补足工龄和该项福利的风险。但如果真的将之前E公司的工龄也计算在内,这将是一笔庞大的费用,公司财务在短期内很难负担。建议至少应从并购之日起计算在D公司的工龄,这样可以稍微缓和员工的抵触情绪。

其次,被搁置的"免除社保个人部分"计划。由于该项计划的预算较高,在报批过程中,再一次被总部以PTP计划为由驳回了,处于无限期搁置状态。虽然公司之前并未公布实施这项计划,但双方销售人员早已对此进行过沟通,员工的不满、消极和抵触情绪越发严重了。与薪资整合相同,建议还是应尽可能的统一双方的福利架构,员工可享受的项目应保持一致。如果存在很明显的不公平,不仅内部平衡无法维持,更谈不上人才吸引和保留(因为E公司招用的人员还是使用E公司薪酬福利体系),而且在未来还存在着很大的诉讼风险。

9.6 结论

企业并购后人员整合是关系并购成败的一项关键活动,这一话题也引起了更多的关注。本文以两家跨国公司中国子公司为研究对象,通过现场调研,总结概括其并购的背景和动因,人力资源整合的规划和具体措施,分析其人员整合和薪酬整合过程的经验和问题,以通过案例研究展现如何进行有效的人力资源整合。总体而言,两家公司在多渠道正式沟通、高额补偿、薪酬整合始于双方薪酬体系的比较和符合薪酬刚性的原则等方面采取了卓有成效的措施,为人力资源整合带来了积极的效果,但是由于沟通滞后引发核心人才流失、人力资源整合进程缓慢、裁员公平性遭质疑、未经协商沟通对员工进行变相降级而产生法律纠纷、缺乏持续的薪酬沟通、缩小薪酬差距和薪酬整合的细节等方面还存在诸多的问题需要进一步完善，为人力资源整合带来了消极影响。

参考文献

1. 边燕杰、张文宏,“经济体制、社会网络与职业流动”,《中国社会科学》,2001(2)。
2. 崔勋,“员工个人特性对组织承诺与离职意愿的影响研究”,《南开管理评论》,2003(4)。
3. 段传敏,《苏宁:连锁的力量》,中信出版社,2008 年版。
4. 范秀成、英格玛·比约克曼,“外商投资企业人力资源管理与绩效关系研究”,《管理科学学报》,2003(2)。
5. 高艳,“论人力资源在企业获取竞争优势中的作用及策略”,《西安电子科技大学学报》,2000(9)。
6. 高容,“基于人力资源的企业竞争优势的构建”,《湘潭大学社会科学学报》,2003(3)。
7. 蒋春燕、赵曙明,“企业特征、人力资源管理与绩效:香港企业的实证研究”,《管理评论》,2004(10)。
8. 孔繁敏,“高效的人力资源管理高效吗”,《北大商业评论》,2004。
9. 林浚清、黄祖辉、孙永祥,“高管团队内薪酬差距、公司绩效和治理结构”,《经济研究》,2003(4)。
10. 林泽炎,《转型中国企业人力资源管理》,中国劳动社会保障出版社,2004 年版。
11. 刘善仕、周巧笑、晁罡,“高绩效工作系统与组织绩效:中国连锁行业的实证研究”,《中国管理科学》,2005(1)。
12. 刘宁,“社会网络对企业管理人员职业生涯成功影响的实证研究”,《南开大学博士学位论文》,2007。
13. 刘善仕、周巧笑,“高绩效工作系统与绩效关系研究”,《外国经济与管理》,2004(7)。
14. 刘智强、廖建桥、李震,“员工自愿离职倾向关键性影响因素分析”,《管理工程学报》,2006(4)。
15. 彭长桂,“速度演绎传奇——苏宁电器的人力资源管理”,《人力资源》,2006(4)。
16. 时勘、杨化冬、卢嘉,“高科技企业人员离职行为的预测模型及对策研究”,《中国人才学会人事管理研究中心 2000 年会论文集》,2001 年 8 月。

17. 石秀印,“中国企业家成功的社会网络基础”,《管理世界》,1998(6)。
18. 谢晋宇,《企业人力资源开发与管理创新》,经济管理出版社,2000年版。
19. 谢晋宇、王英、张再生,《企业雇员流失——原因、后果与控制》,经济管理出版社,1999年版。
20. 徐国华、杨东涛,“支持性人力资源管理对员工感情承诺的影响”,《经济科学》,2004(6)。
21. 徐国华、杨东涛,“制造企业的支持性人力资源实践、柔性战略与公司绩效”,《管理世界》,2005(5)。
22. 颜士梅,《战略人力资源管理》,经济管理出版社,2003年版。
23. 颜士梅、王重鸣,《并购式内创业中的人力资源整合研究》,人民出版社,2006年版。
24. 杨东涛、陈社育、徐国华,“公司制造战略检测量表的修订和实证研究”,《南京大学学报》(哲社版),2004(1)。
25. 姚凯、王东民,“论企业经营管理工作的性质”,《中国人民大学学报》,1999(3)。
26. 叶仁荪、王玉芹、林泽炎,“工作满意度、组织承诺对国企员工离职影响的实证研究”,《管理世界》,2005(3)。
27. 吴明隆,《SPSS统计应用实务:问卷分析与应用统计》,科学出版社,2003年版。
28. 张勉,“中国IT企业雇员流失动因模型的构建与实证研究”,《西安交通大学博士学位论文》,2001。
29. 张勉、张德、于丹,“期望匹配度对个体效能变量的影响实证研究”,《预测》,2003(4)。
30. 张一弛、黄涛、李琦,“高绩效工作体系人力资源管理措施的结构整合与内涵回归”,《经济科学》,2004(3)。
31. 张一弛、张正堂,“高绩效工作体系的生效条件”,《南开管理评论》,2004(5)。
32. 张一弛,“我国企业人力资源管理模式与所有制类型之间的关系研究”,《中国工业经济》,2004(9)。
33. 张正堂、张伶、刘宁,“HRM系统、竞争战略与企业绩效关系的实证研究”,《管理科学学报》,2008(2)。
34. 张正堂,“高层管理团队协作需要、薪酬差距和企业绩效:竞赛理论的视角”,《南开管理评论》,2007(2)。
35. 张正堂、李欣,“高层管理团队核心成员薪酬差距与企业绩效的关系”,《经济管理》(新管理),2007(2)。
36. 张正堂,“战略人力资源管理的理论模式”,《南开管理评论》,2005(5)。
37. 张正堂,“人力资源管理活动与企业绩效的关系:HRM效能中介效应的实证研究”,《经济科学》,2006(2)。

38. 张正堂、刘宁,"战略人力资源管理及其理论基础",《财经问题研究》,2005(1)。

39. 张正堂、宋劼、王亚蓓、孟凡伟,"跨国公司并购后的人员整合策略",《中国人力资源开发》,2009(11)。

40. 张正堂、王亚蓓、宋劼,"跨国公司并购后薪酬整合策略的案例研究",《中国人力资源开发》,2010(9)。

41. 赵曙明,《人力资源管理研究》,中国人民大学出版社,2001 年版。

42. 赵西萍、刘玲、张长征,"员工离职倾向影响因素的多变量分析",《企业管理》,2003(3)。

43. Abowd, J. M. , "Does Performance-Based Managerial Compensation Affect Corporate Performance", *Industrial and Labor Relations Review*, 1990, 43(3):52—73.

44. Ahmad, S. , and R. G. Schroeder, "The Impact of HRM Practices on Operational Performance: Recognizing Country and Industry Differences", *Journal of Operations Management*, 2003, 21:19—43.

45. Akerlof, G. A. , and J. L. Yellen, "The Fair Wage-effort Hypothesis and Unemployment", *The Quarterly Journal of Economics*, 1990, 105(2):255—283.

46. Ang, J. S. , S. Hauser, and B. Lauterbach, "Contestability and Pay Differential in the Executive Suites", *European Financial Management*, 1998, 4(3):335—360.

47. Arthur, J. B. , "The Link between Business Strategy and Industrial Relations Systems in American Steel Mills", *Industrial and Labor Relations Review*, 1992, 45(3):488—506.

48. Arthur, J. B. , "Effects of HR Systems on Manufacturing Performance and Turnover", *Academy of Management Journal*, 1994, 37(3):670—687.

49. Bae, J. , and J. J. Lawler, "Organizational and Human Resource Management Strategies in Korea", *Academy of Management Journal*, 2000, 43(3):502—517.

50. Bae, J. , and Sh. J. Chen, "Human Resource Strategy and Firm Performance in Pacific Rim Countries", *International Journal of Human Resource Management*, 2003, 14(8):1308—1332.

51. Bae, J. , S. Chen, and J. J. Lawler, "Variations in Human Resource Management in Asian Countries: MNC Home-Country and Host-Country Effects", *International Journal of Human Resource Management*, 1998, 9:653—701.

52. Baird, L. , and I. Meshoulam, "Managing Two Fits of Strategic Human Resource Management", *The Academy of Management Review*, 1988, 13(1):116—128.

53. Barber, A. E. , M. J. Wesson, Q. M. Roberson, and M. S. Taylor, "A Tale of two Job Markets: Organizational Size and Itseffects on Hiring Practices and Job Search Behavior", *Peson-*

nel Psychology,1999,52(4):841—867.

54. Barney,J. B. ,"Looking Inside for Competitive Advantage",*Academy of Management Executive*,1995,9(4):49—61.
55. Barney,J. B. ,and R. E. Hoskisson,"Strategic Groups:Untested Assertions and Research Propositions",*Managerial and Decision Economics*,1990,11:187—198.
56. Baron,R. M. ,and D. A. Kenny,"The Moderator-mediator Variable Distinction in Social Psychological Research:Conceptual,Strategic,and Statistical Consideration",*Journal of Personality and Social Psychology*,1986,51(6):1173—1182.
57. Beach,L. R. ,and T. R. Mitchell,"Image Theory:A Behavioral Theory of Decision Making in Organizations",In B. Staw and L. L. Cummings (Eds.),*Research in Organizational Behavior*,JAI Press,Inc. 1990.
58. Becker,B. ,and B. Gerhart,"The Impact of Human Resource Management on Organizational Performance:Progress and Prospects",*Academy of Management Journal*,1996,39(4):779—801.
59. Becker,B. E. ,M. A. Huselid,"The Incentive Effects of Tournament Compensation Systems",*Administrative Science Quarterly*,1992,37(2):336—350.
60. Bentler,P. M. ,and D. G. Bonett,"Significance Tests and Goodness of Fit in the Analysis of Covariance Structures",*Psychological Bulletin*, 1980,88:588—606.
61. Bloom,M. ,"The Performance Effects of Pay Dispersion on Individuals and Organizations",*Academy of Management Journal*,1999,42(1):25—40.
62. Bingley,P. ,T. Eriksson,"Pay Spread and Skewness,Employee Effort and Firm Productivity",*Working Paper*,Department of Economics,Aarhus School of Business,2001,2.
63. Bird,A. ,and S. Beechler,"Links between Business Strategy and Hrm Strategy in U. S.-based Japanese Subsidiaries:An Evidence Investigation". *Journal of International Business Studies*,1995,26(1):23—46.
64. Bishop,J. ,"The Recognition and Reward of Employee Performance",*Journal of Labor Economics*,1987,5(S):36—56.
65. Bohlander,G. ,and Snell,S. ,Managing Human Resources,Thomson Learning Asia Pte Ltd,2003:690—693.
66. Boselie,P. ,J. Paauwe,and P. Jansen,"Human Resource Management and Performance:Lessons from the Netherlands",*International Journal of HRM*,2001,12(7):1107—1125.
67. Buchanan,A. ,"Post-Merger Integration of Compensation/Benefits Programs",*Compensation & Benefits Report*,2002,16(6):8—10.

68. Buren, M. V. , and J. M. Werner, "High Performance Work Systems", *Business and Economic Review*, 1996, 43(1):15—23.

69. Cable, D. M. , and T. A. Judge, "Person-organization Fit, job Choice Decisions, and Organizational Entry", *Organizational Behavior and Human Decision Processes*, 1996, 67: 294—311.

70. Cappelli, P. , P. D. , "Sherer Assessing Worker Attitudes Under a two-tier Wage Plan", *Industrial and Labor Relations Review*, 1990, 43(2):225—244.

71. Cappelli, P. , and D. Neumark, Do "high-performance" work practices improve establishment-level outcomes, *Industrial and Labor Relations Review*, 2001, 54(4):737—775.

72. Carroll, G. R. , and A. C. Teo, "On the Social Networks of Managers", *Academy of Management Journal*, 1996, 39(2):421—440.

73. Chadwick, C. , "Examining Non-linear Relationships between Human Resource Practices and Manufacturing Performance", *Industrial & Labor Relations Review*, 2007, 60 (4): 499—521.

74. Charles, W. L. , "HillDifferentiation Versus Low Cost or Differentiation or Low Cost: A contingency Framework", *The Academy of Management Review*, 1988, 13(3):401—412.

75. Conyon, M. J. , S. I. Peck, and G. V. Sadler, "Corporate Tournaments and Executive Compensation: Evidence from the U. K. ", *Strategic Management Journal*, 2001, 22 (8): 805—815.

76. Cowherd, D. M. , and D. I. Levine, "Product Quality and Pay Equity between Lower-level Employees and Top Management: An Investigation of Distributive Justice Theory", *Administrative Science Quarterly*, 1992, 37(2):302—320.

77. Davy, J. A. , A. Kinicki, J. Kilroy, and C. Scheck, "After the Merger: Dealing With People's Uncertainty", *Training & Development Journal*, 1988, 42(11):57—61.

78. Devanna, M. , C. Fombru, and N. Tichy, "Human Resource Management: a Strategic Perspective", *Organizational Dynamics*, 1981 (4):51—67.

79. Devanna, M. A. , C. J. Formbrum, and N. M. Tichy, "A Framework for Strategic Human Resource Management", In C. J. Formbrum(Eds.), *Strategic Human Resource Management*, 1984, 11—171.

80. Deutsch, M. , Distributive Justice: A Social-psychological Perspective, New Haven, CT: Yale University Press, 1985:271.

81. Delaney, J. M. , and M. A. Huselid, "The Impact of Human Resource Management Practices on Perceptions of Organizational Performance", *Academy of Management Journal*, 1996, 39

(4):949—969.

82. Delaney, J. T., D. Lewin, and C. Ichniowski, Human Resource Policies and Practices in American Firms, Washington, DC: US Dept. Labor, US Govt. Print. Off. 1989, 78—79.

83. Delery, J. E. and D. H. Doty, "Modes of Theorizing in Strategic Human Resource Management: tests of Universalistic, Contingency, and Configurational Performance Predictions", *Academy of Management Journal*, 1996, 39: 802—835.

84. Delery, J. E., "Issues of Fit in Strategic Human Resource Management: implication for Research", *Human Resource Management Review*, 1998, 8(3): 289—309.

85. Dess, G. G., S. Newport, and A. M. Rasheed, "Configuration Research in Strategic Management: Key Issues and Suggestions", *Journal of management*, 1993, 19(4): 775—795.

86. Devanna, M. A., C. J. Formbrum, and N. M. Tichy, "A Framework for Strategic Human Resource Management", In C. J. Formbrum (Eds.), *Strategic Human Resource Management*, 1984, 11—171.

87. Devanna, M. A., C. J. Fombru, and N. M. Tichy, "Human Resource Management: a Strategic Perspective", *Organizational Dynamics*, 1981 (4): 51—67.

88. DeVoge, S., and J. Shiraki, "People Factors: The Missing Link in Merger Success", *Compensation & Benefits Management*, 2000, 16: 26—32.

89. Doty, D. H., W. H. Glick, and G. P. Huber, "Fit, Equifinality, and Organizational Effectiveness: A Test of two Configurational Theories", *Academy of Management Journal*, 1993, 36: 1196—1250.

90. Dstta, D., "Organizational Fit and Acquisition Performance: Effects of Post-Acquisition Integration", *Strategic Management Journal*, 1991, 12(4): 281—297.

91. Dyer, L., and T. Reeves, "HR Strategies and Firm Performance: What do We Know and Where do we need to go", *International Journal and Human Resource Management*, 1995, 6: 656—670.

92. Dyer, L., and G. Holder, "Toward a Strategic Perspective of Human Resource Management", in L. Dyer (ed.), Human Resource Management: Evolving Roles and Responsibilities, ASPA BNA Handbook of Human Resource Management, Washington: Bureau of National Affairs, 1988.

93. Ehrenberg, R. G., M. L. Bognanno, "Do Tournaments have Incentive Effects", *Journal of Political Economics*, 1990, 98(6): 1307—1324.

94. Eriksson, T., "Executive Compensation and Tournament Theory: Empirical Tests on Danish Data", *Journal of Labor Economics*, 1999, 17(2): 262—280.

95. Fey, C. F., I. Bjorkman, and A. Pavlovskaya, "The Effect of Human Resource Management Practices on firm Performance in Russia", *The International Journal of Human Resource Management*, 2000, 11(1): 1—18.

96. Ferris, G. R., M. M. Arthur, H. M. Berkson, and D. M. Kaplan, "Toward a Social Context Theory of the Human resource Management - Organization Effectiveness Relationship", *Human Resource Management Review*, 1998, 8(3): 235—265.

97. Ferris, G. R., M. R. Buckley, and G. M. Allen, "Promotion System in Organizations", *Human Resource Planning*, 1992, 15: 47—68.

98. Festinger, L., "A Theory of Social Comparison Processes", *Human Relations*, 1954, 7: 117—140.

99. Gerhart, B., and G. T. Milkovich, "Organizational difference in Managerial Compensation and Firm Performance", *Academy of Management Journal*, 1990, 33(3): 663—691.

100. Golden, K., and V. Ramanujam, "Between a Dream and a Nightmare: On the Integration of the Hurman Resource Function and the Strategic Business Planning Process", *Human Resource Management*, 1985, 24: 429—451.

101. Gomez-Mejia, L. R., D. B. Balkin, and Robert Cardy, Managing Human Resource. Upper Saddle River, N. J.: Prentice-Hall Inc., 1995.

102. Greenberg, J. A., "Taxonomy of Organizational Justice Theories", *Academy of Management Review*, 1987, 12(1): 9—22.

103. Greenberg, J., "Stealing in the Name of Justice: Informational and Interpersonal Moderators of Theft Reactions to Underpayment Inequity", *Organizational Behavior and Human Decision Processes*, 1993, 54(1): 81—103.

104. Gopalakrishna, P., and R. Subramanian, "Revisiting the Pure Versus Hybrid Dilemma: Porter's Generic Strategies in a Developing Economy", *Journal of Global Marketing*, 2001, 15(2): 61.

105. Griffeth, R. W., P. W. Hom, and S. Gaertner, "A Meta-analysis of Antecedents and Correlates of Employee Turnover: Update, Moderator Tests, and Research Implications for the Next Millennium", *Journal of Management*, 2000, 26(3): 463—483.

106. Guest, David E., "Human Resource Management and Performance: A Review and Research Agenda", *the International Journal of HRM*, 1997, 8(3): 263—276.

107. Hackman, J. R., and G. R. Oldham, "Development of the Job Diagnostic Survey", *Journal of Applied Psychology*, 1975, 60: 159—170.

108. Hackman, J. R., and G. R. Oldham, "Motivation Through the Design of Work: Test of a

Theory", *Organizational behavior and Human Performance*, 1976, 16:250—279.

109. Hambrick, D. C., and P. A. Siegel, "Pay Dispersion Within Top Management Groups: Harmful Effects on Performance of High-technology firms", *Academy of Management Proceedings*, 1997, (1):26—30.

110. Hans, C., and W. Thomas, "Reflections on Competitive Strategy and its Impact on Modern Production Concepts", *Management International Review*, 1993, 33(4):315—334.

111. Harder, J. W., "Play for Pay: Effects of Inequity in a Pay-for-Performance Context", *Administrative Science Quarterly*, 1992, 37(2):321—335.

112. Hass, J. E., R. H. Hall, and N. Johnson, Toward and empirically derived taxonomy of organizations, In R. V. Bowers (Ed.), Studies on behavior in organizations: a research symposium. Athens: University of Georgia Press, 1966, 157—180.

113. Hatten, K. J., and D. E. Schendel, "Heterogeneity Within an Industry: Firm Conduct in the U. S. Brewing Industry", *Journal of Industrial Economics*, 1977, 26:97—113.

114. Helms, M. M., P. J. Haynes, and S. D. Cappel, "Competitive Strategies and Business Performance Within the Retailing Industry", *International Journal of Retail & Distribution Management*, 1992, 20(5):3—14.

115. Heyman, F., "Pay Inequality and firm Performance: Evidence from Matched Employer-employee Data", *Applied Economics*, 2005, 37(11):1313—1317.

116. Henderson, A. D., and J. W. Fredrickson, "Top Management Coordination Needs and the CEO Pay Gap: A Competitive Test of Economic and Behavioral Views", *Academy of Management Journal*, 2001, 44(1):96—117.

117. Hlavacka, S., L. Bacharova, V. Rusnkova, and R. Wanger. "Performance Implications of Porter's Generic Strategies in Slovak Hospitals", *Journal of Management in Medical*, 2001, 15(1):44.

118. Hom, P. W., and R. W. Griffeth, "A Structural Equations Modeling Test of a Turnover Theory: Cross-Sectional and Longitudinal Analysis", *Journal of Applied Psychology*, 1991 (76):350—366.

119. Huselid, M. A., "The Impact of Human Resource Management Practices on Turnover, Productivity, and Corporate Financial Performance", *Academy of Management Journal*, 1995, 38(3):635—672.

120. Ichniowski, C., and K. Shaw, "The Effects of Human Resource Management Systems on Economic Performance: An International Comparison of U. S. and Japanese Plants", *Management Science*, 1999, 45(5):704—721.

121. Ichniowski, C. , K. Shaw, and G. Prennushi, "The Effects of Human Resource Management Practices on Productivity: A Study of Steel Finishing Lines", *The American Economic Review*, 1997, 87(3): 291—313.

122. Ing-Chung, H. , U. Jin-Feng, "External Environment, Erainning and firm Performance", *Journal of Human Resource*, 1995, 12(5): 41—62.

123. Jackson, S. E. , and R. S. Schuler, "Understanding Human Resource Management in the Context of Organizations and their Environments", *Annual Review of Psychology*, 1995, 46: 237—264.

124. Jaeger, A. M. , and B. R. Baliga, "Control Systems and Strategic Adaptation: Lessons form the Japanese Experience", *Strategic Management Journal*, 1985, 6: 115—134.

125. Jirjahn, U. , and K. Kraft, Intra-firm Wage Dispersion and Firm Performance-Is There a Uniform Relationship, Kyklos, 2007, 60(2): 231—253.

126. Kalleberg, A. L. , and J. W. Moody, "Human Resource Management and Organizational Performance", *American Behavioral Scientist*, 1994, 37: 948—962.

127. Kelloway, K. , LISREL for Structural Equation Modeling: A Researcher's Guide, Thousand Oaks: Sage Publications. 1998.

128. Kim, S. W. , J. L. Price, C. W. Mueller, and T. W. Watson, "The Determinants of Career Intent Among Physicians at a U. S. Air Force Hospital", *Human Relations*, 1996, 49: 947—975.

129. Kristof, A. L. , "Person-Organization Fit: An Integrative Review of Its Conceptualizations, Measurement, and Implications", *Personnel Psychology*, 1996, 49: 1—49.

130. Lallemand, T. , R. Plasman, and F. Rycx, Intra-firm wage dispersion and firm performance: Evidence from linked employer-employee data. Kyklos, 2004, 57 (4): 533—558.

131. Lawler, E. E. , The Ultimate Advantage: Creating the High Involvement Organization, San Francisco: Jossey-Bass. 1993. 91—93.

132. Lazear, E. , and S. Rosen, "Rank-order Tournaments as Optimum Labor Contracts", *Journal of Political Economy*, 1981, 89(5): 841—864.

133. Lee, K. W. , B. Lev, and G. H. Yeo, Executive pay dispersion, corporate governance and firm performance, Working Paper, Stern School of Business, New York University, 2005. 5.

134. Lee, T. W. , and Mitchell, T. R. , "An Alternative Approach: The Unfolding Model of Voluntary Employee Turnover", *Academy of Management Review*, 1994(19): 400—412.

135. Lee, T. W. , B. C. Holton, L. S. McDaniel, and J. W. Hill, "The Unfolding Model of Voluntary Turnover: a Replication and Extension". *Academy of Management Review*, 1999(42):

450—462.

136. Lengnick-Hall, C. A., and M. L. Lengnick-Hall. Strategic human resource management: A review of literature and a p roposed typology. *Academy of Management Review*, 1988, 13(3): 454—470.

137. Leonard J., "Executive Pay and firm Performance", *Industrial and Labor Relations Review*, 1990, 43(3): 13—29.

138. Levine D. I., "Cohesiveness, Productivity, and Wage Dispersion", *Journal of Economic Behavior and Organization*, 1991, 15(2): 237—255.

139. Leventhal G. S., Karuza J., Fry W. R., Beyond fairness: a theory of allocation preferences. In: Mikula G (ed.). Justice and Social Interaction. New York: Springer. 1980, 167—218.

140. MacDuffie, J. P., "Human Resource Bundles and Manufacturing Performance: Organizational Logic and Flexible Production Systems in the World Auto Industry", *Industrial and Labor Relations Review*, 1995, 48(2): 197—221.

141. Main B. G., O' Reilly C. A., Wade J., "Top Executive Pay: Tournament or Teamwork", *Journal of Labor Economics*, 1993, 11(4): 606—628.

142. Martell, K., and S. J. Caroll, "How Strategic is HRM", *Human Resource Management*, 1995, 34(2): 253—267.

143. Mckelvey, B., Organizational systematics: taxonomy, Evolution and classification, Berkeley: University of California Press. 1982.

144. Miller, D., "Configuration Revisited", *Strategic Management Journal*, 1996, 17(7): 505—512.

145. Miller, D., "The Genesis of Configuration", *Academy of Management Review*, 1987(12): 686—701.

146. Miller, D., "Toward a New Contingency Approach: The Search for Organizational Gestalts", *Journal of Management Studies*, 1981(18): 1—26.

147. Miller, D., "Configurations of Strategy and Structure: Towards a Synthesis", *Strategic Management Journal*, 1986, 77: 233—249.

148. Miller, D., and P. Friesen, Organizations: a quantum view, Prentice-Hall, Inc. 1984.

149. Miles, R. E., and C. C. Snow, Organizational Strategy, Structure, and Process. New York: McGraw-Hill, 1978.

150. Miles, R. E., and C. C. Snow, "Designing Strategic Human Resource Systems", *Organizational Dynamics*, 1984, 13(1): 36—52.

151. Mclaughlin, K., "Aspects of Tournaments Model: A Survey", *Journal of Labor Economics*,

1988 (15):403—430.

152. Miller, D., "Configuration Revisited", *Strategic Management Journal*, 1996, 17 (7): 505—512.

153. Milkovich, G., and J. M. Newman. Compensation (5th ed.), Boston: BPI Irwin Homewood, 1996:627.

154. Mitra, A., N. Gupta, and G. D. Jenkins, "A Drop in the Bucket: when is a Pay Raise a Pay Raise", *Journal of Organizational Behavior*, 1997, 18(2):117—139.

155. Milgrom, P., and J. Roberts, "An Economic Approach to Influence Activities in Organizations", *American Journal of Sociology*, 1988, 94(supplement):154—179.

156. Mobley, W. H., "Intermediate Linkages in the Relationship between Job Satisfaction and Employee Turnover", *Journal of Applied Psychology*, 1977(62):237—240.

157. Muchinsky, P. M., and P. C. Morrow, "A Multidimensional Model of Voluntary Employee Turnover", *Journal of Vocational Behavior*, 1980, 17:263—290.

158. Netemeyer, R. G, J. S. Boles, D. O. Mckee, and R. McMurrian, "An Investigation into the Antecedents of Organizational Citizenship Behaviors in a Personal Selling Context", *Journal of Marketing*, 1997, 61:85—98.

159. Ng, I., and D. Maki, "HRM in the Canadian Manufacturing Sector", *International Journal of Human Resource Management*, 1993, 4(4):897—916.

160. Ngo, H. Y., D. Turban, C. M. Lau, and S. U. Lui, "Human Resource Practices and firm Performance of Multinational Corporations: Influences of Country Origin", *The International Journal of Human Resource Management*, 1998, 9(4):632—652.

161. Nkomo, S. M., "Human Resource Planning and Organization Performance: An Exploratory Analysis", *Strategic Management Journal*, 1987, 8(4):387—392.

162. Overton, B., "Mergers and Other Restructurings: The Compensation and benefits Issues", *Compensation and benefits Review*, 1991, 23(4):39—45.

163. OReilly, C. A., B. G. Main, G. S. Crystal, "CEO Compensation as Tournament and Social Comparison: A Tale of two Theories", *Administrative Science Quarterly*, 1988, 33 (2): 257—274.

164. O'Reilly, C. A., III, J. Chatman, and D. F. Caldwell, "People and Organizational Culture: A Profile Comparison Approach to Assessing Person-organization Fit", *Academy of Management Journal*, 1991, 34:487—516.

165. Pfeffer, J., Competitive advantage through people. Boston: Harvard Business School Press, 1994.

166. Pfeffer, J., "Seven Practices of Successful Organization", *California Management Review*, 1998, 40(2): 96—124.

167. Pfeffer, J., A. Davis-Blake, "Salary Dispersion, Location in the Salary Distribution, and Turnover Among College Administrators", *Industrial and Labor Relations Review*, 1992, 45(4): 753—763.

168. Pfeffer, J., and N. Langton, "The Effect of Wage Dispersion on Satisfaction, Productivity, and Working Collaboratively: Evidence from College and University Faculty", *Administrative Science Quarterly*, 1993, 38(3): 382—407.

169. Porter, M. E., Competitive Strategy: Techniques for Analyzing Industries and Competitors. New York: The Free Press, 1980.

170. Preffer, J., and J. F. Veiga, "When It Comes to Best Practices Why Not Smart Organizations Occasionally Do Dumb Things", *Organizational Dynamics*, 1996, 25(1): 33—45.

171. Price, J. L., The study of turnover, Ames, LA.: The Iowa State University Press. 1977.

172. Price, J. L., "Reflections on the Determinants of Voluntary Turnover", *International Journal of Manpower*, 2001, 22(7—8): 600—625.

173. Price J. L., and C. W. Mueller, Handbook of organizational measurement. Marshfield, Mass.: Pitman. 1986.

174. Randall S. Schuler, and Susan E. Jackson, "Linking Competitive Strategies with hrm Practices", *The Academy of Management Executive*, 1987, 1(3): 207—219.

175. Rosen, S., "Prizes and Incentives in Elimination Tournaments", *American Economic Review*, 1986, 76(4): 701—715.

176. Rousseau, D. M., and M. M. Greller, "Human Resource Practices: Administrative Contract Makers", *Human Resource Management*, 1994, 33(3): 385—401.

177. Russell, J. S., J. R. Terbory, and M. L. Powers, "Organizational Performance and Organizational Level Training and Support", *Personnel Psychology*, 1985, 38(4): 849—863.

178. Sanchez, R., "Strategic Flexibility in Product Competition", *Strategic Management Journal*, 1995, 16: 135—159.

179. Schuler, R. S., "Strategic Human Resource Management and Industrial Relations", *Human Relations*, 1989, 42(2): 157—184.

180. Schuler, R. S., "Strategic Human Resources Management: Linking the People with the Strategic Needs of the Business", *Organizational Dynamics*, 1992, 21(1): 18—31.

181. Schuler, R. S., and S. E. Jackson, "Determinants of Human Resource Management Priorities and Implications for Industrial Relation", *Journal of Management*, 1989, 5(1):

89—99.

182. Schuler, R. S. , and S. E. Jackson, "Linking Competitive Strategies with Human Resource Management Practices", *Academy of Management Executive*, 1987, 1(3): 207—219.

183. Schweiger, M. and A. Denisi, "Communication with Employees following a Merger: A Longitudinal Field Experiment", *Academy of Management Journal*, 1991, 34(1): 110—135.

184. Schwab, D. P. , "Contextual Variables in Employee Performance-Turnover Relationships", *Academy of Management Journal*, 1991, 34(4): 966—975.

185. Shaw, J. D. , N. Gupta, and J. E. Delery, "Pay Dispersion and Workforce Performance: Moderating Effects of Incentives and Interdependence", *Strategic Management Journal*, 2002, 23(6): 491—512.

186. Sheridan, J. E. , and M. A. Abelson, "Cusp-catastophe Model of Employee Turnover", *Academy of Management Journal.* 1983(26): 418—436.

187. Sloan, K. , "The Effect of Corporate Mergers and Acquisitions on Employee Benefit Plans", *Benefits Quarterly*, 1988, 4(3): 44—56.

188. Snell, S. , "Control Theory in Strategic Human Resource Management: the Mediating Effect of Administrative Imformation", *Academy of Management Journal*, 1992, 35: 292—327.

189. Sheppeck, M. A. , and J. Militello, "Strategic Configurations and Organizational Performance", *Human Resource Management*, 2000, 9(1): 5—16.

190. Spell, C. S. , and T. C. Blum, "Getting Ahead: Organizational Practices that Set Boundaries Around Mobility Patterns", *Journal of Oraganizational Behavior*, 2000, 21: 299—314.

191. Steer, R. M. , and R. T. Mowday, "Employee Turnover and Post-decision Accommodation Process", In L. L. Cummings and B. M. Staw (Eds.), *Research in Organizational Behavior*, JAI Press, Inc. 1981, 235—281.

192. Taylor, S. , S. Beechler, and N. Napier, "Toward an Integrative Model of Strategic International Human Resource Management", *Academy of Management Review*, 1996, 21(4): 959—985.

193. Terpstra, D. E. , and E. J. Rozell, "The Relationship of Staffing Practices to Organizational Lever Measures of Performance", *Personnel Psychology*, 1993, 46(1): 27—48.

194. Tsoua, M. W. , and J. T. Liu, "Wage Dispersion and Employment Turnover in Taiwan", *Economics Letters*, 2005, 88: 408—414.

195. Ulrich, D. , "Strategic and Human Resource Planning: Linking Customers and Employees", *Human Resource Planning*, 1992, 15(2): 47—62.

196. Vancouver, J. B. , R. E. Millsap, and P. A. Peters, "Multilevel Analysis of Organizational

Goal Congruence", *Journal of Applied Psychology*, 1994, 79: 666—679.

197. Venkatraman, N., and V. Ramanunjam, "Mesaurement of Business Performance in Strategy Research: A Comparison of Approaches", *Academy of Management Review*. 1986, 11(4): 801—814.

198. Wagar, T., "Determinants of Human Resource Management Practices in Small Firms: Some Evidence from Atlantic Canada", *Journal of Small Business Management*, 1998, 36(2): 13—23.

199. Walton, R. E., "From Control to Commitment in the Workplace", *Harvard Business Review*, 1985, 63(2): 76—84.

200. White, R. E., "Generic Business Strategies, Organizational Context and Performance: An Empirical Investigation", *Strategic Management Journal*, 1986, 7(3): 217—231.

201. Williams, L. J., and J. T. Hazer, "Antecedents and Consequences of Job Satisfaction and Commitment in Turnover Models: A Reanalysis Using Latent Variable Structural Equation Methods", *Journal of Applied Psychology*, 1986, 71: 219—231.

202. Wood, S., and M. Albanese, "Can We Speak of High Commitment Management on the Shop Floor", *Journal of Management Studies*, 1995, 32(2): 215—247.

203. Wright, P. M., B. McCormick, W. S. Sherman, and G. C. McMahan, "The Role of Human Resource Practices in Petro-chemical Refinery Performance", *The International Journal of Human Resource Management*, 1999, 10(3): 551—571.

204. Wright, P., and S. Snell, "Toward an Integrative View of Strategic Human Resource Management", *Human Resource Management Review*, 1991, 1(2): 203—225.

205. Wright, P. M., and G. C. McMahan, "Theoretical Perspectives for Strategic Human Resource Management", *Journal of Management*, 1992, 18(2): 295—320.

206. Wright, P. M., B. B. Dunford, and S. A. Snell, "Human Resources and the Resource Based of the Firm", *Journal of Management*, 2001, 27: 701—721.

207. Yates, F., The Bright Side of A Merger: "A Refined Compensation Plan and New Spirit", *The Human Resource Professional*, 1993, 5(3): 47—51.

208. Yu, G. C., Organizational choice of human resource management system, University of Wisconsin at Madison, Docotoral Dissertation, 1996.

209. Youndt, M. A., S. A. Snell, J. W. Dean Jr., and D. P. Lepak, "Human Resource Management, Manufacturing Strategy, and Firm Performance", *Academy of Management Journal*, 1996, 39(4): 836—866.

图书在版编目(CIP)数据

战略人力资源管理研究/张正堂著.—北京:商务印书馆,2012

ISBN 978-7-100-09086-5

Ⅰ.①战… Ⅱ.①张… Ⅲ.①人力资源管理—研究 Ⅳ.①F241

中国版本图书馆CIP数据核字(2012)第074652号

战略人力资源管理研究

张正堂 著

商 务 印 书 馆 出 版

(北京王府井大街36号 邮政编码100710)

商 务 印 书 馆 发 行

北京市松源印刷有限公司印刷

ISBN 978-7-100-09086-5

2012年8月第1版 开本787×960 1/16

2012年8月北京第1次印刷 印张15 3/4

定价:35.00元